Mit dem Leseschlüssel einen erzählenden Text lesen und verstehen

Um lange literarische Texte gut lesen und verstehen zu können, kannst du folgende Technik nutzen.

Vor dem Lesen
- Sieh dir die **Bilder** an.
- Lies die **Überschrift**.
- **Vermute**, worum es in dem Text gehen könnte.

Beim Lesen
- **Lies** den Text.
- Notiere **unbekannte Begriffe** und kläre sie.
- Formuliere **W-Fragen** zum Text.
- **Lies** den Text ein weiteres Mal.
- Markiere die Textstellen, die **Antworten auf die W-Fragen** geben.

Nach dem Lesen
- Beantworte die **W-Fragen**.
- **Fasse** den Inhalt **zusammen**.
- **Prüfe**, ob deine Vermutungen zutreffend waren.

Seite 267

Mit dem Leseschlüssel einen Sachtext lesen und verstehen

Um einen Sachtext gut lesen und verstehen zu können, kannst du folgende Technik nutzen.

Vor dem Lesen
- Sieh dir die **Bilder** an.
- Lies die **Überschrift**.
- **Vermute**, worum es in dem Text gehen könnte.

Beim Lesen – erstes Lesen
- **Lies** den Text.
- Verschaffe dir einen ersten **Überblick**.

Beim Lesen – zweites Lesen
- **Lies** den Text genauer.
- **Gliedere** den Text in Sinnabschnitte.
- Erfasse die **wichtigsten Informationen** in jedem Abschnitt.
- Schreibe die **wichtigsten Wörter oder Wortgruppen** aus jedem Abschnitt heraus.
- Kläre **unbekannte Begriffe** mithilfe eines Lexikons oder des Internets.
- Finde zu jedem Abschnitt eine **Überschrift**.

Nach dem Lesen
- **Fasse** den Inhalt **zusammen**.
- **Prüfe**, ob deine Vermutungen zutreffend waren.

Seite 264

1. Auflage

1 5 4 3 2 1 | 25 24 23 22 21

Alle Drucke dieser Auflage sind unverändert und können im Unterricht nebeneinander verwendet werden. Die letzte Zahl bezeichnet das Jahr des Druckes.

Autorinnen und Autoren: Benny Alze, Petra Breuer-Küppers, Martin Gehrigk, Franziska Maaß, Pauline Majumder, Sabine Meier-Schulz, Wanda Rohse, Sandra Schicht, Christa Schürmann, Susanne van Treeck, Christiane Vatter-Wittl, Claudia Wendler, Marion Zimmer
Beratung: Thomas Bickelhaupt, Ann-Katrin Gans
Unter Verwendung von Materialien von: Sabine Utheß

Entstanden in Zusammenarbeit mit dem Projektteam des Verlages.

Gestaltung: normaldesign GbR, Schwäbisch Gmünd
Umschlaggestaltung: normaldesign GbR, Schwäbisch Gmünd
Titelbild: stock.adobe.com, Dublin (Dina); Getty Images Plus, München (E+ / Imgorthand)
Satz: Fotosatz Buck, Kumhausen/Hachelstuhlt
Reproduktion: Meyle+Müller GmbH+Co. KG, Pforzheim
Druck: aprinta druck GmbH, Wemding

Printed in Germany
ISBN 978-3-12-314461-5

Auf eigenem Weg üben

WEG A

einfacher Weg

WEG B

mittlerer Weg

WEG C

schwieriger Weg

Geht euren eigenen Weg durch das Kapitel.

Gemeinsam präsentieren   Selbsttest als Abschluss

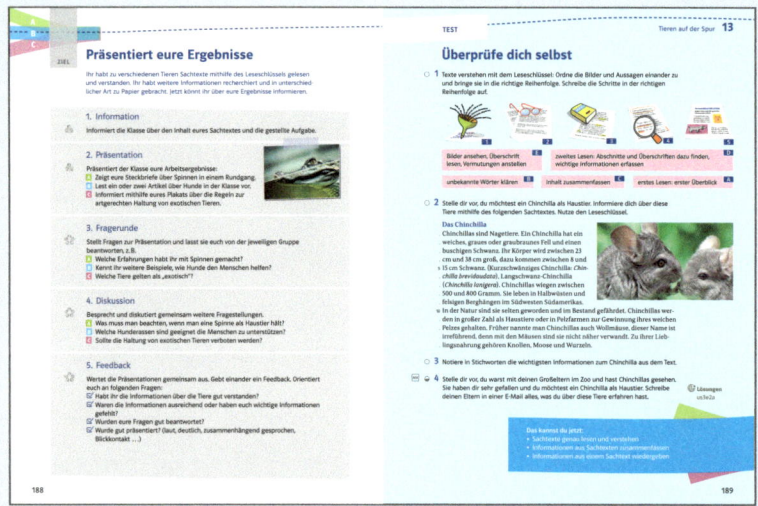

Auf dieser Seite präsentiert ihr in fünf Schritten eure Ergebnisse von **WEG A**, **WEG B** oder **WEG C** in der Klasse.

Mit einem weiterführenden Test könnt ihr das Kapitel abschließen und euer Wissen überprüfen.

Lerninseln

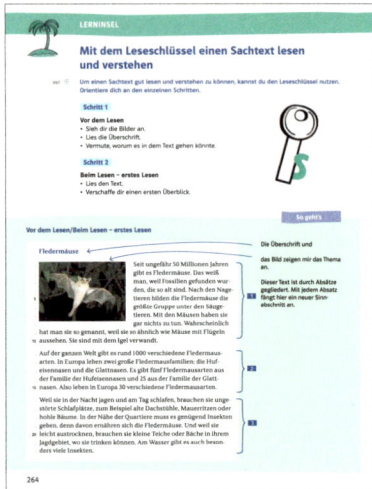

Hier könnt ihr nachschlagen, wenn euch etwas unklar ist. So geht´s- Beispiele zeigen euch, wie ihr euer Wissen anwendet.

Anhang

Diese Seiten nutzt ihr, wenn ihr im Schulbuch etwas schnell finden wollt.

Operatorenliste

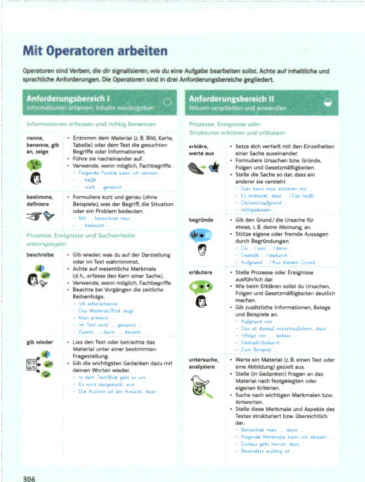

Die Liste hilft euch, die Aufgabenstellungen besser zu verstehen. Sie enthält die Verben, die der Kern einer Aufgabe sind.

Wichtige Symbole und Elemente

 Leseschlüssel   Die Leseschlüssel auf der Klappe helfen euch, Texte besser zu verstehen.

 Erdkugel   Die Erdkugel steht immer dort, wo andere Sprachen in die Aufgaben einbezogen werden.

 Der Kater Fidibus steht immer da, wo ihr etwas zur Sprache lernt und übt.

Arbeitet im Tandem mit einer Partnerin oder einem Partner.

Arbeitet in der Gruppe.

Arbeitet in der Klasse.

MK   Aufgabe zur Entwicklung von Medienkompetenz

Diese Codes führen euch zu Material auf schueler.klett.de.

Verweis auf andere Seiten im Schulbuch

Tipp   Hinweis zur Lösung der Aufgabe

Rechtschreibstrategien

Schwingen   M Merken

Ableiten   Aa Großschreibung

Verlängern   Nachschlagen

Anforderungsbereiche

Anforderungsbereiche zeigen euch, welche Anforderung die Aufgabe an euch stellt.

○ Ihr gebt bisher Erlerntes wieder.

◐ Ihr wendet eure Kenntnisse selbstständig an und übertragt sie auf Neues.

● Ihr bearbeitet schwierigere Themen selbstständig.

Medien zum Schulbuch

A Audio

V Video

D Dokument

Alle Audios, Videos und Dokumente zum Schulbuch findet ihr in eurem Deutsch kombi plus-**eBook** oder in den **Medien zum Schülerbuch.**

Deutsch kombi plus

5

Differenzierende Ausgabe

Benny Alze
Petra Breuer-Küppers
Martin Gehrigk
Franziska Maaß
Pauline Majumder
Sabine Meier-Schulz
Wanda Rohse
Sandra Schicht
Christa Schürmann
Susanne van Treeck
Christiane Vatter-Wittl
Claudia Wendler
Marion Zimmer

Ernst Klett Verlag
Stuttgart · Leipzig · Dortmund

Inhalt

Schreiben

6 Schulgeschichten

7 Schlangengeschichten

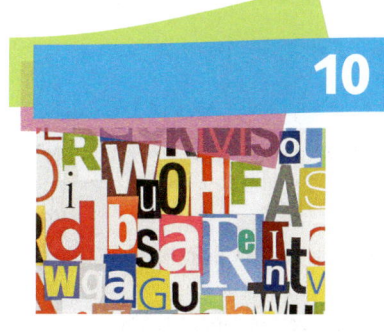

11 Als das Wünschen noch geholfen hat

12 Was liest du denn gerade?

Sprache

Lerninseln

Anhang

Willkommen!

Spiel 2 ⏳ 15 min

Ferienfragebogen

1. Lies den Fragebogen durch.
2. Wähle eine Sache aus, die auf dich und deine Ferien zutrifft.
3. Suche eine Person, die das Gleiche gewählt hat.
4. Tauscht euch darüber aus.

- Ich war oft baden.
  Wer?   Wo?
- Ich habe etwas Tolles/ein Buch gelesen.
  Wer?   Welches?
- Ich habe die Schule vermisst.
  Wer?   Was genau?
- Ich habe ganz viel Eis gegessen.
  Wer?   Welche Sorten?
- Ich hatte einen Sonnenbrand.
  Wer?   Wo?
- Ich habe eine Lehrerin oder einen Lehrer getroffen.
  Wer?   Wen und wo?

Spiel 1 ⏳ 5 min

Gestenspiel

1. Stelle dich deiner Partnerin oder deinem Partner vor.
   - Sage deinen Namen, z.B.
     Ich heiße Tami.
   - Mache eine für dich typische Geste dazu, z.B. Haare drehen

2. Dein Gegenüber wiederholt deinen Namen und deine Geste, sagt dann seinen Namen und macht seine Geste.

Spiel 3 ⏳ 20 min

Spinnennetz

Material: Wollknäuel

1. Stellt euch im Kreis auf. Ein Kind: Nimm das Knäuel in die Hand!
2. Nenne deinen Namen und mache weitere Angaben, z.B. Ich heiße Charly, bin 11 Jahre alt, gehe gern zum Ballett und mag Spinnen und Pizza.
3. Wirf das Knäuel einem anderen Kind zu! Halte die Schnur fest.
4. Das nächste Kind: Nenne ebenfalls deinen Namen und weitere Angaben.
5. Wiederholt das so lange, bis alle dran waren.
6. Nun rückwärts: Rollt das Knäuel wieder auf. Nennt dabei jeweils den Namen des Kindes.

Spiel 4 ⏳ 30 min

Schulrallye

Erkundet eure Schule und beantwortet die Fragen.
• Wie viele Stufen sind es vom Erdgeschoss bis ins oberste Stockwerk?
• Wie viele Toiletten gibt es in der Schule? Ihr könnt auch schätzen.
• Wie heißt die Schulsekretärin oder der Schulsekretär?
• Wie riecht es heute in der Schulküche oder Cafeteria?
• Welche Außenfarbe hat eure Schule?

Spiel 5  ⏳ 20 min

Wörter raten

1. Schreibt die Wörter auf kleine Zettel und sammelt sie z.B. in einer Mütze. Deckt diese Spielkarte ab.

der Dieb
die Katze – der Apfel
der Baum – die Flasche
die Feuerwehr – der Fuchs – schwimmen
schleichen – erschrecken – Eis essen
Roller fahren – singen – Pizza belegen
fröhlich – traurig – aufgeregt
gestresst – schlapp

2. Einer nach dem anderen zieht einen Zettel und stellt den Begriff darauf dar.
   1. Runde: mit dem Körper
   2. Runde: mit Mimik oder Gesten
   3. Runde: mit Geräuschen

3. Die anderen erraten den Begriff.

Spiel 6 ⏳ 10 min

Richtig oder falsch?

1. Seht euch die Symbole der Rechtschreib-strategien an. Stellt mit eurem Körper dar, wie sie funktionieren.
2. Benennt die jeweilige Strategie.
3. Lest die Wörter und gebt die richtige Schreibweise an.
4. Nennt die Strategie, die euch geholfen hat.

Berg – Berk

Läufer – Leufer

aufpassen – aufpasen

Freude – freude

10 min

Ich packe meinen Koffer für Deutsch...

Setzt euch im Kreis auf und vervollständigt abwechselnd die folgenden Sätze. Schluss ist, wenn alle dran waren.

Im Deutschunterricht freue ich mich auf …
Dabei wünsche ich mir …

Deine Schule, deine Freunde, deine Welt

Informationen sammeln, ordnen und wiedergeben

1 Seht euch die Bilder **A–C** an. Beschreibt, was zu sehen ist und worum es geht.

2 Erinnert ihr euch an eure Zeit in der Grundschule? Habt ihr dort ähnliche Situationen erlebt? Erzählt davon.

3 Vergleicht euren ersten Tag in der Grundschule mit eurem ersten Tag in der neuen Schule. Hat sich etwas verändert? Tauscht euch dazu aus.
→ Sprachtipp

A

Ein neues Schuljahr hat begonnen. Vielleicht ist jetzt alles neu für euch: die Schule, der Schulweg, die Lehrkräfte, aber auch eure Mitschülerinnen und Mitschüler. Mit Spielen, Interviews und Steckbriefen könnt ihr euch kennenlernen und miteinander ins Gespräch kommen.

Das lernt ihr jetzt:
- mithilfe von Fragen Informationen sammeln, ordnen und weitergeben
- eine Person in einem Steckbrief vorstellen
- ein Interview führen

B

C

Sprachtipp

- Der erste Tag in der Grundschule war …
- Ich erinnere mich, dass …
- Dagegen jetzt in der neuen Schule …
- Ähnlich wie in der Grundschule …
- In der neuen Schule fühle ich mich …

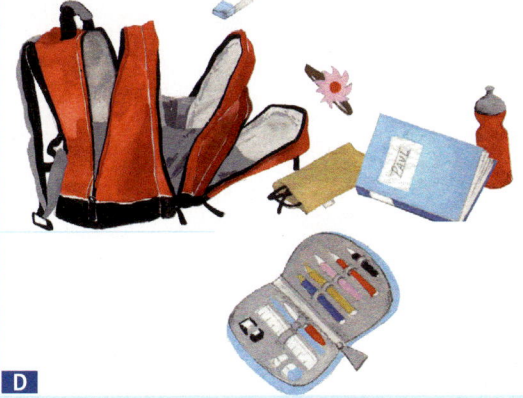

D

¡Hola! Buongiorno!

Ahoj!

Guten Morgen!

Hello!

Salut!

E

4 **E** Kennt ihr Begrüßungen in anderen Sprachen? Notiert sie an der Tafel. Ruft euch gegenseitig die Begrüßungen zu und antwortet.

5 **D** Setzt das Spiel „Ich packe meine Schultasche und nehme … mit" fort.

Robert Ich heiße Robert und packe einen Radiergummi in meine Schultasche.
Anna Ich heiße Anna und packe in meine Schultasche Roberts Radiergummi und eine Anstecknadel.
Florian Ich heiße Florian und packe in meine Schultasche Roberts Radiergummi, Annas Anstecknadel und eine Federmappe …

Das bin ich und wer bist du?
Informationen in einem Steckbrief sammeln

1 Schreibe deinen Namen so, dass er etwas über dich verrät. Folgende Informationen kannst du, wie im Beispiel unten, zwischen deinem Vor- und deinem Nachnamen einbauen:
- dein Lieblingsessen,
- einen Ort, an dem du gern Zeit verbringst,
- deinen Geburtsmonat.

Paul Käsekuchen Baumhaus März Schmidt

2 Lest euch eure Namen im Tandem vor. Schreibt auf, was ihr voneinander erfahren habt, z. B. *Du heißt Paul Schmidt, magst gern Käsekuchen, bist gern in einem Baumhaus und hast im März Geburtstag.*

3 Was würdest du noch gern über deine Mitschülerinnen und Mitschüler erfahren? Notiere dir Stichworte, z. B. *Geschwister, Hobbys …*

4 Welche Informationen sind besonders wichtig, um eine Person zu beschreiben? Schreibe sie auf, z. B. *Name, Geburtstag …*

Tipp
Beachte, dass die wichtigsten Informationen am Anfang stehen.

5 Fertige jetzt mithilfe deiner Stichworte aus den Aufgaben 3 und 4 einen Mustersteckbrief an. Diesen kannst du später immer wieder verwenden und ausfüllen. Du kannst den folgenden Steckbrief als Vorlage nehmen.

Das bin ich …

Name: _____

Haarfarbe: _____

Augenfarbe: _____

Geburtstag: _____

Geschwister: _____

Hobbys: _____

Lieblingstier: _____

Lieblingsfarbe: _____

6 Wähle eine Mitschülerin oder einen Mitschüler, die oder den du gut kennst. Fülle deinen Steckbrief mit Angaben zu dieser Person aus. Lasse dabei den Namen weg.

7 Stelle die Person aus Aufgabe 6 mithilfe deines Steckbriefes der Klasse vor. Lass die anderen erraten, um wen es sich handelt.

8 Konntet ihr die Person erraten? Wenn nicht, dann überlegt euch noch weitere Stichworte, die ihr in dem Steckbrief ergänzen könnt.

9 Schreibe nun einen Steckbrief über eine andere Mitschülerin oder einen anderen Mitschüler, z.B. deine Banknachbarin oder deinen Banknachbarn. Verwende deinen Mustersteckbrief aus Aufgabe 5.

> ☼ **Tipp**
> Bitte diese Mitschülerin oder diesen Mitschüler ein Foto von sich mitzubringen oder zeichne ein Bild für den Steckbrief.

⚙ Arbeitstechnik

Einen Steckbrief schreiben

Ein **Steckbrief** gibt möglichst knapp und **stichwortartig Auskunft** über eine **Person**. Er enthält nur die wichtigsten Informationen über die Person.

1. Sammle **Informationen** über die Person. Stelle dazu **Fragen** (→ Wie alt bist du?) und notiere die Antworten.
2. Schreibe die **wichtigsten Stichworte** (→ Name, Geburtstag, Alter, Aussehen) an den Anfang des Steckbriefes.
3. Notiere weitere Stichworte, über die du informieren möchtest (→ Geschwister, Hobbys, Lieblingsessen, Lieblingstier, Lieblingsfarbe).
4. **Fülle** dann den Steckbrief **aus**. Formuliere die Informationen in Stichworten.
5. Ergänze ein **Foto** oder ein **Bild** der Person.

Steckbriefe kannst du auch zu **literarischen Figuren** oder zu **Pflanzen** und **Tieren** schreiben. Dafür solltest du passende Stichworte finden (→ Lebensraum, Nahrung).

Said	
Geburtstag	16. November
Alter	11
Hobbys	Fahrradfahren, PC-Spiele
besondere Eigenschaften	witzig, hilfsbereit
...	

Rundgang
⤵ Seite 296

10 Tauscht im Tandem eure Steckbriefe aus. Prüft, ob
- der Steckbrief genügend Informationen enthält.
- die wichtigsten Informationen am Anfang stehen.
- der Steckbrief übersichtlich ist.

11 Hängt alle fertigen Steckbriefe im Klassenzimmer auf.
- Seht sie euch bei einem Rundgang an und tauscht euch über Gemeinsamkeiten und Unterschiede aus.
- Schreibt auf Klebezettel Stichworte dazu, was euch noch interessieren würde. Klebt sie auf die Steckbriefe.

Fragen über Fragen

Ein Interview vorbereiten und durchführen

Um die Schülerinnen und Schüler in eurer Klasse noch besser kennenzulernen, könnt ihr ihnen Fragen stellen und Interviews führen.

 1 Spielt **Personenbingo**. Dabei könnt ihr mithilfe von Fragen Informationen über eure Mitschülerinnen und Mitschüler sammeln.

Führt das Spiel durch. Geht dabei so vor:

- Übertragt die Tabelle (3 × 3 Felder) auf ein Blatt Papier. Ergänzt die leeren Felder mit Vorlieben, Eigenschaften, Wünschen und Interessen. Denkt dabei an etwas, was euch selbst interessiert oder ihr gern macht.

Personenbingo		
▬▬ *isst gern Spaghetti.*	▬▬ *hat einen Hund.*	...
▬▬ *spricht zwei Sprachen.*	...	...
...	▬▬ *mag keinen Fußball.*	▬▬ *will gerne Schauspielerin werden.*

☼ **Tipp**
Verwendet
W-Fragen, z. B.
Was? Welche?, um
die nötigen
Informationen zu
erhalten.

- Geht nun in der Klasse herum und befragt eure Mitschüler. Stellt zu jedem Feld eine passende Frage, z. B. Was ist dein Lieblingsessen?
- Wenn ihr jemanden gefunden habt, auf den die Aussage im Feld zutrifft, tragt dessen Namen in das Feld ein.
- Wer eine Reihe gefüllt hat, egal ob waagerecht oder senkrecht, kann laut „Bingo" rufen.

Achtung: Jeder Name darf nur einmal auf eurem Bogen stehen!

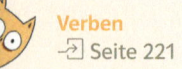 **Verben**
→ Seite 221

2 Schreibe die folgenden Fragen ab. Setze dabei die richtigen Verbformen in die Lücken ein, z. B. *Wie heißt du?*

essen	heißen	verreisen	wohnen	hören	mögen

a Wie ▬▬ du?
b Wo ▬▬ du?
c Was ▬▬ du am liebsten?
d Welche Musik ▬▬ du gern?
e Welche Tiere ▬▬ du am liebsten?
f Wohin ▬▬ du am liebsten?

3 Formuliere weitere W-Fragen zu folgenden Stichworten, z. B. *Was sind deine Lieblingsfächer?*

W-Fragen
Seite 85

> Lieblingsfächer   Wunsch für das neue Schuljahr   letzter Kinofilm   Lieblingsbuch
>
> Lieblingsbeschäftigung   Lieblingssänger   Traumberuf   Lieblingstier

4 Bereite ein Interview vor. Gehe so vor:
- Überlege dir, was du von deiner Interviewpartnerin oder deinem Interviewpartner wissen möchtest.
- Formuliere Fragen und schreibe sie jeweils auf eine Karteikarte.
- Schreibe auch die Fragen aus Aufgabe 3 auf Karteikarten.
- Ordne deine Karteikarten nach der Wichtigkeit. Beginne mit den wichtigsten Fragen.

MK **5** Führt nun im Tandem eure Interviews durch. Wechselt euch ab. Nehmt die Interviews mit Kamera oder Handy auf.

6 Stellt der Klasse eure Mitschülerinnen und Mitschüler kurz vor. Nennt dabei ihre Interessen, Wünsche und Vorlieben. Beginnt so:
Ich will euch Maja vorstellen. Sie ist … alt und …

Tipp
Denkt daran, die Antworten in Stichworten aufzuschreiben.

⚙ **Arbeitstechnik**

Ein Interview vorbereiten, durchführen und präsentieren

Wenn du etwas über eine Person wissen willst, die du noch nicht so gut kennst, führe ein **Interview** mit ihr durch.

Vorbereitung
- Überlege, was du von der Person wissen möchtest.
- Schreibe jede **Frage** auf einen **Zettel** oder eine **Karteikarte**.
- Ordne die Fragen **nach Wichtigkeit** und nummeriere sie.

Durchführung
- **Stelle dich** zu Beginn des Interviews kurz **vor**.
- Stelle nun deine **Fragen**.
- Schreibe dir zu jeder **Antwort Stichworte** auf.
- **Bedanke dich** bei deinem Interviewpartner.

Präsentation
- **Stelle** die **Antworten** in der Klasse **vor** (→ als Steckbrief, Plakat oder Kurzvortrag).

Lerninsel
Seite 275

START **Drei Wege – ein Ziel!** Finde deinen Weg mit diesem Einschätzungstest: up39gn

A

B

C

Ein berühmter Schüler gibt Auskunft

Informationen aus einem Interview in einem Steckbrief wiedergeben

In einer bedeutenden Schule sind einige Unterlagen durcheinandergeraten. Alle Schülerinnen und Schüler müssen persönlich befragt werden, damit alles wieder sortiert werden kann. Die Verantwortliche, Mrs. Lynn, interviewt nun einen ganz besonderen Schüler.

1 Lies das Interview aufmerksam durch.

Mrs. Lynn Wie alt bist du?
Schüler Ich bin 12 Jahre alt. **(Alter)**
Mrs. Lynn Welche Augen- und Haarfarbe hast du?
Schüler Meine **Augenfarbe** ist hellgrün und meine **Haarfarbe** ist schwarz.
Mrs. Lynn Wo wohnst du?
Schüler Meine **Adresse** ist Ligusterweg 4 in Little Whinging.
Mrs. Lynn Wie heißen deine Eltern?
Schüler Meine **Eltern** heißen James und Lily. Sie sind leider schon vor vielen Jahren gestorben.
Mrs. Lynn Wer betreut dich in den Ferien?
Schüler Ich habe noch **Verwandte**, bei denen ich jetzt lebe, meine Tante Petunia, mein Onkel Vernon und mein Cousin Dudley Dursley.
Mrs. Lynn Welches Haustier besitzt du?
Schüler Mein **Haustier** ist eine Eule, sie heißt Hedwig und ich mag sie sehr gern.
Mrs. Lynn Wer sind deine Freunde?
Schüler Meine **Freunde** sind Hermine Granger und Ron Weasley.
Mrs. Lynn Welche besonderen Kennzeichen hast du?
Schüler **Besondere Kennzeichen** sind meine Brille mit runden Gläsern und meine Narbe auf der Stirn, die ein bisschen wie ein kleiner Blitz aussieht.

2 Lest im Tandem das Interview mit verteilten Rollen in zwei verschiedenen Stimmungen.

> a Mrs. Lynn führt das 120. Interview an diesem Tag.

> b Mrs. Lynn ist ein großer Fan des berühmten Schülers.

3 Um welche Person könnte es sich handeln? Welche Informationen haben es euch verraten? Um welche Schule geht es? Tauscht euch im Tandem darüber aus.

4 Schreibe die fett gedruckten Wörter aus dem Interview heraus. Notiere die dazugehörige Information, z. B. *Name: ..., Alter: 12 Jahre ...*

5 Mrs. Lynn ist neugierig geworden. Sie möchte noch mehr über ihren Interviewpartner erfahren. Formuliere weitere Fragen und schreibe sie auf, z. B. *Wer ist dein Lieblingslehrer?*

6 Wie gut kennt ihr den berühmten Schüler? Beantwortet im Tandem die Fragen aus Aufgabe 5.

7 Schreibe nun mithilfe der gesammelten Informationen einen Steckbrief zu dem berühmten Schüler. Zeichne auch ein möglichst genaues Bild von ihm.

Steckbrief
→ Seite 17

Steckbrief

Name: _____

Alter: _____

Wohnort: _____

Eltern: _____

Verwandte: _____

... _____

_____

_____

_____

8 Seht euch alle Steckbriefe in der Gruppe an. Überprüft, ob alle Informationen enthalten sind. Bereitet die Präsentation in einem Rundgang vor.

Rundgang
→ Seite 296

Brieffreundin gesucht!

Informationen in einem Steckbrief wiedergeben und
ein Interview führen

In dem Jugendbuch „Das Blubbern von Glück" von Barry Jonsberg sucht die 12–jährige Australierin Candice eine Brieffreundin. Während eines Schulprojektes zum Thema „Kennenlernen anderer Kulturen" stellt sie sich einer amerikanischen Schülerin aus New York City in einem Brief vor.

1 Lies den Brief von Candice an Denille aufmerksam durch.

A01

. Liebe Denille,
. ich heiße Candice Phee und bin zwölf Jahre alt. Ich gehe in Albright zur Schule. [...]
. Ich bin durchschnittlich groß für mein Alter [...] und habe langes, schmutzig blon-
. des Haar. Schmutzig bedeutet in diesem Zusammenhang nicht, dass ich es nicht
5 wasche, denn das tue ich. Jeden Tag. Es hat eher etwas mit seiner natürlichen Farbe
. zu tun, die es, wenn ich ehrlich bin, so aussehen lässt, als würde ich es nicht jeden
. Tag waschen. Was ich tue. Ich habe Sommersprossen. Überall im Gesicht und am
. Körper. Ich kann nur in die Sonne gehen, wenn ich mich mit einer Creme mit Licht-
. schutzfaktor tausend eincreme. [...] Mein Dad meint, ich sollte nur mit meiner
10 Ganzkörperausrüstung in die Sonne gehen. [...] Ich habe auffallend blaue Augen.
. Einige Leute behaupten, sie seien das Schönste an mir. Eigentlich ist es meine
. Mum, die behauptet, sie seien das Schönste an mir. Sie sagt, sie seien wie Kornblu-
. men. [...] Ich hatte eine Schwester, Sky, aber sie starb. Ihr Tod hat mich zu einem
. Einzelkind gemacht.
15 Ich mag nicht viel von dem, was anderen Zwölfjährigen gefällt. Computer interes-
. sieren mich nicht. Die meiste Musik finde ich langweilig. Ich habe kein Handy, da
. schon im wirklichen Leben kaum jemand mit mir spricht. Weshalb sollte mich
. dann jemand anrufen oder mir eine
. SMS schicken? Ich mag nur Filme,
20 die mich zum Weinen bringen. Ich
. habe keine Freunde, die sich für
. meine Freunde halten. [...]
. Wie ist es so, Amerikanerin zu sein?
. Ich kenne Amerikaner nur aus dem
25 Fernsehen, und mir scheint, Ameri-
. kaner zu sein, ist sehr schwer. Dad
. behauptet, Amerikaner seien arro-
. gant, engstirnig und wüssten nicht,
. welche Länder im Süden oder Nor-
30 den von ihnen liegen. Ich bin mir
. nicht sicher, ob das stimmt. [...]
. Schreib bitte bald zurück. Ich freue
. mich sehr darauf, von dir zu hören.

.
35 Deine Brieffreundin
. Candice

2 Was ist euch an Candice aufgefallen? Tauscht euch im Tandem darüber aus.

3 Schreibe alle Informationen, die du über Candice erhalten hast, in Stichworten heraus.

4 Erstelle nun mit diesen Informationen einen Steckbrief zu Candice. Gehe so vor:

Steckbrief
Seite 17

- Suche aus den folgenden Stichworten zunächst die heraus, zu denen du etwas über Candice erfahren hast.
- Ordne diese Stichworte nach Wichtigkeit.
- Ergänze die Informationen, die du zu Candice gesammelt hast.

Lieblingsessen   Name   Schuhgröße   Alter   Augenfarbe

Größe   Lieblingsbuch   Lieblingsfilme   Haustiere   Spitzname

was sie nicht mag   Besonderheiten   Geschwister   Wohnort

5 Im Projekt „Kennenlernen anderer Kulturen" hat Candice versucht zu erfahren, was typisch für Amerika ist. Dazu hat sie Denille einige Fragen zu ihrer Kultur und ihren Bräuchen gestellt.
Findet heraus, wer aus eurer Gruppe Verwandte oder Freunde in einem anderen Land hat. Sammelt die Länder auf einer Liste.

6 Wähle aus der Liste ein Land, in dem du dich gut auskennst oder das dich besonders interessiert. Sammle zu deinem Land Informationen und mache dir dazu Notizen.

Tipp
Recherchiere
im Internet.

7 Überlegt, was euch an den Ländern interessiert. Bereitet ein Interview vor. Verwendet folgende Stichworte für eure Fragen.

Interview
Seite 19

Sprache   Traditionen   Klima und Wetter

Musik   typisches Essen   Religion

berühmte Persönlichkeiten

besondere Landschaften   große Städte

Sehenswürdigkeiten

Sprachtipp

- Weißt du, …?
- Kennst du …?
- Welche … gibt es?
- Was gibt es für …?
- Was ist/sind …?

8 Sucht euch eine Interviewpartnerin oder einen Interviewpartner. Führt das Interview im Tandem durch. Befragt einander zu euren Ländern und notiert euch die Antworten. Nehmt das Interview mit Kamera oder Handy auf.

9 Wählt in der Gruppe ein Land aus. Bereitet die Präsentation vor, in dem ihr alle Informationen zusammenfasst. Legt fest, wer das Land der Klasse vorstellt.

Ein ungewöhnlicher Freund

Informationen in einem Steckbrief und einem Tagebucheintrag wiedergeben

○ **1** Lies den Text.

A02 ◁))

ANDREAS STEINHÖFEL
Rico, Oskar und die Tieferschatten

. Ich ging langsam über den Gehsteig, den Blick auf die grauen Pflastersteine am
. Boden gerichtet. Ich sah ein zerknülltes Duplo-Papierchen. Ich sah ein paar
. Scherben, die vor den großen Altglascontainern verstreut lagen, und eine ausge-
. tretene alte Zigarettenkippe. Dann sah ich zwei kleine Füße mit hellen Strümpfen
5 in offenen Sandalen.
. Ich hob den Kopf. Der Junge, der da vor mir stand, reichte mir gerade so bis an die
. Brust. Das heißt, sein dunkelblauer Sturzhelm reichte mir bis an die Brust. Es war
. ein Sturzhelm, wie ihn Motorradfahrer tragen. Ich hatte gar nicht gewusst, dass es
. die auch für Kinder gibt. Es sah völlig beknackt aus. Das Durchguckding vom Helm
10 war hochgeklappt.

. „Was machst du da?", sagte der Junge. Seine Zähne waren riesig. Sie sahen so aus,
. als könnte er damit ganze Stücke aus großen Tieren rausbeißen, einem Pferd oder
. einer Giraffe oder dergleichen.
. „Ich suche was."
15 „Wenn du mir sagst, was, kann ich dir helfen."
. „Eine Nudel." [...]
. „Was für eine Nudel ist es denn?", sagte er.
. „Auf jeden Fall eine Fundnudel. Eine Rigatoni, aber nur vielleicht. Genau kann man
. das erst sagen, wenn man sie gefunden hat, sonst wäre es ja keine Fundnudel. Ist
20 doch wohl logisch, oder?"
. „Hm…" Er legte den Kopf leicht schräg. Der Mund mit den großen Zähnen drin
. klappte wieder auf. „Kann es sein, dass du ein bisschen doof bist?"
. Also echt!
. „Ich bin ein tiefbegabtes Kind."
25 „Tatsache?" Jetzt sah er wirklich interessiert aus. „Ich bin hochbegabt."
. Nun war ich auch interessiert. Obwohl der Junge viel kleiner war als ich, kam er mir
. plötzlich viel größer vor. Es war ein merkwürdiges Gefühl. Wir guckten uns so lan-

ge an, dass ich dachte, wir stehen hier noch, wenn die Sonne untergeht. Ich hatte noch nie ein hochbegabtes Kind gesehen, außer mal im Fernsehen bei „Wetten,
30 dass?". […]

„Ich muss jetzt weiter", sagte ich endlich zu dem Jungen. „Bevor es dunkel wird. Sonst verlaufe ich mich womöglich."

„Wo wohnst du denn?"

„Da vorn, das gelbe Haus. Die 93. Rechts." […]

35 Zuletzt wurde seine Stirn wieder ganz glatt und er grinste. „Du bist wirklich doof, oder? Wenn man etwas direkt vor Augen hat und nur geradeaus gehen muss, kann man sich unmöglich verlaufen."

Immerhin stimmte die Straßenseite. Trotzdem wurde ich langsam sauer.

„Ach ja? Ich kann das. Und wenn du wirklich so schlau wärst, wie du behauptest,
40 wüsstest du, dass es Leute gibt, die das können."

„Ich –"

„Und ich sag dir noch was: Es ist kein bisschen witzig!" Alle Bingokugeln waren auf einmal rot und klackerten durcheinander. „Ich hab mir nicht ausgesucht, dass aus meinem Gehirn manchmal etwas rausfällt! Ich bin nicht freiwillig dumm oder weil
45 ich nicht lerne!"

„Hey, ich –"

„Aber du bist ja wohl eins von den Superhirnen, die alles wissen und dauernd mit irgendwas angeben müssen, weil sich nämlich sonst keiner für sie interessiert, außer wenn sie im Fernsehen Geige spielen!"

50 Es ist total peinlich, aber wenn ich mich heftig über etwas aufrege, zum Beispiel Ungerechtigkeit, fange ich an zu heulen. Ich kann überhaupt nichts dagegen machen. Der Junge kriegte ganz erschreckte Augen unter seinem Sturzhelm.

„Jetzt wein doch nicht! Ich hab das gar nicht so –"

„Außerdem weiß ich, was 'ne Primzahl ist!", brüllte ich. Was vor lauter Aufregung
55 im Moment so ziemlich das Einzige war, das ich noch wusste. Jetzt sagte der Junge gar nichts mehr. Er guckte runter auf seine Sandalen. Dann guckte er wieder hoch. Seine Lippen waren ganz dünn geworden. Er streckte eine Hand aus. Sie war so klein, dass sie doppelt in meine passte.

„Ich heiße Oskar", sagte er. „Und ich möchte mich aufrichtig bei dir entschuldigen.
60 Ich hätte mich nicht über dich lustig machen dürfen. Das war arrogant."

Ich hatte keine Ahnung, was er mit dem letzten Wort meinte, aber die Entschuldigung hatte ich verstanden.

2 Erzählt euch im Tandem, welche ungewöhnliche Begegnung hier beschrieben wird.

3 Rico möchte Oskar gern besser kennenlernen. Überlegt euch etwa fünf Fragen, die Rico Oskar stellen könnte, und schreibt die Antworten dazu auf.

4 Oskar geht der große Rico nicht aus dem Kopf. Schreibe einen Tagebucheintrag, in dem Oskar über die Begegnung mit Rico berichtet. Achte darauf, Rico möglichst gut zu beschreiben.

Tipp
Stelle dir vor,
du bist Oskar.
Schreibe in der
Ich-Form.

5 Fasst nun in der Gruppe alle Informationen zu Oskar und Rico für die Präsentation in der Klasse zusammen. Notiert alles, was ihr über Aussehen, Verhalten und Besonderheiten der beiden Jungen erfahren habt.

Präsentiert eure Ergebnisse

Ihr habt in den verschiedenen Gruppen Informationen über Figuren aus literarischen Texten sowie zu bestimmten Ländern gesammelt und geordnet. Jetzt könnt ihr euch in der Klasse darüber austauschen.

1. Information

Informiert darüber, was für einen Text ihr gelesen habt. Erzählt auch, ob ihr einen Steckbrief oder Tagebucheintrag geschrieben oder ein Interview geführt habt.

2. Präsentation

Präsentiert der Klasse eure Arbeitsergebnisse.
- **A** Hängt alle Steckbriefe zu dem berühmten Schüler im Klassenzimmer auf.
- **B** Stellt das gewählte Land mithilfe eurer Informationen aus dem Interview in einem kurzen Vortrag vor. Nennt dabei nicht den Namen des Landes.
- **C** Stellt Oskar und Rico mithilfe eurer Arbeitsergebnisse vor.

3. Fragerunde

Tauscht euch miteinander aus und lasst euch Fragen von der jeweiligen Gruppe beantworten, z. B.
- **A** Kennt ihr die Figur? Was wisst ihr über sie? Wie gefällt euch die Figur?
- **B** Um welches Land handelt es sich? Was wisst ihr außerdem über dieses Land?
- **C** Können zwei so unterschiedliche Kinder wie Oskar und Rico Freunde sein?

4. Diskussion

Besprecht und diskutiert gemeinsam weitere Fragestellungen.
- **A** Woher stammen die Informationen zu Harry Potter?
- **B** Wart ihr schon einmal in diesem Land oder möchtet ihr gern dorthin reisen?
- **C** Welche Figur findet ihr interessanter, Oskar oder Rico?

5. Feedback

Wertet die Präsentationen gemeinsam aus. Gebt einander ein Feedback. Orientiert euch an folgenden Fragen:
- ☑ Habt ihr die Informationen über die Figuren und das Land gut verstanden?
- ☑ Wurden eure Fragen beantwortet?
- ☑ Wurde gut präsentiert? (laut, deutlich, zusammenhängend gesprochen, Blickkontakt …)

Überprüfe dich selbst

○ **1** Erstelle einen Steckbrief zu Joshua Kimmich.
- Suche die fehlenden Oberbegriffe zu den Angaben über Joshua Kimmich.
- Ordne die Informationen in einer sinnvollen Reihenfolge an.
- Schreibe den Steckbrief ab. Achte hierbei auf eine angemessene Form.

| Hobbys | Gewicht | Geburtsdatum | Name | Beruf | Familie | Geburtsort | Größe |

Informationen:
- Rottweil
- zwei Kinder
- 75 kg
- 1,77 m
- 8. Februar 1995
- Joshua Walter Kimmich
- Fußballer
- lesen, Sprachen lernen, Tennis spielen

Steckbrief

_____
_____
_____
_____
_____
_____
_____

◑ **2** Beantworte die folgenden Fragen in Stichworten:
- Was ist ein Interview?
- Welche Interviews hast du schon gehört oder gelesen?
- Worüber hast du etwas erfahren?
- Wo kann man Interviews finden?

◑ **3** Stelle dir vor, du spielst gern Handball und möchtest in einen Handballverein eintreten. Dazu musst du zuerst mit dem Trainer ein Schnuppertraining verabreden. Formuliere Fragen, die du ihm stellen willst. Schreibe sie auf.

🌐 **Lösungen**
up39gn

Das kannst du jetzt:
- dich und andere mit einem Steckbrief vorstellen
- anderen Personen Fragen stellen
- Interviews führen

Wir reden miteinander

Gespräche führen, untersuchen und bewerten

1 Seht euch das Bild **A** genau an. Habt ihr solche Situationen schon einmal erlebt? Berichtet davon.

2 Nennt ein Verhalten aus dem Bild, das euch gefällt, und eines, das euch nicht gefällt. Beginnt eure Sätze so **B**.

A

Gespräche, bei denen niemand die Regeln einhält, führen schnell zum Streit. Deshalb ist es nötig, dass ihr in der Klasse gemeinsam Gesprächsregeln festlegt und dann darauf achtet, dass ihr sie in den Diskussionen auch einhaltet.

Das lernt ihr jetzt:
- Gespräche mithilfe von Regeln führen
- die eigene Meinung äußern und begründen
- Gespräche untersuchen und bewerten

Wenn mich jemand …, dann bin ich …

Ich finde es gut, wenn …

Ich kann es nicht leiden, wenn …

Ich werde total wütend, wenn …

B

3 Bildet zwei Gruppen. Wählt eine Situation aus dem Bild aus, die ihr nachspielen wollt. Während eine Gruppe spielt, beobachtet die andere das Geschehen.

4 Tauscht euch nach dem Spiel zu folgenden Fragen aus:
- Wie haben sich die Darstellerinnen und Darsteller gefühlt?
- Was ist den Zuschauenden aufgefallen?

5 Versetzt euch in folgende Situationen am Telefon. Formuliert höfliche Bitten.
a Ihr möchtet eine Mitschülerin sprechen. Ihre Mutter ist am Telefon.
b Ihr möchtet einen Mitschüler sprechen. Sein älterer Bruder ist am Telefon.

Was hast du gerade gesagt?

Gespräche führen, untersuchen und bewerten

Die Klasse 5b plant einen Ausflug. In der Pause diskutieren einige Schülerinnen und Schüler darüber, was sie an dem Ausflugstag gern machen möchten. Können sie sich auf ein Ziel einigen?

1 Lies das folgende Pausengespräch zwischen den Schülerinnen und Schülern der Klasse 5b.

Ida Ich fände ja einen Orientierungslauf im Wald am besten. Da könnten wir …
Leander *(schreit)* Das ist doch voll öde. Das ist ja wie in der Grundschule.
Orhan Freizeitpark ist viel cooler. Da gibt's eine neue Achterbahn. Ich war schon zig Mal dort. Echt super!
Till Aber wir sollen doch etwas gemeinsam machen, um uns besser kennenzulernen. Ich denke, ein Orientierungslauf …
Leander *(dazwischen)* Wen interessiert denn das? So ein Quatsch!
Ida *(genervt)* Mann, Leander! Du bist so dumm!
Lisa Also, als ich mit Lilly dort war, da hat sie rumerzählt, dass ich was mit Stefan Krauße hätte. Nur, weil der zufällig auch dort war.
Orhan *(kichert)* Und hattest du was mit dem? Der hat doch eine Freundin.
Till Lisa, Orhan – das gehört doch jetzt echt nicht zum Thema!
Lisa *(zu Till)* Spiel dich nicht so auf, nur weil du Klassensprecher bist!
Herr Adam *(betritt die Klasse)* Und, habt ihr euch auf ein Ausflugsziel geeinigt?

2 Lest den Text jetzt mit verteilten Rollen und einer passenden Betonung.

3 Warum können sich die Schüler nicht einigen? Tauscht euch im Tandem aus.

4 Was müssen die Schülerinnen und Schüler beachten, damit ihr Gespräch gelingt und sie zu einer Einigung kommen?
- Sammelt Regeln, die ihr für besonders wichtig haltet. Formuliert sie positiv.
- Einigt euch auf vier bis fünf Gesprächsregeln.
- Schreibt sie auf einen großen Bogen Papier. Hängt ihn im Klassenzimmer auf.

5 Untersuche jetzt das Gespräch von Seite 30 mithilfe eurer Gesprächsregeln. Übertrage dafür die Bewertungstabelle in dein Heft. Vergib die entsprechenden Smileys. 😊 😐 🙁

Tipp
Beachte auch die Bemerkungen in Klammern, die im Gespräch stehen.

Regeln	Ida	Leander	Orhan	Till	Lisa
freundlich und höflich	…	…	…	…	…
…	…	…	…	…	…

6 Fallen euch noch weitere Regeln ein? Ergänzt sie und bewertet das Gesprächsverhalten der Schülerinnen und Schüler.

7 Führt in der Klasse eine Diskussion über euren nächsten Wandertag durch. Wendet eure Gesprächsregeln an. Nehmt das Gespräch mit Kamera oder Handy auf. Geht dabei so vor:
- Zwei Schüler beobachten das Gespräch und füllen eine Bewertungstabelle wie in Aufgabe 5 aus.
- Alle anderen schreiben jeweils einen Vorschlag für den Wandertag mit Begründung auf einen Zettel.
- Diskutiert alle Vorschläge. Versucht euch zu einigen.

8 Verbinde Meinung und Begründung mit der passenden Konjunktion.

Konjunktionen
Seite 235

a Ich bin für eine Wanderung in die Berge.

weil

Wir können dann toben und sind an der frischen Luft.

b Ich wünsche mir eine Fahrt nach Köln.

da

Ich war noch nie dort.

c Ich finde einen Ausflug in den Kletterwald gut.

denn

Alle hatten dort beim letzten Mal viel Spaß.

9 Schätze dich nach dem Gespräch selbst ein. Hast du dich an alle Regeln gehalten? Mache dir dazu Notizen.

10 Jetzt sind die Beobachterinnen und Beobachter dran: Gebt der Klasse mithilfe der Bewertungstabelle ein Feedback. Schätzt ein, ob die Regeln eingehalten wurden, und erklärt, was noch verbessert werden kann.

Tipp
Beachte dabei auch die Regeln in der Checkliste unten.

Feedback
Seite 47

Checkliste

Wenn euch ein Gespräch gelingen soll, müsst ihr folgende Regeln beachten:

☑ freundlich und höflich sein, niemanden beschimpfen oder beleidigen
☑ einander zuhören und jeden ausreden lassen
☑ Meinungen und Gefühle anderer zulassen und achten
☑ höflich nachfragen, wenn ihr etwas nicht verstanden habt
☑ die eigene Meinung sachlich äußern
☑ beim Thema bleiben

Lerninsel
Seite 274

Die eigene Meinung äußern

Wenn eure Gespräche gelingen sollen, müsst ihr aufmerksam zuhören und aufeinander eingehen. Das könnt ihr jetzt mit dem Echospiel üben.

1 Spielt in der Gruppe das **Echospiel**. Setzt euch zusammen. Wählt ein Gesprächsthema aus folgenden Vorschlägen aus. Ihr könnt auch ein eigenes Thema wählen.

Lerninsel
Seite 274

Abschaffung von Hausaufgaben	freie Platzwahl für die Schüler in jedem Klassenzimmer	Pflanzen und Tiere im Klassenzimmer

allgemeines Smartphone-Verbot für Kinder bis 16 Jahre	mehr Unterricht außerhalb des Klassenzimmers

Geht dann so vor:
- Jeder überlegt zuerst, welche Meinung er zu dem Thema hat. Versucht, sie verständlich zu begründen. Schreibt auf einen Zettel:
- Setzt euch in einem großen Kreis zusammen.
- Jemand sagt als Erster seine Meinung.
- Der Nächste wiederholt möglichst genau, was gesagt wurde. Erst danach äußert er seine eigene Meinung.

Sprachtipp

Thema: ...
- Ich bin dafür, weil ...
oder
- Ich bin dagegen, weil ...

Sprachtipp

- Du hast gesagt, dass ..., ich bin der Meinung ...
- Du meinst, dass ..., ich denke aber ...
- Du denkst, dass ..., ich finde ...

- Wenn jeder seine Meinung gesagt hat, endet das Spiel.

2 Beantworte danach für dich folgende Fragen:
- Konnte ich den anderen gut zuhören?
- Konnte ich eine andere Meinung gut wiedergeben?
- Konnte ich meine Meinung verständlich machen?

3 Wertet das Echospiel im Tandem aus. Beachtet euer eigenes Verhalten und das Verhalten der Klasse. Verwendet dazu die Checkliste auf Seite 31.

4 Klärt im Tandem folgende Fragen:
- Was fandet ihr gut an dem Spiel?
- Was war für euch besonders schwierig?

  5 Bildet Gruppen. Einigt euch auf ein neues Gesprächsthema. Wählt zwei Beobachterinnen oder Beobachter aus. Wählt aus den Themen auf Seite 32 aus oder sucht ein eigenes.

6 Schreibe zuerst deine Meinung zum Thema auf. Notiere mindestens zwei Begründungen für deine Meinung. Folgende Formulierungen können dir helfen.

Sprachtipp

Meinung äußern:	**Begründung:**
• Ich bin der Meinung …	• …, weil …
• Ich denke, dass …	• …, denn …
• Meiner Meinung nach …	• Deswegen …
• Ich bin dafür, dass …	• Es steht fest, dass …
• Ich bin dagegen, dass …	• Es ist bekannt, dass …

---

7 Führt jetzt die Diskussion in der Gruppe. Nehmt sie mit Kamera oder Handy auf. Geht so vor:
  • Jeder sagt seine Meinung und begründet sie.
  • Diskutiert alle Meinungen und Vorschläge.
  • Versucht euch auf ein Ergebnis zu einigen.
  • Die Beobachterinnen oder Beobachter machen sich Notizen.

8 Sieh dir die Aufnahme nach dem Gespräch an. Schätze dich zuerst selbst ein. Verwende dazu die Checkliste auf Seite 31.

Checkliste
↪ Seite 31

Feedback
↪ Seite 47

9 Stimmen die Beobachterinnen oder Beobachter deiner Einschätzung zu? Lass dir ein Feedback geben, was dir gut gelungen ist und was du noch verbessern kannst.

START **Drei Wege – ein Ziel!** Finde deinen Weg mit diesem Einschätzungstest: s3ze49

A
B
C

Gespräche wirken nach

Gespräche untersuchen, bewerten und verbessern

In der Klasse 5b kommt es häufig zu Auseinandersetzungen zwischen den Schülerinnen und Schülern. Diesmal geht es um Milanas Füller, der plötzlich verschwunden ist.

1 Sieh dir den Comic an.

2 Schreibe die Sätze aus den Sprechblasen ab. Schreibe zuerst die Personennamen auf. Ordne ihnen dann die Sätze zu. Beginne so:
Milana: Jan, gib mir sofort meinen Füller wieder!
Jan: Bist du blöd …

3 Tauscht euch im Tandem zu folgenden Fragen aus. Macht euch Notizen.
- Wieso kommt es fast zur Prügelei zwischen Jan und Milana?
- Wie fühlt sich Jan nach Milanas Anschuldigung?
- Wie wirken die Äußerungen der anderen Kinder auf euch?
- Was meint Hasim, wenn er sagt: „Könnt ihr das Problem nicht normal klären?"

4 Bildet Gruppen. Lest jetzt das aufgeschriebene Gespräch mit verteilten Rollen.

5 Besprecht in der Gruppe, welche Gesprächsregeln hier verletzt wurden. Gebt den Schülerinnen und Schülern Ratschläge, wie sie den Streit beenden können.

Checkliste
Seite 31

6 Schreibt nun die Szene gemeinsam weiter. Geht so vor:
- Überlegt mithilfe der Ratschläge aus Aufgabe 5, wie die Kinder miteinander umgehen müssen, damit das Problem geklärt wird.
- Einigt euch, wer welche Rolle übernimmt.
- Schreibt für jede Schülerin und jeden Schüler das Gespräch so weiter, dass es zu einem friedlichen Ende kommt.

7 Lest euer Gespräch mit verteilten Rollen vor. Nehmt es mit Kamera oder Handy auf.

8 Spielt euren Mitschülerinnen und Mitschülern das Gespräch vor. Lasst euch ein Feedback geben, wie euch die Lösung des Problems gelungen ist.

Feedback
Seite 47

Tipp
Denkt daran: Für den Verlauf eines Gespräches ist es entscheidend, wie man auf die Äußerungen des Gesprächspartners reagiert.

9 Lies nun den folgenden Gesprächsbeginn.

10 Stelle Vermutungen zu folgenden Fragen an. Mache dir Notizen.
- Wie wird sich Isabell nach einer solchen Äußerung fühlen?
- Wie könnte das Gespräch weiter verlaufen?

11 Was sollte Greta sagen, wenn sie Filme über Tierbabys nicht so interessant findet? Schreibe einen Satz auf, der Isabell nicht verletzt.

12 Reagiere auf die folgenden Sätze so, dass du einen Streit vermeidest.

> **Johann** Mann, du Penner, du sitzt auf meinem Sportzeug!
> **Frida** Ey, du stehst im Weg! Geh doch mal weg!

13 Wählt im Tandem eine Situation aus Aufgabe 12 aus. Spielt sie der Gruppe vor und diskutiert darüber.

14 Wählt in der Gruppe zwei Tandempaare aus und bereitet die Präsentation beider Situationen in der Klasse vor.

Ich könnte verzichten

Gespräche untersuchen, bewerten und verbessern

In der Fastenzeit vor Ostern verzichten viele Menschen auf Fleisch oder Süßes. Die 5b hat beschlossen, auch eine Fastenwoche durchzuführen. In der Klasse besprechen die Schülerinnen und Schüler, worauf sie eine Woche lang verzichten wollen.

○ **1** Lies das Gespräch.

Nick Vielleicht könnten wir eine Woche auf Süßigkeiten oder Fernsehen verzichten.
Danilo Oder noch besser – wie wäre es mit Handy-Fasten?
Hannah Bist du bescheuert? Eine Woche ohne Handy? Hey, ich hab voll viele Freunde im Chat. Die sollen wohl denken, ich bin tot?!
Alisa Dass du nicht auf dein Smartphone verzichten kannst, ist ja klar. *(äfft Hannah nach)* Hach, ich bin ja so wichtig! Ich hab tausend Freunde.
Hannah Du blöde Kuh! Nur weil du gar keine Freunde hast und den ganzen Tag bei deinen langweiligen Pferden bist! Mit dir will eh keiner reden.
Phil Totaler Zickenkrieg, cool! Zeig's ihr, Alisa!
Danilo Mann, Phil, lass das! Früher gab es gar keine Handys, da ging es doch auch.
Jan Du quatschst ja wie meine Eltern. So was kann nur von Herrn Oberschlau kommen. Wir leben doch nicht im Mittelalter! Handy-Fasten ist das Letzte, das ist mal klar.
Nick Ihr schnallt es einfach nicht, oder? Fasten ist, wenn man auf was verzichtet, was einem schwerfällt. Ich finde die Idee gut. Mein Handy ist eh nur so eine alte Krücke …
Hannah Ohne mich! Ich sterbe ohne Handy!

Checkliste
 Seite 31

◑ **2** Ist es den Kindern gelungen, die Gesprächsregeln einzuhalten? Lege eine Tabelle an. Notiere darin, was gut und was nicht gut war.

	Nick	Danilo	Hannah	Alisa	Phil	Jan
gut	*formuliert Vorschlag*	…	…	…	…	…
nicht gut	*beschimpft die anderen*	…	…	…	…	…

3 Besprecht eure Beobachtungen im Tandem. Notiert Tipps, wie das Gespräch verbessert werden kann.

4 Die Kinder haben sehr verschiedene Meinungen zum Thema „Handy-Fasten".
Sammle Gründe dafür und dagegen.

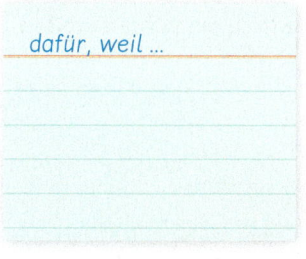

dafür, weil …

dagegen, weil …

5 Was hältst du vom „Handy-Fasten"? Schreibe deine Meinung auf und begründe sie.

> 💡 **Tipp**
> Verwende die Formulierungen von Seite 33, Aufgabe 6.

6 Bildet Gruppen. Diskutiert gemeinsam das Thema „Handy-Fasten". Geht so vor:
- Wählt eine Person, die die Diskussion beginnt und die einzelnen Schülerinnen und Schüler aufruft.
- Wählt zwei Personen aus, die das Gespräch mithilfe einer Bewertungstabelle beobachten.
- Wählt eine Person aus, die die Diskussion mit der Kamera oder dem Handy aufnimmt.
- Jeder sagt seine Meinung und begründet sie.
- Diskutiert nicht länger als fünf Minuten.

7 Sieh dir die Aufnahme nach dem Gespräch an. Schätze dich zuerst selbst ein. Verwende dazu die Checkliste auf Seite 31.

> **Checkliste**
> Seite 31

8 Wie beurteilen dich deine Mitschülerinnen und Mitschüler? Lass dir ein Feedback geben, was dir gut gelungen ist und was du noch verbessern kannst.

> **Feedback**
> Seite 47

9 Fasst die Ergebnisse eurer Diskussion aus Aufgabe 6 zusammen. Beantwortet dazu folgende Fragen:
- Wie ist die Diskussion verlaufen?
- Wo gab es die meisten Streitpunkte?
- Ist es in der Gruppe gelungen, die Gesprächsregeln einzuhalten?

10 Macht euch Notizen zu den Punkten in Aufgabe 9. Wählt eine Person aus, die über eure Diskussion in der Klasse berichtet.

Ich will aber!

Gespräche untersuchen, bewerten und verbessern

Leon sitzt mit seinen Eltern beim Abendbrot und sieht eine Gelegenheit, mit ihnen endlich über ein dringendes Problem zu sprechen. Er ist aufgeregt und hofft, dass er seine Eltern überzeugen kann.

1 Lies das Gespräch.

> **Leon** Mama, ich brauche mehr Taschengeld.
> **Mutter** Wieso brauchst du schon wieder mehr Geld?
> **Vater** Soweit ich mich erinnere, haben wir es erst im Oktober erhöht.
> **Leon** Das bisschen! Das reicht nicht mal für drei Wochen.
> **Mutter** Dann machst du irgendwas falsch. Teile es dir besser ein, dann reicht es auch.
> **Leon** Die anderen aus meiner Klasse kriegen viel mehr.
> **Vater** Ja, und? Du bist aber nicht die anderen.
> **Mutter** Wenn du dir fast jeden Monat ein neues Spiel, Klamotten oder diese Sammelkarten ...
> **Leon** *(unterbricht)* Ach Quatsch! Das stimmt überhaupt nicht! Gar nicht jeden Monat!
> **Mutter** Denk mal darüber nach, ob deine Ausgaben immer sinnvoll sind.
> **Leon** *(schreit)* Ist doch meine Sache, wofür ich das Geld ausgebe! Das geht euch gar nichts an. Nur weil ihr zu geizig seid!
> **Vater** Moment mal, Leon, so nicht! ...

2 Fasse kurz zusammen, worum es geht.

3 Bildet Gruppen. Lest das Gespräch mit verteilten Rollen. Probiert aus, mit welcher Betonung die einzelnen Rollen gelesen werden können.

4 Kennt ihr solche Situationen? Tauscht euch im Tandem darüber aus.

5 Bewerte Leons Gesprächsverhalten. Hat er sein Ziel erreicht?
Schreibe deine Meinung auf und begründe sie.

6 Überlege, wie Leon seine Eltern von einer Taschengelderhöhung überzeugen
könnte. Notiere sinnvolle Gründe und Vorschläge.
Hier sind einige Ideen:
- Möglichkeiten, zusätzliches Taschengeld zu „verdienen",
- Kosten, die jeden Monat anfallen (z. B. für Schule, Hobby, …) aufschreiben,
- ermitteln, wie viel Taschengeld Gleichaltrige im Durchschnitt bekommen.

7 In welcher Art und Weise müsste Leon das Gespräch führen, um sein Ziel zu
erreichen? Tauscht euch im Tandem darüber aus.

8 Schreibe Leons Bitte, seine Vorschläge und Gründe neu.
Verwende dazu folgende Formulierungen:

> **Sprachtipp**
>
> - Es wäre schön, wenn …
> - Ich möchte euch um … bitten.
> - Ich benötige etwas mehr Taschengeld, weil …
> - Wie ihr wisst, brauche ich für …
> - Ich hätte einen Vorschlag …
> - Wie wäre es, wenn ich …
> - Dafür könntet ihr …

9 Führt nun gemeinsam die Diskussion zur Taschengelderhöhung durch.
Bildet dazu Vierergruppen:
- eine Person übernimmt die Rolle von Leon,
- eine Person vertritt die Meinung der Eltern,
- eine Person beobachtet das Gespräch,
- eine Person nimmt das Gespräch mit Kamera oder Handy auf.

10 Seht euch die Aufnahme an. Wertet dann das Gespräch gemeinsam aus.
Gebt ein Feedback, ob die Gesprächsregeln eingehalten wurden.

Feedback
→ Seite 47

Checkliste
→ Seite 31

11 Stelle dir vor, ein Freund will eine ähnliche Diskussion zum Thema Taschengeld
mit seinen Eltern führen. Gib ihm Tipps, wie er sich verhalten soll. Schreibe eine
Nachricht an den Freund.

12 Lest die Nachrichten in der Gruppe vor. Die Zuhörerinnen und Zuhörer sollen dann
beurteilen, ob die Tipps nützlich sind. Wählt zwei Personen aus, die ihre Nachrichten in der Klasse vorlesen sollen.

Präsentiert eure Ergebnisse

Ihr habt in den verschiedenen Gruppen Gespräche und Diskussionen geführt sowie Situationen nachgespielt. Jetzt könnt ihr die Klasse darüber informieren.

1. Information

 Informiert die Klasse genauer über die Situationen, die zum Streit geführt haben. Erzählt auch, auf welche Art und Weise ihr euch anschließend mit den Situationen beschäftigt habt.

2. Präsentation

 Präsentiert eure Ergebnisse in der Klasse und tauscht euch anschließend darüber aus.

A Spielt beide Situationen vor.

B Berichtet von eurer Diskussion. Nennt Thema, Ergebnis und beschreibt den Diskussionsverlauf.

C Informiert die Klasse über die Streitfrage, euer Gespräch zwischen Leon und seinen Eltern und das Ergebnis der Diskussion. Lest anschließend ein bis zwei Nachrichten mit den Tipps vor.

3. Fragerunde

 Stellt Fragen zur Präsentation und lasst sie euch von der jeweiligen Gruppe beantworten, z. B.

A Konnte ein Streit vermieden werden? Wie konnte der Streit vermieden werden?

B Wie lange hat die Diskussion gedauert?

C Findet ihr die Tipps nützlich? Wie können sie in der Diskussion helfen?

4. Diskussion

 Besprecht und diskutiert gemeinsam weitere Fragestellungen.

A Nennt weitere Möglichkeiten, wie man beide Situationen friedlich klären kann.

B Welche Gesprächsregel ist bei einer Diskussion die wichtigste? Warum?

C Welche Ratschläge für den Freund könnte man noch finden, damit er seine Eltern richtig überzeugen kann?

5. Feedback

 Wertet die Präsentationen gemeinsam aus. Gebt einander ein Feedback. Orientiert euch an folgenden Fragen:

☑ Habt ihr gut verstanden, welche Streitfragen jeweils diskutiert wurden?

☑ Wurden in den Gesprächen und Diskussionen die Gesprächsregeln eingehalten?

☑ Wurden eure Fragen beantwortet?

☑ Wurde gut präsentiert? (laut, deutlich, zusammenhängend gesprochen, Blickkontakt …)

Überprüfe dich selbst

○ **1** Nenne fünf Gesprächsregeln, die in der Klasse festgelegt wurden. Schreibe sie in Stichworten auf.

● **2** Wenn du jemanden überzeugen willst, musst du begründen können, was du sagst. Schreibe mindestens drei Formulierungen auf, mit denen du etwas begründen kannst.

◑ **3** Kannst du aufmerksam zuhören? Lies dir das folgende Gespräch durch. Fasse anschließend neutral zusammen, was die einzelnen Kinder gesagt haben, z.B. *Hauke ist anderer Meinung und stimmt gegen den Schulausflug.*

Hauke: Das geht doch nicht, ich sehe das völlig anders und bin total gegen diesen dämlichen Schulausflug.

Lisa: Wie bist du denn drauf? Ich bin der Meinung, dass ein Schulbeginn um 9 Uhr völlig ausreichen würde.

Aylin: Ich bin mir nicht sicher, ob ich mit einem Foto von mir auf der Schulhomepage einverstanden wäre. Ich glaube eher nicht. Ich schlaf nochmal eine Nacht drüber.

Milan: Es steht fest, dass das Schulfest in wenigen Tagen stattfinden wird. Ich sag euch, in dem Tempo schaffen wir das nie.

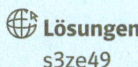 **Lösungen**
s3ze49

Das kannst du jetzt:
• Gespräche untersuchen und bewerten
• Gesprächsregeln beachten
• deine eigene Meinung formulieren und begründen

3 Das muss ich dir erzählen!

Von Erlebnissen mündlich erzählen

A

1 Seht euch die Bilder **A–D** an und stellt euch vor, ihr seid z. B. gerade auf einem Raumschiff im All. Erzählt einander, was ihr dort erlebt.

2 Auch an einem Wochenende kann man aufregende und lustige Dinge erleben. Welches Ereignis fällt euch ein? Erzählt davon.

Jeden Tag erlebt ihr etwas, das spannend, lustig, abenteuerlich, aber auch traurig oder ärgerlich sein kann. Sicherlich wollt ihr anderen davon erzählen. Aber worauf müsst ihr dabei achten? Es ist wichtig, in der richtigen Reihenfolge zu erzählen und Spannung aufzubauen.

Das lernt ihr jetzt:
• von Erlebnissen mündlich erzählen
• eine mündliche Erzählung planen
• ein Feedback geben

ZEBRA
OKAPIBABY
OSTERAUSFLUG
BRUNO GETROFFEN
ELTERN
SONNENSCHEIN
UNTERWASSERWELT
CHAMÄLEON
HAMSTERKAUF

3 Fasst ein Erlebnis, beispielsweise vom vergangenen Wochenende, zusammen. Benennt das Erlebnis mit einem Wort, z.B. Zoobesuch. Schreibt das Wort, wie im Beispiel **E** auf. Sucht zu jedem Buchstaben ein Wort oder eine Wortgruppe, die das Erlebnis beschreiben.

4 Wann, wo und wem erzählt ihr am liebsten? Tauscht euch darüber aus.

5 Worum geht es, wenn ihr erzählt? Welche Erzählungen findet ihr spannend und welche langweilig? Berichtet.

43

Dreimal hoch und Kerzen aus!

Eine mündliche Erzählung planen und vortragen

1 Lukas und Christopher waren gestern bei Max zum Geburtstag eingeladen. Lies, was sie heute in der Schule davon erzählt haben.

> *Max hat gestern seinen 11. Geburtstag gefeiert. Er hat viele Geschenke bekommen, über die er sich gefreut hat. Jan hat ihm Schienen für die Eisenbahn geschenkt, Kahraman hat ihm Fußballstulpen geschenkt, Christopher hat ihm ein Buch mitgebracht und Miguel und Francesco haben ihm einen Experimentierkasten geschenkt. Alle haben gespielt und gegessen.*

Lukas

> *Gestern hat Max seinen 11. Geburtstag gefeiert. Er hatte seine besten Freunde eingeladen. Er hat mir erzählt, dass er schon den ganzen Tag ganz aufgeregt war und die ganze Zeit überlegt hat: „Was werden sie mir schenken?" Als alle da waren, konnte Max endlich mit dem Auspacken anfangen. Er ist schon richtig zappelig gewesen. Was für tolle Geschenke er bekommen hat! Schienen für seine Eisenbahn, ein total spannendes Buch und grüne Fußballstulpen. Am coolsten war aber der Experimentierkasten. Max ist total aus dem Häuschen gewesen. Wir haben sofort angefangen zu experimentieren und dann bis zum Abendessen weitergemacht.*

Christopher

2 Wodurch unterscheiden sich die beiden Erzählungen? Arbeitet im Tandem und beantwortet die Fragen. Macht euch dazu Notizen.
- Wovon wird erzählt? Wer war dabei? Was ist alles passiert?
- Sind die Personen so beschrieben, dass man sie sich gut vorstellen kann? Nennt Beispiele.
- Kann man dem Verlauf der Erzählung folgen? Schreibt auf, was alles passiert ist.
- Ist das Erlebnis anschaulich und unterhaltsam dargestellt? Nennt Wörter, die das deutlich machen.

3 Zum Erzählen von Erlebnissen gehört auch die Beschreibung von Gefühlen und die wörtliche Äußerung von Gedanken. Schreibe die Stellen aus Christophers Erzählung heraus, in denen Max' Gefühle und seine Gedanken zum Ausdruck kommen, z. B.
ganz aufgeregt war …

4 Für mündliche Erzählungen wird die Zeitform Perfekt verwendet. Seht euch die Perfektformen an und besprecht im Tandem, wie sie gebildet werden.

Perfekt
→ Seite 223

> Max hat Geburtstag gefeiert. Er hat viele Geschenke bekommen.
> Sie sind auf den Spielplatz gegangen. Max ist aufgeregt gewesen.

5 Wähle **A** oder **B**. Überlege, was du erzählen willst. Sammle Ideen in einem Cluster.

A Wie hast du deinen letzten Geburtstag gefeiert?
B Wie willst du deinen nächsten Geburtstag feiern?

Cluster
→ Seite 84

6 Bringe die Ideen aus deinem Cluster in eine sinnvolle Reihenfolge und mache dir dazu Notizen. Tragt einander den Entwurf eurer Erzählung im Tandem vor. Prüft:
- Wurden die W-Fragen beantwortet?
- Wurde der Reihe nach und verständlich erzählt?
- Gab es einen Höhepunkt?
- Waren die Figuren und ihre Handlungen lebendig gestaltet?
- Hatte die Erzählung einen Schluss?

Erzählplan
→ Seite 87

W-Fragen
→ Seite 85

spannend erzählen
→ Seite 99

7 Überlege, an welchen Stellen der Handlung du besonders spannend oder lustig erzählen kannst. Ergänze deine Notizen aus Aufgabe 6, z.B.

> – *Onkel Yussuf gestolpert (Spannungspause)*
> – *in Hochzeitstorte gefallen*
>
> – *gellender Schrei aus Friedas Zimmer*
> – *Jorin und Lasse zum Zimmer gestürzt (Spannungspause)*

Sprachtipp

- Stellt euch vor …
- Der Höhepunkt war, als …
- Jetzt kommt das Beste …
- Das ist wirklich wahr, ehrlich …

8 Tragt einander im Tandem eure vollständigen Erzählungen vor.

☼ **Tipp**
Nehmt sie mit Kamera oder Handy auf.

Lerninsel
→ Seite 275

⚙ **Arbeitstechnik**

Mündlich erzählen

Wenn du über ein Erlebnis mündlich erzählen willst, solltest du Folgendes beachten:
1. Finde eine **Erzählidee**.
   - Was geschieht? Wer ist beteiligt?
   - Wo und wann spielt die Geschichte?

2. Notiere **Erzählschritte**.
   - Bringe die Stichworte in eine sinnvolle Reihenfolge.
   - Lege den Höhepunkt fest.
   - Stelle Handlung und Figuren anschaulich dar.
   - Verwende die wörtliche Rede und die Zeitform Perfekt.

3. **Trage** die Geschichte **vor**.
   - Sprich laut und deutlich, mache Pausen.
   - Erzähle betont, wechsle das Sprechtempo ab.
   - Schaue die Zuhörer an und beziehe sie eventuell ein.

Ein Feedback geben

Heute ist Matthis mit seinem Vortrag dran. Er hat sich viel Mühe gemacht und ist gut vorbereitet. Trotzdem ist er ziemlich aufgeregt.

○ **1** Nenne Beispiele für Aufgaben oder Themen, die du vor der Klasse schon einmal vorgestellt hast.

○ **2** Versetzt euch in die Situation auf dem Bild. Besprecht im Tandem, was Matthis alles durch den Kopf gehen könnte.
Welche Gedanken und Gefühle haben wohl die Zuhörerinnen und Zuhörer? Tauscht euch dazu aus.

● **3** Du bist Zuhörerin oder Zuhörer. Wie kannst du Matthis helfen?
Schreibe auf, was du tun kannst:

> • während er spricht,
> • nach seinem Vortrag.

4 Lest die folgenden Rückmeldungen und besprecht im Tandem, wie darin Feedback gegeben wird.

> *Wie war das gleich nochmal mit deinem Onkel? Was hat der gesagt? Du hast sehr leise gesprochen, das konnte man nicht verstehen.*

> *Mir ist aufgefallen, dass du viele Pausen gemacht und oft „ähh" gesagt hast. Dadurch konnte ich mich schlecht auf die Geschichte konzentrieren.*

> *Deine Geschichte war so lustig, sicher wird sie noch witziger, wenn du das nächste Mal die Figuren mit verschiedenen Stimmen sprichst.*

5 Setzt euch nun in kleinen Gruppen zusammen und erzählt einander eure Geburtstagsgeschichten von Seite 45. Gebt jeder Erzählerin und jedem Erzähler im Anschluss ein Feedback mithilfe der „sprechenden Hand".

Sprachtipp

- Mir hat gut gefallen, dass du …
- Gut fand ich, dass du …
- Mich hat beeindruckt, dass du …
- Beim nächsten Mal kannst du darauf achten, dass du …

 Arbeitstechnik

V01 ▷

Ein Feedback geben mit der „sprechenden Hand"

Wenn du etwas vorgetragen, erzählt oder geschrieben hast, möchtest du auch wissen, ob es den anderen gefallen hat. Sie sagen dir, was du gut gemacht hast oder woran du vielleicht noch arbeiten musst. Das nennt man eine **Rückmeldung** oder auch ein **Feedback** geben.

Um ein gutes Feedback geben zu können, beachte folgende Punkte. Nimm deine Hand zu Hilfe.

1. **Daumen:** Beim Vortrag solltest du aufmerksam zuhören. Mache dir, wenn nötig, Notizen.
2. **Zeigefinger:** Nenne zuerst alles, was dir gut gefallen hat.
3. **Mittelfinger:** Kläre dann offene Fragen und beschreibe ohne Wertung, was dir noch aufgefallen ist.
4. **Ringfinger:** Gib, wenn nötig, Tipps zur Verbesserung.
5. **Kleiner Finger:** Achte darauf, positiv und freundlich zu sprechen, um den anderen nicht zu verletzen.

Lerninsel
⤴ Seite 295

START **Drei Wege – ein Ziel!** Finde deinen Weg mit diesem Einschätzungstest: b2ag5m

A

B

C

Manege frei für deine Zirkuserzählung!

Eine mündliche Erzählung planen und vortragen

1 Wart ihr auch schon einmal im Zirkus? Erzählt einander im Tandem, was man dort alles erleben kann.

2 Könnt ihr euch an die verschiedenen Gerüche und Geräusche während der Vorstellung erinnern? Wie war das Licht in der Arena? Hat das Popcorn anders geschmeckt als im Kino? Erzählt euch auch davon im Tandem.

3 Denkt an eine Vorführung während eures Zirkusbesuchs, die euch besonders gefallen hat, und erzählt im Tandem ausführlicher davon.
Wenn ihr noch nicht im Zirkus wart, dann denkt euch eine Geschichte aus. Die folgenden Stichworte können euch helfen.

Ferien	Großeltern	aufgeregt	buntes Zirkuszelt	Dompteur

gefährliche Hochseilakrobatik	Trommelwirbel	geschickte Seehunde

Bälle	Schlangen	Publikum	Zirkusartisten

W-Fragen
Seite 85

Tipp
Lass zwischen deinen Stichworten Platz für weitere Notizen.

4 Damit du nichts Wichtiges vergisst, lege einen Stichwortzettel an. Achte darauf, dass du alle W-Fragen beantwortest und die Erzählung eine sinnvolle Reihenfolge hat.

Zirkusvorstellung
– riesiges Zelt

– Dunkelheit

– riesengroße Tiger

– ...

5 Um deine Geschichte spannend und die Personen anschaulich zu gestalten, ist die Beschreibung von Gefühlen wichtig. Welche positiven und negativen Gefühle kennst du? Übernimm das Cluster und ergänze es.

Cluster
→ Seite 84

traurig   *neidisch*   ...

Wie fühlst du dich?

...   *glücklich*   *aufgeregt*

6 Welche Gefühle hattest du bei deinem Zirkusbesuch? Ergänze sie auf deinem Stichwortzettel.

7 Lies deinen Stichwortzettel noch einmal und überlege, an welchen Stellen du es für die Zuhörerinnen und Zuhörer besonders spannend machen willst. Ergänze an der betreffenden Stelle Hinweise zu Lautstärke, Betonung und Sprechtempo, z.B.

> *Zirkusvorstellung – Tigernummer*
> *– riesiges Zelt, wahnsinnig viele Menschen, stickige Luft, Herzklopfen vor Aufregung und Hitze*
> *– plötzlich (Spannungspause): Dunkelheit und lauter werdender Trommelwirbel*
> *– (laut und schnell) helles Licht, drei riesengroße Tiger (Spannungspause) ohne Wärter und Leine*
> *– brennender Feuerreifen*
> *– ...*

8 Du kannst auch mit Mimik und Gestik deinen Vortrag lebendig und spannend gestalten. Probiere es aus. Ergänze auf deinem Stichwortzettel an den betreffenden Stellen Hinweise, z.B. *Augen aufreißen, Größe der Tiger mit den Armen andeuten ...*

9 Erzähle dein Zirkuserlebnis mithilfe deines Stichwortzettels in der Gruppe. Die anderen geben ein Feedback mit der „sprechenden Hand".

mündlich erzählen
→ Seite 45

Feedback
→ Seite 47

10 Wählt zwei bis drei Zirkusgeschichten aus, die ihr in der Klasse vortragen wollt. Übt den Vortrag, setzt dabei eure Stimme, Mimik und Gestik ein.

So viel zu erzählen!

Eine mündliche Erzählung planen und vortragen

1 Seht euch die dargestellten Situationen auf den Bildern **A–D** an. Beschreibt im Tandem, was auf den Bildern zu sehen ist.

A

B

C

D

○ **2** Zu welcher Situation fällt dir eine Geschichte oder ein Erlebnis ein, das du gern erzählen möchtest? Wähle **A**, **B**, **C** oder **D**:

A Übernachtungsbesuch
B Freunde treffen
C Kinobesuch
D Schwimmbadbesuch

○ **3** Erinnere dich an dein Erlebnis. Mache dir dann Notizen für deine Erzählung. Orientiere dich dabei an den W-Fragen:
  • Was ist geschehen?
  • Wer war beteiligt?
  • Wo hat die Geschichte gespielt?
  • Wann hat die Geschichte gespielt?

W-Fragen
⊸ Seite 85

◐ **4** Gestalte deine Erzählung nun aus und ergänze deine Notizen:
  • Sammle Ideen mithilfe eines Clusters.
  • Bringe alles in eine sinnvolle Reihenfolge. Denke dabei an den Aufbau einer Erzählung.

Cluster
⊸ Seite 84

◐ **5** Gestalte nun die Personen deiner Erzählung aus und ergänze deine Notizen:
  • Wie haben sie sich gefühlt?
  • Was haben sie gesagt oder gedacht?

◐ **6** Lies deine Notizen noch einmal. Ergänze dort, wo es spannend wird und du dein Publikum fesseln möchtest, Hinweise zu Sprechtempo, Lautstärke und Betonung.

[MK] ⚇ ◐ **7** Tragt im Tandem eure Erzählung vor. Nehmt sie mit Kamera oder Handy auf.

mündlich erzählen
⊸ Seite 45

⚇ ● **8** Seht euch eure Vorträge im Video noch einmal an. Gebt euch anschließend ein Feedback mithilfe der „sprechenden Hand".

Feedback
⊸ Seite 47

● **9** Überarbeite deine Geschichte und deinen Vortrag anhand der Rückmeldung.

⚇ ◐ **10** Jetzt seid ihr Profis und prüft die Arbeiten anderer Personen. Seht euch die Stichwortzettel für zwei Erzählungen an. Auf beiden ist die Reihenfolge der Ereignisse nicht eingehalten. Bringt im Tandem die Erzählschritte in die richtige Reihenfolge.

> *Mit Freunden im Schwimmbad*
> *– Nasenbluten*
> *– Sprung wiederholt und gelingt*
> *– 5-Meter-Turm*
> *– Höhenangst*
> *– verpatzter Sprung*

> *Zelten mit Freunden im Wald*
> *– im Zelt verstecken, zittern*
> *– Erleichterung*
> *– Stockbrot am Lagerfeuer*
> *– nur der Wind in den Ästen*
> *– Geräusche aus dem Wald*

⚇ ○ **11** Wählt in der Gruppe zwei bis drei eurer Erzählungen für die Präsentation in der Klasse aus. Übt euren Vortrag und setzt dabei Stimme, Mimik und Gestik ein.

Erzähl schon, was los ist!

Einen Text lesen, von einem Erlebnis mündlich erzählen

○ **1** Lies den Text.

Alles neu!

Sascha war zu Beginn der Ferien von Stuttgart nach Köln umgezogen, weil sein
Vater eine neue Arbeitsstelle gefunden hatte. Er war nicht besonders begeistert
gewesen, als seine Eltern ihm und seiner Schwester vor jetzt fast drei Monaten
gesagt hatten, dass sie alle zusammen in eine neue Stadt ziehen würden.

5 Eigentlich war er sogar richtig wütend geworden und hatte mit vor Wut zitternder
Stimme geschrien: „Das könnt ihr mal ganz schnell vergessen, ich ziehe nicht in
diese blöde andere Stadt!" Dann war er so schnell vom Frühstückstisch aufge-
sprungen, dass er fast das Tischtuch mit allem Geschirr heruntergerissen hätte,
und war aus dem Zimmer gestürmt. Nicht, ohne noch mit einem lauten Knall die

10 Tür hinter sich zuzuwerfen. Laut stampfend war er die Treppe zu seinem Zimmer
hochgerannt, knallte auch dort die Tür zu und ließ sich auf sein Bett fallen. Er
hatte einen dicken Kloß im Hals. Auch wenn das Türenknallen gut getan hatte,
war er immer noch ganz benommen von der Nachricht. „Das können die doch
nicht machen", flüsterte er leise vor sich hin. Ihm war einfach nur zum Heulen

15 zumute.
Am nächsten Tag in der Schule hatte sich seine Laune immer noch nicht gebessert
und er blaffte jeden an, der ihm in die Quere kam. Sein bester Freund Mehmet, der
nicht wusste, was los war, traf Sascha an den Schaukeln beim Spielplatz und fragte: „Sag mal, Alter, was ist denn mit dir los?" Sascha sah ihn nicht an, sondern ant-

20 wortete mit gepresster Stimme: „Wir ziehen weg von hier."
Mehmet schaute ihn fassungslos an und schluckte. „Wann denn?", fragte er mit
leiser Stimme. „In den Ferien schon", flüsterte Sascha mit bebender Stimme. „Ooh,
schon so bald", sagte Mehmet traurig. Dann saßen sie schweigend und mit gesenk-
ten Köpfen einfach nur da. Keiner von beiden konnte etwas sagen.

25 Die nächsten Wochen vergingen wie im Flug. Überall im Haus war Hektik: Kisten
wurden gepackt, alte Sachen aussortiert, Telefonate mit Immobilienmaklern geführt, Möbel verkauft. Der Umzugswagen war bestellt. Sascha versuchte, so oft wie
möglich aus dem Haus zu gehen und bei seinen Freunden, vor allem bei Mehmet,
zu sein. Er war noch immer wütend auf seine Eltern, dass sie ihm das antaten.

30 Mehmet war fast sein ganzes Leben sein bester Freund gewesen. Ihre beiden
Mütter hatten sich beim Babyschwimmen kennengelernt, da
waren die Jungen gerade mal vier Wochen alt gewesen. Das
war jetzt 10 Jahre her. Sie hatten immer alles zusammen
gemacht: waren im gleichen Kindergarten, der

35 gleichen Grundschule gewesen und wollten
auch nach den Ferien in die gleiche Schule
gehen. Das alles war jetzt zu Ende.
Der Umzugswagen kam an einem Samstag-
morgen. Bis zum Mittag hatten die Möbel-

40 packer alles verstaut und fuhren Richtung
Köln. Die Eltern wollten mit Sascha und seiner Schwester in ihrem Wagen hinterherfahren.

45 . Er hatte an diesem Tag kaum mit ihnen gesprochen und die meiste Zeit mit
. Mehmet in seinem leeren Zimmer gesessen.
45 Jetzt war es an der Zeit, Abschied zu nehmen. Sie konnten beide nichts sagen,
. sonst hätten sie sofort losgeheult und das wäre ihnen am Ende nur peinlich
. gewesen. Sie umarmten sich wortlos. Beide fühlten sich schon jetzt einsam und
. verlassen. Dann stieg Sascha ein und sah aus dem Rückfenster des Autos, wie
. Mehmets Gestalt immer kleiner wurde.

2 Beantworte folgende Fragen zum Text schriftlich.
- Wie hat Sascha auf die Nachricht seiner Eltern reagiert?
- Warum war Sascha so wütend auf seine Eltern?
- Wie hat sich Sascha gefühlt, als er Mehmet erzählt hat, was nach den Ferien passieren wird?
- Wie hat Mehmet auf Saschas Nachricht reagiert?
- Welche Pläne hatten Sascha und Mehmet nach den Ferien?
- Was haben Sascha und Mehmet am Tag des Umzugs gemacht?

3 Lies den Text noch einmal und achte besonders darauf, wie Saschas und Mehmets Gefühle beschrieben werden. Schreibe Situationen heraus, in denen Trauer, Wut und Enttäuschung zum Ausdruck kommen, z. B. *Zeile 5: richtig wütend …*

4 Wie hat das Mehmet erlebt? Plane eine Erzählung aus seiner Sicht. Gehe so vor:
- Sammle Ideen in einem Cluster.
- Bringe alles in eine sinnvolle Reihenfolge. Denke dabei an den Aufbau einer Erzählung.
- Gestalte die Figuren deiner Erzählung aus. Nutze dazu die Notizen aus Aufgabe 3.
- Nutze durchgängig die Zeitform Perfekt.
- Lies deine Notizen noch einmal durch und ergänze, wo du beim Vortrag besonders betonen, laut oder leise, langsam oder schnell sprechen möchtest.

Cluster
Seite 84

Erzählplan
Seite 87

5 Tragt eure Erzählungen im Tandem vor und nehmt sie mit der Kamera oder dem Handy auf. Gebt einander ein Feedback.

mündlich erzählen
Seite 45

Feedback
Seite 47

6 Jetzt seid ihr Profis und prüft die Arbeiten anderer Personen. Die Formulierungen A-D stammen aus Erzählungen. Untersucht in der Gruppe, wie sie das Interesse des Publikums wecken. Übernehmt die Tabelle und ordnet die Formulierungen ein.

A	B	C	D
Ich spürte, wie sich das Sprungbrett leicht absenkte, als ich einen Schritt machte.	Nachdem ich nun weiß, was es war, lache ich darüber.	Obwohl die Musik bereits lief, konnte ich mich nicht bewegen. Was sollte ich bloß tun?	Ich schluckte und mein Mund war ganz trocken vor Aufregung.

Einzelheiten beschreiben	Andeutungen machen	Sinneseindrücke beschreiben	die Handlung verzögern
…	…	…	…

7 Wählt in der Gruppe zwei bis drei eurer Erzählungen für die Präsentation in der Klasse aus. Übt euren Vortrag und setzt dabei Stimme, Mimik und Gestik ein.

Präsentiert eure Ergebnisse

Ihr habt euch gegenseitig Geschichten erzählt und besonders auf Spannung und einen sinnvollen Aufbau geachtet. Ihr habt euch darin geübt, einander ein Feedback mit der „sprechenden Hand" zu geben, und ihr habt eure Geschichten überarbeitet. Nun soll eine große Erzählrunde in der Klasse stattfinden.

1. Information

○ Informiert die Klasse mit einem Satz über den Inhalt eurer Geschichte oder Erzählung.

2. Präsentation

◐ Veranstaltet eine Erzählrunde.
- **A** Tragt eure Zirkusgeschichten in der Klasse vor.
- **B** Tragt eure Erzählungen in der Klasse vor.
- **C** Tragt eure Erzählungen aus Mehmets Sicht in der Klasse vor.

3. Fragerunde

○ Stellt Fragen zu den Geschichten und Erzählungen und dazu, wie sie erzählt wurden. Lasst euch die Fragen von der jeweiligen Gruppe beantworten, z.B.
- **A** Was war der spannendste Moment in der Geschichte?
- **B** Welches Gefühl sollte bei den Zuhörenden ausgelöst werden?
- **C** Was war der traurigste Moment in der Geschichte?

4. Diskussion

◐ Besprecht und diskutiert gemeinsam weitere Fragestellungen.
- **A** Stellt euch vor, eure Zuhörerinnen und Zuhörer wüssten gar nicht, was ein Zirkus ist. Hätte man die Geschichte dann anders erzählen müssen? Wenn ja, wie?
- **B** Wenn man von etwas erzählt, was man selbst erlebt hat, ist das anders als bei einer ausgedachten Geschichte. Wie ist das bei euren Erzählungen gewesen? Habt ihr einen Unterschied gemerkt?
- **C** Wie hättet ihr euch an der Stelle von Sascha und Mehmet gefühlt? Hättet ihr euch anders verhalten?

5. Feedback

● Wertet eure Geschichten gemeinsam aus. Ihr könnt das Feedback mit der „sprechenden Hand" nutzen oder euch an den folgenden Fragen orientieren:
- ☑ Wurde laut und deutlich vorgetragen? Wurden Gestik und Mimik eingesetzt?
- ☑ Haben Sprechweise, Sprechtempo und Pause gut zur Geschichte gepasst?
- ☑ Wurden eure Fragen gut beantwortet? War die Diskussion spannend?

Überprüfe dich selbst

○ **1** Was gehört zu einer mündlichen Erzählung dazu, was nicht? Übernimm die Tabelle und fülle sie aus.

| Erzählidee | Überschrift | Höhepunkt | Märchenfigur | Interview |

| Spannungspause | wörtliche Rede | Erzählschritte | Grußformel |

gehört zur mündlichen Erzählung	gehört nicht zur mündlichen Erzählung
...	...
...	...
...	...
...	...
...	...

○ **2** Lies diesen sachlichen Text über einen Sturm. Stelle dir vor, du selbst erlebst diesen Sturm auf deinem Nachhauseweg.

. Ein Sturm zieht auf. Zuerst bewegen sich die Blätter,
. bald schwanken die ersten Äste. Der Wind wird
. stärker. Heftige Böen reißen Mülltonnen um. In
. einigen Teilen der Stadt werden sogar Gebäude
5 beschädigt. Es gibt Schäden an Dächern, die herun-
. terfallenden Dachziegel zerstören parkende Autos.
. Eine Stunde wütet der Sturm, dann herrscht wieder
. Ruhe. Der Schaden ist groß.

• Mache dir zunächst Notizen dazu, was du denken und fühlen würdest.
• Schreibe die Geschichte in Stichpunkten auf. Trage ein, wie du deine Geschichte erzählen möchtest (Pausen, Sprechtempo, Höhepunkt…).
• Erzähle deine Geschichte einer Partnerin oder einem Partner.

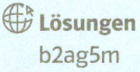 **Lösungen**
b2ag5m

Das kannst du jetzt:
• Erlebnisse spannend erzählen
• beim Erzählen auf die richtige Reihenfolge der Ereignisse achten
• richtig Feedback geben

4 Mit dem Stadtplan unterwegs

Sich orientieren und Wege beschreiben

A

1 Seht euch die Bilder **A–D** an. Tauscht euch darüber aus, was dargestellt ist und wozu man es braucht.

2 Seit einiger Zeit geht ihr in eine neue Schule. Erzählt von eurem Schulweg:
- Wie lange braucht ihr von zu Hause bis zur Schule?
- Wie kommt ihr zur Schule? Mit dem Fahrrad …
- Gibt es gefährliche Stellen, an denen ihr vorsichtig sein müsst?

In einer fremden Stadt, im Freizeit- oder Tierpark: Ihr musstet euch bestimmt schon einmal an einem unbekannten Ort zurecht finden. Dafür gibt es Überblickskarten, Stadtpläne oder auch die App auf eurem Handy. Ihr könnt aber auch jemanden nach dem Weg fragen. Wenn die Person den Weg gut beschreiben kann, dann findet ihr ihn sicher. Und umgekehrt: Auch ihr könnt mit einer guten Wegbeschreibung jemandem helfen, sich zurechtzufinden.

Das lernt ihr jetzt:
• euch auf einem Stadtplan orientieren
• Wege beschreiben
• höflich nach dem Weg fragen

B

C

D

Prater

Tour Eiffel

Tower Bridge

Ayasofya

Colosseo

Sala Palatului

E

3 Nennt interessante Punkte, an denen ihr vorbeikommt, z. B. Parks, Gewässer, Häuser. Versucht, mit ihrer Hilfe eine grobe Skizze eures Schulweges anzufertigen.

4 Findet euch im Tandem zusammen und erklärt euch gegenseitig euren Schulweg mithilfe der Skizze.

5 Seht euch die Wegweiser bei E an. Klärt, in welcher europäischen Groß-stadt sich diese Orte befinden.

Von A nach B und an der Ecke rechts

Wege mithilfe eines Stadtplans beschreiben

○ **1** Sieh dir den Plan von der Dortmunder Innenstadt an. Nenne Orte, die dir auffallen.

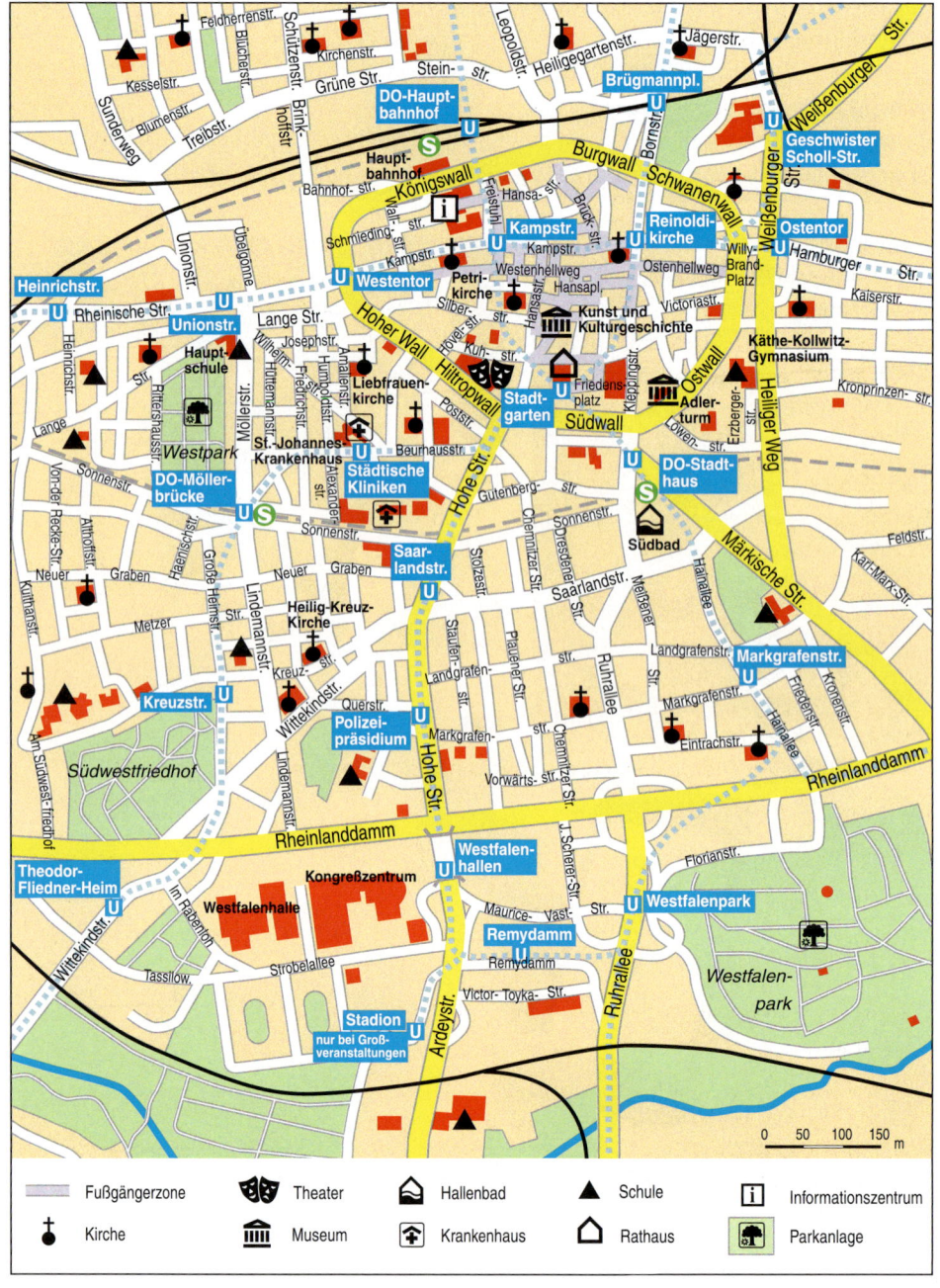

Legende:
- Fußgängerzone
- Kirche
- Theater
- Museum
- Hallenbad
- Krankenhaus
- Schule
- Rathaus
- Informationszentrum
- Parkanlage

✐💬 ○ **2** Zu jedem Stadtplan gehört eine Legende. Sie enthält verschiedene Symbole, die euch die Orientierung erleichtern, z. B. ♣ für eine Kirche.
Nennt die Symbole, die außerdem angegeben sind. Besprecht im Tandem, warum man wohl gerade diese ausgewählt hat.

3 Orientiere dich auf dem Plan von Dortmund und suche folgende Orte: eine Schule, ein Museum, eine Kirche, das Rathaus, das Hallenbad und das Informationszentrum. Schreibe auf, wo sie sich befinden, z. B. *Das Käthe-Kollwitz-Gymnasium befindet sich in der Erzbergerstraße.*

4 Stellt euch in Gedanken auf den Bahnhofsvorplatz und beschreibt im Tandem mithilfe des Plans, wie man zu folgenden Orten kommt.

   a Kindermuseum Adlerturm   b Westpark   c Liebfrauenkirche

5 Stelle dir vor, du stehst an der Hauptschule Möllerstraße. Ein Freund will sich mit dir treffen und schreibt dir folgende Nachricht. Lies sie und prüfe mithilfe des Stadtplans, ob die Beschreibung stimmt.

> **Marc**   13.15 ✓✓
>
> Kommst du mit ins Südbad? – Treffen dort 15 Uhr.
> Du musst so gehen: die Möllerstraße überqueren, dann Beurhausstraße lang, am St.-Johannes-Krankenhaus vorbei bis Hohe Straße, dann nächste Straße lang. Ich warte vor der Schwimmhalle. Bis gleich!

6 Schreibe jetzt mithilfe des Stadtplans und der Angaben in der Nachricht eine korrekte und ausführliche Wegbeschreibung.

Sprachtipp

- **Wo?** an der Post, vor der Kirche, auf dem Platz, neben der Tankstelle
- **Wohin?** in Richtung …, nach links / rechts, um die Ecke, über die Straße
- **passende Verben:** sich befinden, stehen, abbiegen, folgen, vorbeikommen, überqueren, entlanggehen
- **Satzanfänge:** zuerst, danach, anschließend, jetzt, dann, als Nächstes

⚙ **Arbeitstechnik**

Einen Weg beschreiben

Wenn du einen Weg beschreibst, solltest du Folgendes beachten:

1. Nenne den **Startpunkt** → einen bestimmten Ort oder einen Straßennamen.
2. Nenne das genaue **Ziel** → einen bestimmten Ort oder einen Straßennamen.
3. Suche dir eine **Wegstrecke** vom Startpunkt zum Ziel aus. Verwende einen Stadtplan oder eine Skizze.
4. **Achte** bei deiner Beschreibung **auf Folgendes:**
   - Nenne Orts- und Straßennamen.
   - Nenne auffällige Punkte als Orientierungshilfen. → Spielplatz, Park, Bahnhof …
   - Verwende Richtungsangaben. → rechts, schräg links, geradeaus, zwischen …
   - Beschreibe den Weg in der richtigen Reihenfolge.
   - Formuliere sachlich.
   - Schreibe im Präsens.

Lerninsel
⤴ Seite 281

Höflich fragen

○ **1** Sieh dir die Bilder an und beschreibe kurz, was dargestellt ist.

○ **2** Lies die folgenden Sätze. Welche sind an Schülerinnen/Schüler und welche sind an Lehrerinnen/Lehrer gerichtet? Nenne die Unterschiede und begründe.

    a „Hallo, ich will zum Computerraum, wie komme ich dahin?"

    b „Könnten Sie mir bitte sagen, wo ich den Computerraum finde?"

    c „Computerraum? Wohin?"

    d „Hey du da, geht's hier zum Computerraum?"

    e „Entschuldigen Sie bitte, ich möchte zum Computerraum. Wie komme ich dorthin?"

◑ **3** Ordne die Sätze aus Aufgabe 2 nach ihrer Höflichkeit. Beginne mit dem höflichsten Satz. Beschreibe, auf welche Wörter oder Merkmale du geachtet hast, um die Sätze zu sortieren.

MK ◒◒ ◑ **4** Sprecht im Tandem die folgenden Dialoge und nehmt sie mit Kamera oder Handy auf. Fragt und antwortet höflich, z.B.

> *„Kannst du mir sagen, wo es zum Raum der Theater-AG geht?"*

> *„Klar! Du musst in den Keller und dann ist es im linken Gang der letzte Raum rechts."*

    a in der Schule → Weg zum Raum der Theater-AG

    b in der Schule → Weg zum Hausmeisterkiosk

    c auf der Straße → Weg zur nächsten Bushaltestelle

    d in der Stadt → Weg zur besten Eisdiele

5 Seht euch im Tandem eure Aufnahme an. Prüft, ob ihr höflich und freundlich gefragt und geantwortet habt. Gebt einander ein Feedback.

Feedback
→ Seite 47

6 Lies den Text.
- Achte besonders auf die Stellen, an denen die Personen miteinander sprechen.
- Mache dir Notizen zum Verhalten von Melvin.

Im Schwimmverein

Melvin ist umgezogen und möchte sich im Schwimmverein in der Nähe anmelden. Es ist ein großes Gebäude mit zwei Schwimmhallen und mehreren Stockwerken. Er fühlt sich sehr fremd. An diesem Samstag soll er sich um 9.00 Uhr im
5 Sekretariat melden. Um ihn herum laufen viele Schwimmer zwischen den Hallen und Umkleidekabinen hin und her und scheinen ihn vollkommen zu übersehen. „Hallo", sagt er zu einem großen Jungen, der neben ihm stehen geblieben ist. Der schaut auf das Schwarze Brett an der Wand und sieht ihn
10 nicht einmal an. Als er gerade weitergehen will, ruft Melvin laut in seine Richtung: „He, warte mal, ich will wissen, wo das Sekretariat ist!" „Treppe hoch!", ruft der große Junge und verschwindet, ohne Melvin auch nur anzusehen. Dieser ist kein bisschen schlauer als vorher. Endlich sieht er eine Frau mit Trillerpfeife und Badeschuhen den Gang herunterkommen.
15 „He, hallo Sie, ich muss zum Sekretariat!" „Ich nicht!", sagt die Frau, schaut Melvin dabei unfreundlich an und geht weiter.

7 Lest eure Notizen aus Aufgabe 6 vor und seht euch in der Gruppe die Checkliste an. Beschreibt, was Melvin beim nächsten Mal anders machen sollte.

8 Wie könnte Melvins Geschichte weitergehen? Überlege dir eine Fortsetzung und schreibe sie auf.

☑ Checkliste

Eine Person höflich etwas fragen

- ☑ Sprich einen fremden Erwachsenen immer mit „Sie" an.
- ☑ Beginne mit einer Begrüßung oder mit „Entschuldigen Sie bitte".
- ☑ Sieh deinen Gesprächspartner an, während du mit ihm redest, und sprich laut und deutlich.
- ☑ Bei einer Bitte oder Frage verwende „bitte".
- ☑ Bedanke dich, wenn du eine Antwort bekommen hast.
- ☑ Wenn du etwas schriftlich erfragst: Sprich Erwachsene mit „Sie" an und stelle dich zuerst kurz vor.

START **Drei Wege – ein Ziel!** Finde deinen Weg mit diesem Einschätzungstest: 6v8sh3

A
B
C

Vom Streichelzoo zum Ara

Wege mithilfe eines Übersichtsplans beschreiben

Jorgos und Yasmin waren zu lange im Streichelzoo und müssen nun schnell zu ihrer Gruppe. Jorgos ruft Maxim an, der einen Übersichtsplan hat.

○ **1** Lies das Gespräch zwischen Jorgos und Maxim.

Jorgos Hey Maxim, ich bin's. Wo seid ihr denn jetzt?

Maxim Hey Jorgos, wir sind im Tropenhaus bei den Papageien, den Aras. Die sind echt schön.

Jorgos Wie kommen wir dorthin? Wir sind noch im Streichelzoo.

Maxim Ok, ihr müsst am Bistro vorbei, dann nach links gehen, um das Pferdemuseum herum. Dann nehmt ihr den Abzweig nach rechts und geht noch einmal nach rechts auf den großen Weg. Der führt euch direkt vor die Tropenhalle.

ALLWETTERZOO MÜNSTER

1	NASENBÄREN
2	SYRISCHE BRAUNBÄREN
3	MALAIENBÄREN
4	BONGOS
5	SHETLANDPONYS & ZWERGESEL
6	WESTFÄLISCHES PFERDEMUSEUM
7	RIESENESEL, PFERDE & PONYS
8	WÖLFE
9	STREICHELWIESE & MEERSCHWEINCHEN
10	URWILDPFERDE & KAMELE
11	GROSSFLUGVOLIERE: GEIER & SEKRETÄRE
12	GROSSFLUGVOLIERE: GEIER & SEKRETÄRE
13	TROPENHAUS MIT FREIFLUG- & REPTILIENHALLE, ARAS & AFFEN
14	HORNRABEN & BARTKÄUZE
15	VOGELPFAD: SCHWÄNE, GÄNSE & ENTEN
16	KÄNGURUS, ARASSARIS & FLAMINGOS
17	TIGER & LEOPARDEN
18	ERDMÄNNCHEN & STACHELSCHWEINE
19	BREITMAULNASHÖRNER
20	ROBBENHAVEN
21	HALSBANDPEKARIS
22	PRINZ-ALFRED-HIRSCHE
23	ELEFANTENHAUS: ELEFANTEN & LORIS
24	ELEFANTEN-PARK
25	AFRIKAPANORAMA: ZEBRAS, ANTILOPEN, STRAUSSE, PELIKANE & KRONENKRANICHE
26	GIRAFFEN
27	LÖWEN, GOLDKATZEN & FLUGHUNDE
28	GAURE
29	GEPARDE
30	AFRIKANEUM: GORILLAS & WARZENSCHWEINE
31	GUEREZAS
32	KATTAS
33	KAPUZINER, KRALLENAFFEN, GÜRTELTIERE & FAULTIERE
34	WATVOGELANLAGE
35	KEGELROBBEN & PINGUINE
36	ZOORANGERIE: ORANG-UTANS & OTTER
37	AQUARIUM
	SPIELPLATZ
	WC
	BISTRO/KIOSK

○ **2** Orientiere dich auf dem Zooplan und überprüfe die Wegbeschreibung von Maxim.

🔁 ● **3** Stellt im Tandem stichwortartig Merkmale für eine gute Wegbeschreibung zusammen.

4 Lies die folgende Kurzbeschreibung des Weges vom Eingang zu den Tigern.
Was fällt dir auf?

> *Zu den Tigern ist es nicht weit. Da sind Toiletten und ein Spielplatz und daneben der Robbenhaven. Man geht geradeaus durch den Zoo und sieht die Tiger schon, daneben sind die Elefanten.*

5 Orientiere dich mithilfe des Plans auf Seite 62 und überarbeite die Wegbeschreibung aus Aufgabe 4. Sieh auch noch einmal in der Arbeitstechnik auf Seite 59 nach.

6 Wähle **A**, **B** oder **C** und beschreibe den angegebenen Weg. Notiere dir zunächst Stichworte zu deiner Wegbeschreibung.

A vom Haupteingang zu den Zebras
B von der Bärenanlage zu den Elefanten
C von den Zebras zum Aquarium

Sprachtipp

- **unterschiedliche Satzanfänge:** zuerst, dann, nachdem, als Nächstes
- **abwechslungsreiche Verben:** stehen, einen Weg nehmen, abbiegen, folgen, entlanggehen, vorbeikommen

7 Tauscht euch im Tandem zu euren Notizen in Aufgabe 6 aus:
- Sind eure Wege gut gewählt?
- Habt ihr etwas übersehen?
- Sind die Wegbeschreibungen verständlich?

8 Fasse jetzt deine Notizen aus Aufgabe 6 und die Rückmeldung aus Aufgabe 7 zusammen und schreibe eine ausführliche Wegbeschreibung.

Weg beschreiben
↪ Seite 59

9 Zeichnet in der Gruppe einen eigenen Zooplan. Tragt eure Lieblingstiere ein. Legt einen Rundweg zu allen Anlagen fest.

10 Verfasst dann in der Gruppe eine Beschreibung für den Weg vom Eingang zu euren Lieblingstieren.

11 Bereitet die Präsentation eures Zooplans in der Klasse vor.

Orientieren in Köln – damals und heute

Stadtpläne vergleichen und Wege beschreiben

Viele Städte haben eine lange Geschichte und wurden vor mehr als 1000 Jahren gegründet. Bis heute haben sie sich immer mehr vergrößert und verändert. In alten Stadtplänen kann man oft die Grundrisse der heutigen Städte erkennen und sich trotz der langen Zeit, die vergangen ist, orientieren.

💡 **Tipp**
Wenn du mehr über die Stadt Köln erfahren willst, recherchiere im Internet.

1 Sieh dir den historischen Stadtplan von Köln an. In der Karte sind Orte und Bauwerke markiert, die heute noch bekannte Sehenswürdigkeiten sind. Suche den Dom, das Rathaus, das Severinstor und den Neumarkt.

Bauwerke/Orte im heutigen Köln:

1 Dom
2 St. Kunibert
3 Groß St. Martin
4 St. Maria im Kapitol
5 St. Severin
6 St. Gereon
7 St. Aposteln
8 St. Pantaleon
9 Rathaus
10 Eigelsteintor
11 Hahnentor
12 Severinstor
13 Alter Markt
14 Heumarkt
15 Neumarkt
16 Köln-Deutz

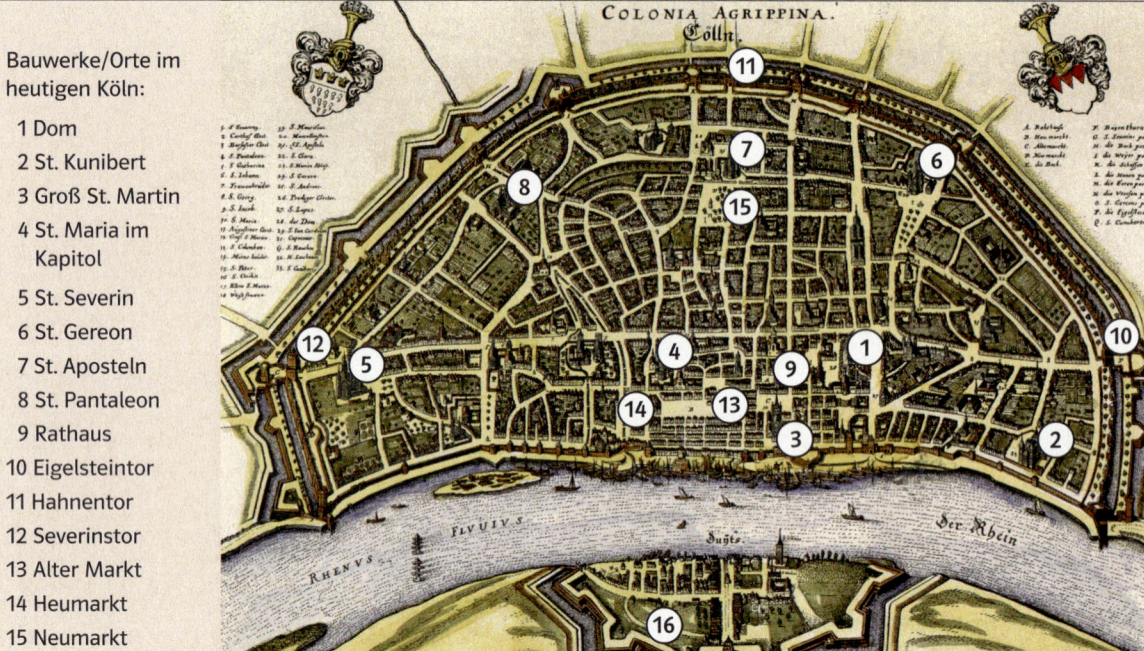

2 Seht euch nun den aktuellen Stadtplan der Kölner Innenstadt auf Seite 65 an. Vergleicht ihn mit dem historischen Plan auf dieser Seite. Übernehmt dazu die Tabelle und füllt sie im Tandem aus.

	historischer Plan	aktueller Plan
Ausrichtung oder Perspektive	...	...
Brücken über den Rhein	...	...
Straßennamen, Stadtteile, Gebäude bezeichnet	...	...
Art der Zeichnung	...	...

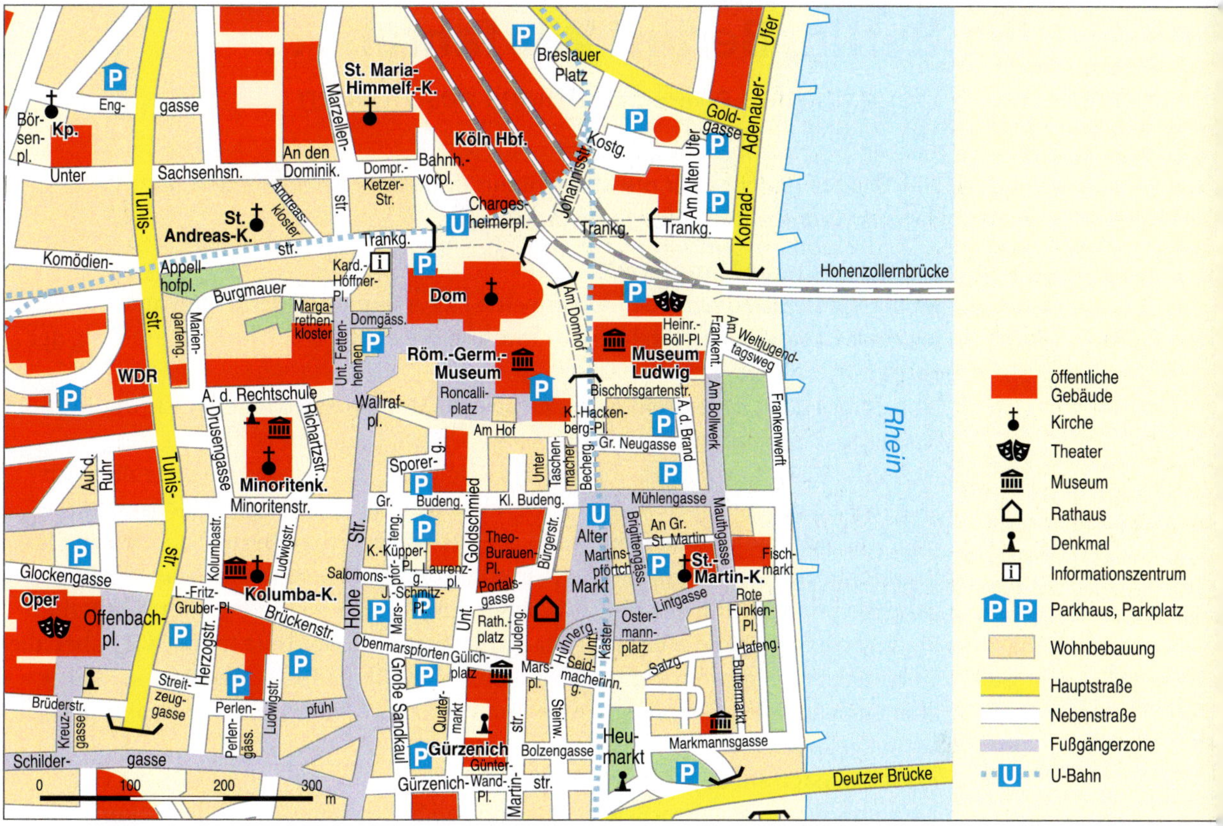

Legende:

- öffentliche Gebäude
- Kirche
- Theater
- Museum
- Rathaus
- Denkmal
- Informationszentrum
- **P** **P** Parkhaus, Parkplatz
- Wohnbebauung
- Hauptstraße
- Nebenstraße
- Fußgängerzone
- **U** U-Bahn

3 Deine Klasse plant einen Ausflug nach Köln. Jede Gruppe besucht eine andere Sehenswürdigkeit und soll später darüber berichten. Wähle **A** oder **B**:

Gruppe **A** besucht das Rathaus.
Gruppe **B** geht zur Festhalle Gürzenich.

Bereite den Besuch vor, indem du mithilfe des aktuellen Plans eine Wegbeschreibung anfertigst. Startpunkt ist der Hauptbahnhof.

Weg beschreiben
→ Seite 59

MK **4** Überprüfe deine Wegbeschreibung mithilfe eines Routenplaners oder Navigationsgeräts. Hast du den kürzesten Weg genommen?

MK **5** **Stadtplantapete**
- Besorgt euch einen Übersichtsplan eurer Stadt oder eures Stadtviertels.
- Kopiert ihn auf Folie, legt ihn auf den Projektor und projiziert ihn auf eure Tafel. Beklebt diese vorher mit weißen Blättern.
- Zwei bis drei Schüler zeichnen die wichtigsten Straßen ab.
- Die anderen überlegen sich Piktogramme für die wichtigsten Orte und Gebäude (z. B. Kirche, Spielplatz, Sparkasse, Freibad).
- Zeichnet sie auf weißes Papier und klebt sie auf Pappe. Befestigt die Piktogramme dann auf eurer großen Karte.
- Beschreibt mithilfe der Karte Wege zu markierten Orten oder Gebäuden.

Sprachtipp

- **Piktogramm:** Bildzeichen, das schnell erkannt und von allen Menschen gleich verstanden wird, z. B. Toilette

Berlin, Berlin! Wir fahren . . .

Wege mithilfe eines Stadtplans beschreiben

○ **1** Lies Bennos Bericht über die Klassenfahrt nach Berlin. Notiere, welche Sehenswürdigkeiten besichtigt wurden.

💡 **Tipp**
Kopiere den Text und unterstreiche beim Lesen die Sehenswürdigkeiten.

Exkursion in die Hauptstadt

. Meine Klasse hatte sich seit Langem eine Exkursion nach Berlin gewünscht. Weil
. ich mich besonders für Architektur interessiere, half ich bei der Vorbereitung der
. Fahrt mit.
. Nun standen wir alle vor dem Reichstagsgebäude. Hier, wo regelmäßig der Bun-
5 destag zusammenkommt, sollte unsere Besichtigungstour beginnen.
. Der Aufstieg in die gläserne Kuppel des Reichstags hat uns wegen der tollen Aus-
. sicht sehr begeistert: Wir konnten im Norden auf die Spree zum Reichstagsufer
. hinabblicken und im Süden konnten wir das Wahrzeichen Berlins entdecken, das
. Brandenburger Tor. Dorthin führte uns dann auch unser gemeinsamer Spazier-
10 gang die Ebert-Straße entlang. Wir liefen diese Straße weiter bis zum Potsdamer
. Platz, an dem früher die Berliner Mauer die Stadt in zwei Teile teilte. Wir haben die
. Hochhäuser auf diesem Platz bewundert, den Kollhoff Tower und Atrium Tower,
. aber auch das Sony Center. Von hier sind wir dann wieder zum Brandenburger Tor
. zurückgelaufen.
15 Als wir danach auf dem Pariser Platz angekommen waren, schilderte uns Herr
. Ziemann, unser Biolehrer, wie es im geteilten Berlin war. Direkt vor Ort konnten
. wir uns das nun viel besser vorstellen.
. Wir hatten Herrn Ziemann gebeten mitzukommen, weil fast die Hälfte von uns
. das Museum für Naturkunde besuchen wollte. Herr Ziemann konnte dort alles
20 besonders gut erklären.
. Die andere Gruppe hatte sich für die Besichtigung von Sehenswürdigkeiten unter
. Frau Paulis Leitung entschieden. Ich gehörte auch dazu. Wir gingen die Straße
. „Unter den Linden" entlang. Dabei sahen wir viele berühmte Einrichtungen: die
. Komische Oper, die Humboldt-Universität zu Berlin, das Deutsche Historische
25 Museum und die von Karl Friedrich Schinkel geschaffene Neue Wache. Als ich die
. vielen historischen Gebäude in dieser Prachtallee sah, die zum Teil an griechische
. Tempel erinnern, wurde mir klar, weshalb Berlin auch „Spree-Athen" genannt wird.
. Von Weitem sahen wir schon den Fernsehturm, auf den wir dann zugingen. Über
. die Schlossbrücke gelangte meine Gruppe vor das Rote Rathaus und danach zur
30 Urania-Weltzeituhr auf dem Alexanderplatz.
. Zum Schluss traf auch die andere Gruppe am Alex ein. Erschöpft, doch voller
. neuer Eindrücke fuhren wir wieder nach Hause.

○ **2** Welche Sehenswürdigkeiten habt ihr notiert? Tauscht euch im Tandem aus.

○ **3** Schreibe die Namen aller Straßen und Plätze auf, die im Text genannt werden.

○ **4** Sieh dir den Stadtplan von Berlin auf Seite 67 an. Nimm nun deine Aufzeichnungen aus Aufgabe 3:
Suche die Straßen, die im Text genannt werden, auf dem Stadtplan.

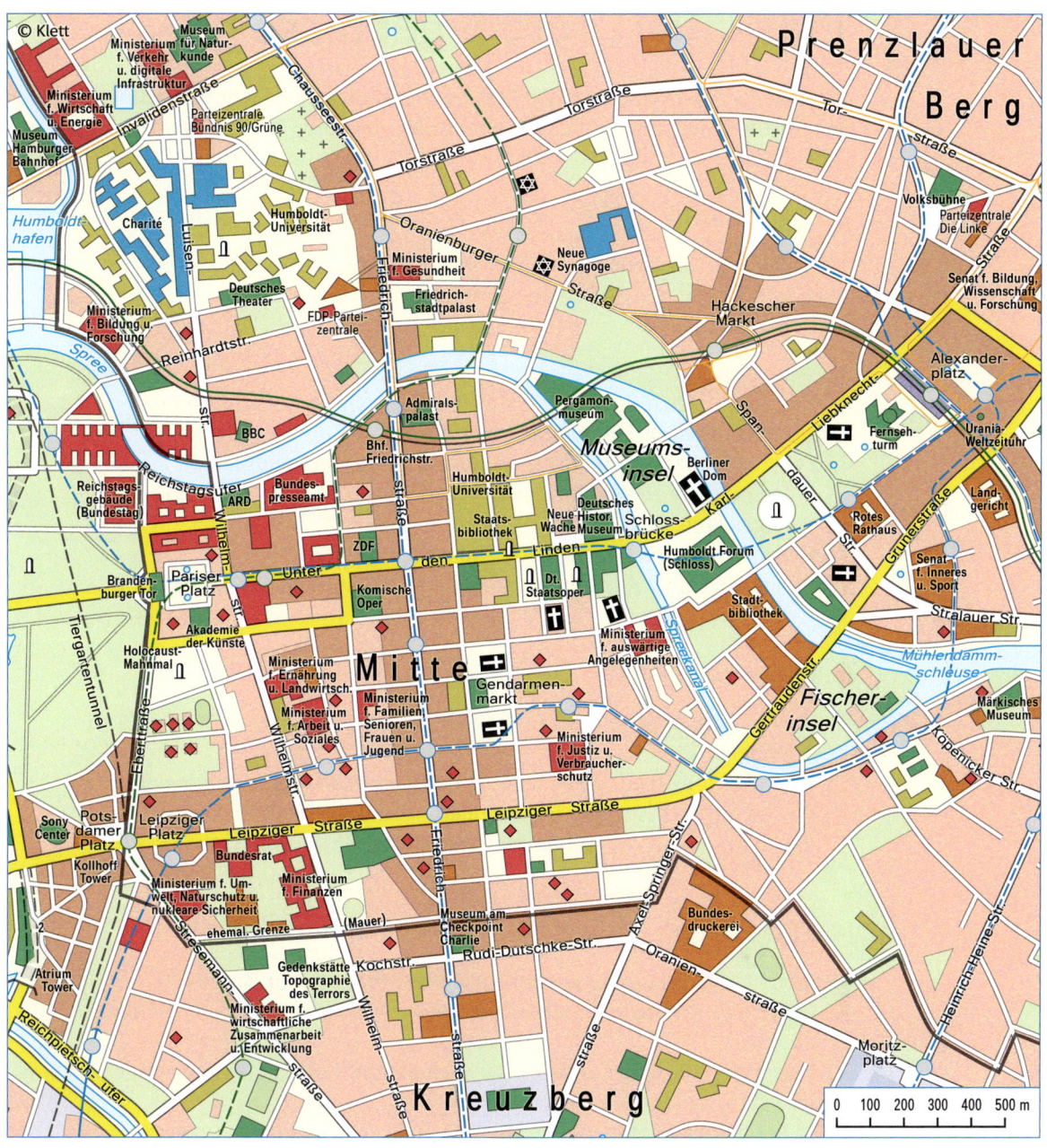

5 Finde auf dem Stadtplan alle Sehenswürdigkeiten, die im Text genannt werden. Kopiere den Plan und markiere sie.

6 Berlin für Orientierungsexperten. Bildet zwei Gruppen und verteilt **A** und **B**:

Weg beschreiben
→ Seite 59

A Start: Checkpoint Charlie

B Start: Märkisches Museum

Sucht euch ein Ziel in der Nähe dieser Sehenswürdigkeiten und verfasst eine Wegbeschreibung, ohne das Ziel zu nennen. Lasst es die andere Gruppe erraten.

Präsentiert eure Ergebnisse

Ihr habt euch auf verschiedenen Plänen orientiert, selbst Pläne gezeichnet und Wege beschrieben. Nun könnt ihr euch gegenseitig von euren Expeditionen erzählen.

1. Information

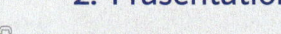 Informiert die Klasse über den Plan oder die Pläne, die ihr bearbeitet habt. Erzählt auch, was ihr mit den Plänen gemacht habt.

2. Präsentation

Präsentiert der Klasse eure Arbeitsergebnisse.

A Zeigt euren selbst gezeichneten Zooplan in einem Rundgang.
B Präsentiert eure Stadtplantapete und erklärt eure Piktogramme.
C Berichtet von den wichtigsten Sehenswürdigkeiten, die Benno auf seiner Klassenfahrt gesehen hat, und zeigt sie auf der Karte.

3. Fragerunde

Lasst euch von der jeweiligen Gruppe unterschiedliche Wege auf deren Karten beschreiben, z. B.

A Wie kommt man auf dem kürzesten Weg von den Giraffen zu den Robben?
B Wie kommt man von der Hohenzollernbrücke zur Deutzer Brücke?
C Wie kommt man vom U-Bahnhof Stadtmitte zur Hedwigskathedrale?

4. Diskussion

Besprecht und diskutiert gemeinsam weitere Fragestellungen.

A Sollte man im Zoo lieber dem Rundgang folgen oder eine eigene Route aussuchen?
B Was haben die Orte auf dem historischen Stadtplan, die es im heutigen Köln noch gibt, miteinander gemeinsam?
C In Berlin gibt es alles mindestens zweimal: Zoo, Flughafen, Oper. Wieso ist das so?

5. Feedback

Wertet die Präsentationen gemeinsam aus. Gebt einander ein Feedback. Orientiert euch an folgenden Fragen:

☑ Habt ihr durch die Präsentationen eine Idee davon bekommen, was die anderen gemacht haben?
☑ Habt ihr die Wegbeschreibungen gut verstanden?
☑ Habt ihr spannende Diskussionsbeiträge gehört?
☑ Wurde gut präsentiert? (laut, deutlich, zusammenhängend gesprochen, Blickkontakt …)

Überprüfe dich selbst

1 Notiere so viele Richtungsangaben wie dir einfallen.

2 Stelle dir folgende Situation vor:

Du hast im Ferienlager eine neue Freundin kennengelernt und sie möchte dich gerne in deinem Wohnort besuchen kommen. Kurz vor eurem Treffen verstauchst du dir den Fuß und deshalb kannst du sie nicht vom Bahnhof oder von der nächsten Haltestelle abholen. Beschreibe deiner Freundin in einer Nachricht den Weg zu dir nach Hause.

3 Deine Freundin hat zu dir gefunden, aber viel unternehmen könnt ihr nicht, weil dein Fuß weh tut. Zum Glück habt ihr euch viel zu erzählen, aber irgendwann bekommt ihr beide Hunger. Schick deine Freundin zum nächstgelegenen Bäcker. Beschreibe ihr den Weg und zeichne eine Skizze der Umgebung und des Weges, die du ihr zur Sicherheit mitgibst.

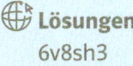 **Lösungen**
6v8sh3

Das kannst du jetzt:
- dich auf einem Plan orientieren
- eine Wegbeschreibung verfassen
- höflich nach dem Weg fragen

5 Kleine Szenen, große Wirkung

Texte pantomimisch spielen und szenisch lesen

A

1 Betrachtet die Darstellerinnen im Bild A. Was glaubt ihr, was sie ausdrücken möchten? Stellt es auf eure Art dar.

2 Stellt die Gruppe in Bild B nach. Erzählt, wie ihr euch gefühlt habt.

Gedichte kennt ihr als kurze Texte, die aus Versen und Strophen bestehen und sich am Ende häufig reimen. So wie im Theater könnt ihr mit der Stimme, aber auch dem ganzen Körper diese Gedichte im Vortrag lebendig machen.

Das lernt ihr jetzt:
- Handlungen und Gefühle darstellen
- deutlich sprechen und richtig betonen
- ein Gedicht mit verteilten Rollen vortragen
- eine Pantomime gestalten

B

C

D

το θέατρο

el aplauso

het kostuum

il spettacolo

драма

l'acteur

the stage

Auf den sieben Robbenklippen sitzen sieben Robbensippen, die sich in die Rippen stippen, bis sie von den Klippen kippen.

E

3 Kennt ihr ein Theater oder habt ihr schon einmal eine Vorstellung auf einer Bühne gesehen? Tauscht euch darüber aus.

4 Warum haben die Jungen auf Bild **C** einen Korken im Mund? Stellt Vermutungen an.

5 Übersetzt die internationalen Begriffe aus der Welt des Theaters von **D** und findet weitere. Nennt die Sprachen.

6 Bei jeder Aufführung sollte deutlich gesprochen werden. Lest den Zungenbrecher bei **E** erst langsam Silbe für Silbe laut vor. Sprecht ihn dann immer schneller, aber deutlich.

Ohne Worte

Eine Pantomime vorbereiten und spielen

Mit Aufwärmübungen könnt ihr euch auf die Pantomime und die szenische Lesung vorbereiten. Sie machen locker und helfen, Gesichtsausdruck, Bewegungen und Stimme gut einzusetzen.

1 Führt die folgende Aufwärmübung in der Gruppe durch.

Spiegelbild:
Zwei Partner stehen sich gegenüber. Einer beginnt. Er drückt mit dem Gesicht aus, dass er fröhlich (ängstlich, wütend, überrascht, misstrauisch) ist. Der Partner spielt den Spiegel. Wechselt euch ab.

Lerninsel
→ Seite 271

2 Lies das Gedicht.

JOACHIM RINGELNATZ
Bumerang
. War einmal ein Bumerang;
. War ein Weniges zu lang.
. Bumerang flog ein Stück,
. Aber kam nicht mehr zurück.
5 Publikum – noch stundenlang –
. Wartete auf Bumerang.

3 Bereitet in der Gruppe eine Pantomime zu dem Gedicht vor. Legt zunächst fest, wer den Bumerang wirft und wer das Publikum darstellen soll.

4 Legt nun einen Spielplan an. Übernehmt dazu die Tabelle in eure Hefte und schreibt die einzelnen Aktionen zur Pantomime hinein.

Figuren	Spielanweisungen
Junge	*zeigt den Bumerang dem Publikum*
...	...

5 Übt die Pantomime ein und spielt sie der Klasse vor. Nehmt eure Pantomime mit dem Handy oder einer Kamera auf.

⚠ Merke

Pantomime

Bei der **Pantomime** wird nicht gesprochen. Gefühle und Handlungen werden durch die **Körperhaltung**, den **Gesichtsausdruck** (Mimik) und die **Bewegung von Armen und Händen** (Gestik) ausgedrückt.

Mit Worten

Eine szenische Lesung vorbereiten und durchführen

1 Führt die Übung **Korkensprechen** durch: Nehmt einen Korken zwischen die Zähne. Sprecht die Zungenbrecher deutlich, gut hörbar und fehlerfrei.

> In der ganzen Hunderunde gab es nichts als runde Hunde.

> Zehn Zwerge zeigen Handstand im Wandschrank und am Sandstrand.

Tipp
Ihr könnt statt eines Korkens auch euren gekrümmten Zeigefinger nehmen.

2 Lies den Text.

Mutter Kommt ihr? Das Abendessen ist fertig. Es gibt Lasagne.

Tim Lecker! Das riecht so gut. Ich hab schrecklichen Hunger.

Mutter Jetzt stürz dich nicht gleich drauf. Warte doch noch!

Vater Lasagne! Da hab ich ja richtig Lust drauf! Köstlich!

Mutter Haaalt! Hol doch bitte erst noch Svenja.

Tim Aber bitte ganz schnell. Sonst bin ich verhungert.

Vater Ich bin schon auf dem Weg. Und dann geht's ran ans Essen.

Mutter Wo bleibt ihr denn? – Tim, schau doch mal nach ihnen.

Tim Bin in drei Sekunden wieder da!

Mutter Was ist denn jetzt los? Keiner kommt zurück. *(Geht ins Wohnzimmer.)*

Mutter Das ist ja ein Ding! Da sitzen sie doch wirklich alle vor dem Fernseher. Das muss ja ein total spannender Film sein!

3 Bereitet jetzt den Text für eine szenische Lesung vor. Geht dabei so vor:
- Bildet Gruppen und verteilt die Rollen.
- Stellt euch die Situation vor. Überlegt, was die handelnden Figuren fühlen könnten.
- Legt fest, welche Sprechweise (z. B. laut, leise, aufgeregt, ruhig, verärgert, freundlich, betont) zur jeweiligen Figur und Textstelle passt.
- Legt fest, wie ihr mit Mimik und Gestik die Gefühle der Figuren ausdrücken könnt.
- Übt so lange, bis ihr den Text sicher beherrscht.

Tipp
Macht euch zu allen Punkten Notizen.

Feedback
⤷ Seite 47

4 Führt die szenische Lesung auf und filmt sie. Gebt einander ein Feedback.

> ❗ **Merke**
>
> **Szenische Lesung**
>
> Hierbei wird ein Text mit **verteilten Rollen** vor Publikum vorgetragen. **Sprechweise**, **Sprechtempo** sowie **Pausen** werden gezielt eingesetzt. Die Wirkung des Textes wird durch **Mimik**, **Gestik** und **Körperhaltung** verstärkt.

Lerninsel
⤷ Seite 271

START **Drei Wege – ein Ziel!** Finde deinen Weg mit diesem Einschätzungstest: jf69jz

A

B

C

Die Geister sind los

Eine szenische Lesung vorbereiten und durchführen

1 Führt in der Gruppe die folgende Aufwärmübung durch.

Bodenwechsel:

Ihr geht auf wechselnden Böden, die euch angesagt werden: Matsch, heißer Sand, Eis, hoher Schnee, spitze Steine, kleine Kugeln …
Wie verhält sich euer Körper? Was drückt euer Gesicht aus?

2 Lies das Gedicht.

A03

JOSEF STECK
In der Geisterbahn

. Hast du Mut,
. fahre mit der Geisterbahn.
. Eingestiegen! Schon geht's an!
. Heulend öffnet sich das Tor!
5 An dein Ohr dringt ein wilder
. Geisterchor,
. heult und lacht durch die Nacht.
. Plötzlich zucken aus dem Dunkel
. grüne Lichter. Im Gefunkel
10 steht der Tod im Nachtgewand,
. streckt nach dir die Knochenhand,
. grinst und winkt – und versinkt.
. Flammen lodern, in den Schein
. springt ein Teufel selbst hinein
15 und es heult und lärmt und kracht.
. Eine ganze Hölle lacht!
. Und es blitzt! Der Donner grollt!
. Durch die Nacht der Wagen rollt.

. Hexen reiten auf dem Besen!
20 Überall sind Zauberwesen,
. schauen schreckliche Gespenster
. durch ein aufgeriss'nes Fenster,
. winken aus den Ecken,
. furchtbar, zum Erschrecken.
25 Aus den Winkeln kriechen Schlangen.
. Kröten kommen leis' gegangen.
. Schrecklich klappern Totenknochen.
. Langsam kommt die Angst gekrochen.
. Eulen schauen starr dich an.
30 Weiter rast die Geisterbahn.
. Eiskalt läuft's dir übern Rücken.
. Du wagst kaum noch aufzublicken
. und dein Herz schlägt wild und bang.
. Dauert diese Fahrt noch lang?
35 Feueraugen – Geisterhände!
. Schrecken, Schrecken ohne Ende.
. Da – mit Heulen und Gebraus
. ist die Geisterfahrt nun aus
. und du weißt, was Gruseln ist,
40 wenn du ausgestiegen bist.

3 Worum geht es in dem Gedicht? Tauscht euch im Tandem darüber aus.

Lerninsel
↗ Seite 271

4 Lest euch das Gedicht laut vor. Probiert dabei verschiedene Sprechweisen, indem ihr das Sprechtempo, die Lautstärke und die Betonung verändert. Entscheidet in der Gruppe, wie ihr die einzelnen Textstellen sprechen wollt.

💡 Tipp
Schreibt das Gedicht ab. Haltet mit Markierungen fest, wie ihr es lesen wollt.

5 Teilt die Gruppe in Sprecher und Berater ein. Gliedert dann das Gedicht in Abschnitte und verteilt diese so, dass jeder mindestens vier Zeilen liest.

6 Bereitet jetzt das Gedicht für eine szenische Lesung vor: Überlegt euch dabei, welche Mimik, Gestik und Körperhaltung zu den Textstellen passt.

szenische Lesung
↗ Seite 73

7 Schreibt die folgenden Beobachtungsaufträge auf Karten. Verteilt sie unter den Beratern so, dass für jeden Auftrag ein Berater zuständig ist.

Wurde laut und deutlich vorgetragen?	Passte die Sprechweise zum Text?	Passten Mimik und Gestik zum Text?
Wurde die Körperhaltung eingesetzt?	Wurde Mimik eingesetzt?	Wurde Gestik genutzt?

8 Trag das Gedicht als szenische Lesung vor. Filmt mit dem Handy oder der Kamera.

9 Seht euch die Aufnahme an. Besprecht nun mit den Beratern, was gut gelungen ist und was noch verbessert werden kann.

Feedback
↗ Seite 47

10 Bereitet jetzt eine pantomimische Aufführung des Gedichts vor. Bildet dazu Teams aus Darstellern und Beratern. Besprecht die folgenden Fragen:
- Wer trägt das Gedicht vor, während die anderen die Handlung darstellen?
- Wer spielt das Kind oder die Kinder in der Geisterbahn? (Ihr könnt auch zu zweit spielen.)
- Wie sollen die Kinder ihre Angst ausdrücken?
- Welche Figuren aus dem Gedicht sollen auftauchen und wer spielt sie?
- In welcher Art bewegen sie sich?
- Wann und wie verschwinden sie wieder?
- Wie verhalten sich die Kinder am Ende der Szene?

💡 Tipp
Verwendet selbstgebastelte Pappmasken, damit eure Vorstellung noch gruseliger wird.

Pantomime
↗ Seite 72

11 Legt einen Spielplan an. Haltet darin fest, welche Figuren auftreten und was sie tun sollen.

Figuren	Spielanweisungen
Mann	*winkt die Leute heran*
ein Kind / zwei Kinder	*nähert / nähern sich der Geisterbahn*
...	*...*

12 Übt die Pantomime ein. Bereitet sie und die szenische Lesung des Gedichts für die Aufführung vor der Klasse vor.

Reingelegt

Eine szenische Lesung vorbereiten und durchführen

1 Führt in der Gruppe die folgende Aufwärmübung durch.

Magnetberg:

Alle verteilen sich im Raum. Eine Person nennt einen Gegenstand, zum Beispiel die Tafel. Diese wird jetzt zu einem starken Magneten, der alle anzieht. Aber keiner möchte hin und jeder wehrt sich dagegen.

Beim Klatschen der Spielleiterin oder des Spielleiters verliert der Magnet seine Kraft. Ein neuer Gegenstand wird zum Magneten.

2 Lies das Gedicht.

A04

ERICH KÄSTNER

Fauler Zauber

. Der Zauberkünstler Mamelock
. hebt seinen goldnen Zauberstock.
. „Ich brauche", spricht er dumpf, „zwei Knaben,
. die ziemlich viel Courage[1] haben."

5 Da steigen aus dem Publikum
. schnell Fritz und Franz aufs Podium.
. Er hüllt sie in ein schwarzes Tuch
. und liest aus seinem Zauberbuch.
. Er schwingt den Stock ein paar Sekunden.
10 Er hebt das Tuch – sie sind verschwunden!

. Des Publikums Verblüffung wächst.
. Wo hat er sie nur hingehext?
. Sie sind nicht fort, wie mancher denkt.
. Er hat die beiden bloß – versenkt!

15 Fritz sagt zu Franz: „Siehst du die Leiter?"
. Sie klettern abwärts und gehen weiter.
. Der Zauberkünstler lässt sich Zeit,
. nimmt dann sein Tuch und wirft es breit.

. Er schwingt sein Zepter auf und nieder, –
20 doch kommen Fritz und Franz nicht wieder!
. Der Zaubrer fällt vor Schrecken um.
. Ganz ähnlich geht's dem Publikum.

. Nur Fritz und Franz sind voller Freude.
. Sie schleichen sich aus dem Gebäude.
25 Und Mamelock sucht sie noch heute.

1 Courage: Mut

3 Erzählt einander im Tandem die Handlung mit eigenen Worten. Wechselt euch strophenweise ab.

Lerninsel
Seite 271

4 Bereitet in der Gruppe das Gedicht für eine szenische Lesung vor. Geht so vor:
- Legt fest, wer die Rollen des Erzählers, des Zauberers und der beiden Jungen übernimmt.
- Legt die Berater fest.
- Überlegt, wie ihr die Rollen mit Stimme, Mimik, Gestik und Körperhaltung gestalten könnt.
- Besprecht, wo ihr Pausen zur Spannungssteigerung einsetzen wollt.

szenische Lesung
Seite 73

5 Worauf sollen die Berater achten? Schreibt Beobachtungsaufträge auf Kärtchen und verteilt sie an die Berater.

Tipp
Prüft, ob Sprechweise, Mimik und Gestik zum Gedicht passten.

6 Tragt das Gedicht als szenische Lesung vor. Filmt die Lesung mit dem Handy oder der Kamera.

7 Seht euch die Aufnahme an. Besprecht nun mit den Beratern, was gut gelungen ist und was noch verbessert werden kann.

Feedback
Seite 47

8 Bereitet jetzt eine pantomimische Aufführung des Gedichts vor. Bildet Teams aus Darstellern und Beratern. Besprecht euer Vorgehen.
- Wer trägt das Gedicht vor, während die anderen die Handlung darstellen?
- Wer übernimmt welche Rolle?
- Wie ist die Körperhaltung des Zauberers?
- Wie bewegen sich die beiden Jungen?
- Wie bewegt sich der Zauberer?
- Welche Requisiten[2] braucht ihr?
- Wie wollt ihr das Verschwinden der beiden Jungen darstellen?
- Wie verhält sich das Publikum des Zauberers?
- Wo sollen sich der Zauberer und sein Publikum auf der Bühne befinden?
- Wie könnte der Schluss gestaltet werden?

Pantomime
Seite 72

2 Requisiten: Gegenstände, die bei einer Aufführung verwendet werden

9 Legt einen Spielplan an. Haltet darin fest, welche Figuren auftreten und was sie tun sollen.

Figuren	Spielanweisungen
Zauberer	*steht auf der Bühne, blickt ins Publikum*
...	*zeigt in Richtung Publikum*
zwei Jungen	*sitzen nebeneinander*
...	*...*

10 Übt die Pantomime ein. Bereitet sie und die szenische Lesung des Gedichts für die Aufführung vor der Klasse vor.

Eine seltsame Begegnung

Eine szenische Lesung vorbereiten und durchführen

1 Führt in der Gruppe die folgende Aufwärmübung durch.

Mitteilungen:
Überlegt euch Wörter, die ihr seufzen, brummen, flüstern, jubeln, kreischen, klagen und brüllen könnt, zum Beispiel „schrecklich", „himmlisch" oder „ärgerlich". Probiert jedes Wort einzeln und dann im Chor aus. Eure Stimmen können dabei hoch oder tief, laut oder leise sein.

2 Lies das Gedicht.

A05

CHRISTIAN MORGENSTERN

Der Gaul

. Es läutet beim Professor Stein.
. Die Köchin rupft die Hühner.
. Die Minna geht: Wer kann das sein? –
. Ein Gaul steht vor der Türe.
5 Die Minna wirft die Türe zu.
. Die Köchin kommt: Was gibt's denn?
. Das Fräulein kommt im Morgenschuh.
. Es kommt die ganze Familie.
. „Ich bin, verzeihn Sie", spricht der Gaul,
10 „der Gaul vom Tischler Bartels.
. Ich brachte Ihnen dazumaul
. die Tür- und Fensterrahmen!"
. Die vierzehn Leute samt dem Mops,
. sie stehn, als ob sie träumten.
15 Das kleinste Kind tut einen Hops,
. die andern stehn wie Bäume.
. Der Gaul, da keiner ihn versteht,
. schnalzt bloß mal mit der Zunge,
. dann kehrt er still sich ab und geht
20 die Treppe wieder hinunter.
. Die dreizehn schaun auf ihren Herrn,
. ob er nicht sprechen möchte.
. „Das war", spricht der Professor Stein,
. „ein unerhörtes Erlebnis!"...

Lerninsel
→ Seite 271

3 Besprecht in der Gruppe, was in dem Gedicht passiert. Erklärt die Reihenfolge der Handlung.

szenische Lesung
→ Seite 73

4 Bereitet das Gedicht für eine szenische Lesung vor.
• Legt fest, wer welche Rolle übernehmen soll.
• Überlegt, wie ihr die Rollen mit Stimme, Mimik, Gestik und Körperhaltung gestalten wollt.

5 Bildet eine kleine Beratergruppe. Schreibt Beobachtungsaufträge auf und verteilt sie untereinander.

6 Tragt das Gedicht als szenische Lesung vor. Filmt den Vortrag mit dem Handy oder der Kamera.

7 Seht euch die Aufnahme an. Besprecht nun mit den Beratern, was gut gelungen ist und was noch verbessert werden kann.

Feedback
Seite 47

8 Bereitet eine pantomimische Aufführung vor. Bildet Teams aus Darstellern und Beratern. Besprecht euer Vorgehen.
• Wer trägt das Gedicht vor, während die anderen die Handlung darstellen?
• Welche Rollen wollt ihr besetzen?
• Welche Requisiten[1] benötigt ihr?
• Wie soll der Gaul dargestellt werden?
• Wie sind Gaul und Figuren auf der Bühne angeordnet? Skizziert die Anordnung.

Pantomime
Seite 72

1 Requisiten: Gegenstände, die bei einer Aufführung verwendet werden

9 Legt einen Spielplan an. Haltet darin fest, welche Figuren auftreten und was sie tun sollen.

Figuren	Spielanweisungen
Köchin	*rupft Hühner*
Gaul	*geht zur Tür*
...	*klingelt*
Minna	*öffnet die Tür*
...	*...*

10 Übt die Pantomime ein. Bereitet sie und die szenische Lesung des Gedichts für die Aufführung vor der Klasse vor.

Präsentiert eure Ergebnisse

Ihr habt verschiedene Gedichte gelesen, diese untersucht und szenisch gelesen.
Dann habt ihr eine pantomimische Aufführung vorbereitet und eingeübt. Nun sollt
ihr eure kleinen Stücke vor der Klasse zeigen und euch darüber austauschen.

1. Information

 ○ Informiert die Klasse über den Autor und den Titel der Gedichte, die ihr bearbeitet
habt.

2. Präsentation

 ◔ Spielt der Klasse zuerst eure Pantomime vor.
Tragt dann das Gedicht in einer szenischen Lesung vor.

3. Fragerunde

 ○ Stellt Fragen zu den Aufführungen und lasst sie euch von der jeweiligen
Gruppe beantworten, z.B.
- **A** Was war das Gruseligste in der Geisterbahn? Was war am lustigsten?
- **B** Wie hat sich der Zauberer den Trick eigentlich vorgestellt? Welchen „Zaubertrick"
  haben Fritz und Franz dann daraus gemacht?
- **C** Wenn die Leute in dem Gedicht den Gaul verstanden hätten, wie hätten sie
  wahrscheinlich reagiert?

4. Diskussion

 ◔ Jetzt geht es um einen „Werkstattbericht". Berichtet davon, wie es war, die
Aufführung vorzubereiten. Diskutiert zum Beispiel diese Fragen:
- **A** Was war am schwierigsten darzustellen? Wo hattet ihr verschiedene Vorschläge?
- **B** Wonach sollte man den Vorleser oder die Vorleserin aussuchen? Wie habt ihr das
  gemacht?
- **C** Warum heißt es am Ende „Das war ein unerhörtes Erlebnis!"? Was bedeutet das?

5. Feedback

 ● Wertet eure Aufführungen gemeinsam aus. Gebt einander ein Feedback. Orientiert
euch an den folgenden Fragen:
- ☑ Wurde laut und deutlich vorgetragen? Wurden Gestik und Mimik eingesetzt?
- ☑ Wurde mit der Körperhaltung gut die Handlung ausgedrückt?
- ☑ Haben Sprechweise, Sprechtempo und Pause des Erzählers oder der Erzählerin
  gut zum Text gepasst?
- ☑ Wurden eure Fragen gut beantwortet?

Überprüfe dich selbst

○ **1** Vervollständige den folgenden Satz mit den passenden Begriffen.

> Bei einer Pantomime werden Gefühle und Handlungen ausgedrückt durch …

Stimme   Gestik   Mimik   Sprechtempo   Körperhaltung   Lautstärke

○ **2** Stelle dir vor, du sitzt im Zug und fährst in zehn Minuten los. Auf dem Bahnsteig steht ein Freund und will dir zum Abschied winken. Aber plötzlich fällt dir ein, dass du vergessen hast, ihm etwas Wichtiges zu sagen. Wähle eine der folgenden Botschaften (**A**, **B** oder **C**) und überlege, wie du sie pantomimisch übermitteln könntest.

A   Ich habe ein Buch bei dir vergessen. Kannst du es mir beim nächsten Mal mitbringen?

B   Ich rufe dich an, wenn ich zuhause angekommen bin.

C   Denk dran, heute Abend läuft im Fernsehen wieder unsere Lieblingssendung. Wollen wir nebenbei schreiben, wenn wir sie angucken?

◑ **3** Mache nun Notizen dazu, wie du die Botschaft pantomimisch darstellen würdest.

◑ **4** Ein Freund von dir will Schauspieler werden. Er ist begeistert davon, dass ihr das szenische Lesen im Deutschunterricht geprobt habt. Schreibe ihm vier Ratschläge auf, die man beim szenischen Lesen beachten muss.

⊕ **Lösungen**
jf69jz

> **Das kannst du jetzt:**
> • ein Gedicht untersuchen und verstehen
> • Pantomime spielen
> • ein Gedicht gestaltend vorlesen

6 Schulgeschichten

Zu Bildern Geschichten schreiben

2 Stellt euch die Situation vor. Überlegt euch:
- wie die Klasse auf das schlafende Mädchen reagiert.
- wann sie aufwacht und warum.

1 Seht euch das Bild **A** gemeinsam an. Beschreibt, was ihr seht.

A

Wenn ihr euch ein Bild oder mehrere Bilder anschaut, dann können in euren Köpfen Geschichten entstehen. Ihr seht die abgebildeten Figuren oder die Situationen und mit Fantasie entwickelt ihr daraus Geschichten, die ihr aufschreiben und anderen vorlesen könnt.

Das lernt ihr jetzt:
- Ideen zu Bildern sammeln und ordnen
- eine Geschichte zu Bildern planen und schreiben
- einen Erzählplan verwenden

Ravi lieh Alina seine Turnschuhe. Für Alina war es jetzt kein müder Dienstag mehr, sondern ein sehr lustiger.

B

Ihr Freund Ravi lief neben ihr und lachte plötzlich laut los. „Lachst du mich aus?", fragte Alina wütend. Ravi zeigte auf Alinas Füße.

C

Am Dienstag war Alina immer unausgeschlafen. Ihre Lieblingsserie kam Montagabend im Fernsehen. Heute war so ein Dienstag und Alina stolperte verschlafen zur Schule.

D

Alina hatte ihre Hausschuhe noch an. Jetzt mussten sie beide lachen.

E

3 Bildet Gruppen und spielt die Szene nach. Berichtet, wie ihr euch beim Nachspielen als Mädchen und in der Klasse gefühlt habt.

4 Warum ist das Mädchen so müde? Denkt euch aus, wie es zu dieser Situation gekommen ist. Erzählt nun die vollständige Geschichte.

5 Wenn eine Geschichte nicht in der richtigen Reihenfolge geschrieben ist, dann versteht man sie oft nicht. Bringt die Kärtchen **B-E** in die richtige Reihenfolge der Geschichte.

Erst sammeln, dann ordnen

Ideen zu einem Bild sammeln und ordnen

1 Seht euch das Bild an. Was passiert hier gerade? Tauscht euch dazu im Tandem aus.

2 Lies die Sprechblasen und beende die angefangenen Sätze.

3 Was könnten die beiden anderen Jugendlichen in dem Moment sagen und denken? Schreibe die Gedanken und Äußerungen auf.

4 Es fällt leichter, eine Geschichte zu schreiben, wenn man zuerst seine Gedanken in einem Cluster sammelt. Gehe so vor:
- Finde einen passenden Titel zu dem Bild und schreibe ihn in die Mitte.
- Schreibe Wörter, die dir zu dem Bild einfallen, um das Wort herum.

Lerninsel
↪ Seite 295

⚙ Arbeitstechnik

Ein Cluster anlegen

Mithilfe eines **Clusters** kannst du Ideen sammeln.

1. Schreibe ein **wichtiges Wort**, das **Thema** oder den **Titel** deiner Geschichte in die **Mitte** des Blattes.
2. Überlege dir **weitere Wörter** zu dem Wort in der Mitte.
3. Schreibe sie an die **Strahlen** um das Wort herum.

| Vorher? | | Nachher? | Schluss |

5 Tauscht euch im Tandem zu folgenden Fragen aus.
- Bild vorher: Was könnte vorher passiert sein? Wie kam es zu dem Streit?
- Bild nachher: Wie könnte die Geschichte weitergehen?
- Schlussbild: Wie könnte die Geschichte enden?

6 Zeichne vier Bilder in der Reihenfolge, in der deine Geschichte abgelaufen ist.
Erzähle in der Gruppe, was du gezeichnet hast.

7 Um noch weitere Ideen zu deiner Geschichte zu finden, kannst du W-Fragen stellen.
Übernimm die Fragen.
- **Wer** sind die wichtigsten Figuren in der Geschichte?
- **Wo** fand das Ereignis statt?
- **Wann** fand das Ereignis statt?
- **Was** ist passiert?

8 Beantworte alle W-Fragen schriftlich. Verwende dafür auch deine Wörter aus dem
Cluster. Du kannst so beginnen:
Die Geschichte handelt von zwei Jungen.
Das Ereignis fand … statt.

> **! Merke**
>
> **W-Fragen**
>
> Die **W-Fragen** (**Wer? Was? Wann? Wo? Wie?** usw.) helfen, die
> Gedanken und Ideen für eine Geschichte zu ordnen. Man kann
> die Fragen auch für die **Einleitung** der Geschichte nutzen.
>
>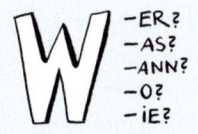

9 Überlege dir jetzt, was die Figuren sagen könnten. Verwende deine Notizen aus
Aufgabe 3. Schreibe zu allen vier Bildern die wörtliche Rede auf, z. B. *Niels bat:*
„Lass mich doch gehen!"

wörtliche Rede
→ Seite 235

10 Entwickle aus den Bildern aus Aufgabe 6 und der wörtlichen Rede aus Aufgabe 9
am PC einen Comicstrip. Nutze ein kostenfreies Comictool im Internet.

Mit Plan erzählen
Eine Geschichte mithilfe eines Erzählplans verfassen

Tipp
Verwende dein Cluster, deine Bilder und die Antworten auf die W-Fragen von den Seiten 84 und 85.

1 Überlege noch einmal, wie sich deine Geschichte von Seite 84 und 85 abgespielt haben könnte. Plane jetzt deine Geschichte. Übernimm dazu die Tabelle. Beantworte die Fragen in Stichworten.

Erzählplan	Fragen	Antworten
EINLEITUNG Wie beginnt die Geschichte?	Wann ist deine Geschichte passiert?	...
	Wo ist deine Geschichte passiert?	...
	Wer erlebt etwas in deiner Geschichte?	...
	Wie sind diese Figuren?	...
	Was ist am Anfang passiert?	...
HAUPTTEIL Wie geht die Geschichte weiter?	Was machen die Figuren?	...
	Was passiert den Figuren?	...
SCHLUSS Wie endet die Geschichte?	Gibt es ein gutes oder ein schlechtes / trauriges Ende?	...
	Was passiert am Ende der Geschichte?	...

Präteritum
Seite 225

2 Geschichten werden häufig in der Zeitform Präteritum verfasst. Seht euch die folgenden Präteritumsformen an. Bildet im Tandem dazu die Präsensform, z. B. *es geschah – es geschieht, …*

> es geschah – er lief – der Junge wartete – sie beobachteten ihn –
> er drohte – sie riefen – er rannte weg – sie verfolgten ihn

3 Schreibe nun die **Einleitung** zu deiner Geschichte. Nutze dazu die Antworten auf die W-Fragen aus deiner Tabelle. Du kannst so beginnen: *Als Niels in der großen Pause den Schulhof betrat, wartete ein Junge aus der Parallelklasse auf ihn.*

4 In der **Einleitung** kannst du auch eine Hauptfigur beschreiben. Sieh dir dazu noch einmal die Abbildung auf Seite 84 an. Wähle eine der Figuren und beschreibe deren Aussehen und Auftreten, z. B. *Der Junge war kräftiger als Niels. Seine schmalen braunen Augen blickten …*

5 Denke dir etwas Spannendes oder Unerwartetes für den **Höhepunkt** der Geschichte aus. Mache dir dazu Notizen.

spannend erzählen
Seite 99

6 Verfasse jetzt den **Hauptteil** Schritt für Schritt in der richtigen Reihenfolge der Ereignisse. Gestalte den Höhepunkt mithilfe deiner Notizen aus Aufgabe 5 aus. Wenn etwas Spannendes oder Unerwartetes passiert, kannst du die folgenden Wörter verwenden: *plötzlich, auf einmal, gerade als, endlich, in diesem Moment, blitzartig*

7 Überlege dir, an welchen Stellen du die wörtliche Rede aus Aufgabe 9 von Seite 85 einfügen willst. Ergänze sie.

8 Schreibe das **Ende** der Geschichte. Formuliere einen passenden Schlusssatz. Er könnte so beginnen:
Deshalb gab es zum Schluss …
Seitdem …

9 Prüfe deinen bisherigen Titel aus Aufgabe 4 von Seite 84. Passt er noch? Schreibe, wenn nötig, einen neuen Titel zu deiner Geschichte.

10 Tauscht im Tandem die Geschichten aus. Lest euch die Geschichte eurer Partnerin oder eures Partners durch.

11 Besprecht nun miteinander folgende Fragen:
- Ist die Geschichte spannend? Wolltet ihr unbedingt weiterlesen?
- Ist die Geschichte in der richtigen Reihenfolge geschrieben?
- Kann man sich die Figuren gut vorstellen?

Feedback
Seite 47

12 Gebt euch gegenseitig Tipps zum Verbessern der Geschichten. Wenn es nötig ist, überarbeitet eure Geschichten.

13 Vergleicht eure Geschichten in der Klasse. Lest sie einander vor und nennt Unterschiede und Gemeinsamkeiten.

⚙️ **Arbeitstechnik**

V02 ▷

Eine Geschichte mithilfe eines Erzählplans schreiben

Ein **Erzählplan** hilft dir, deine Geschichte in einzelnen **Erzählschritten** in der richtigen Reihenfolge zu schreiben.

Dafür kannst du eine Tabelle nutzen, in der du zu den Teilen der Geschichte – **Einleitung**, **Hauptteil** und **Schluss** – Stichworte notierst.

- Beginne mit der **Einleitung**. Beantworte darin die **W-Fragen** Wann? Wo? Was? und Wer? Du kannst hier auch eine Hauptfigur beschreiben.
- Erzähle im **Hauptteil** deine Geschichte in mehreren **Erzählschritten**. Dabei erzählst du Schritt für Schritt in der richtigen Reihenfolge bis zu einem **Höhepunkt**, der die spannendste Stelle der Geschichte ist.
- Am **Schluss** deiner Geschichte löst du mit wenigen Sätzen die Spannung auf und klärst alle offenen Fragen.

Lerninsel
Seite 295

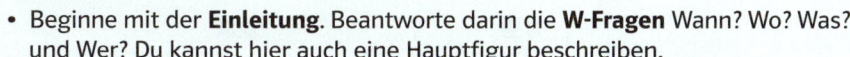

START **Drei Wege – ein Ziel!** Finde deinen Weg mit diesem Einschätzungstest: 34r3p2

A

B

C

Eines Tages . . .

Eine Geschichte mithilfe eines Erzählplans verfassen

○ **1** Sieh dir die Bildergeschichte an. Gib den Figuren Namen.

○ **2** Sucht im Tandem zu jedem Bild die passende Sprechblase aus.

A *Deshalb ist so wenig Platz für dein Gehirn.*

B *Das wirst du mir büßen!*

C *Euch zwei bringe ich jetzt zum Rektor.*

D *Sieh mal, ich habe so große Ohren und kann deine Flöhe husten hören*

E *Aua, hör' auf! Du tust mir weh.*

F *Los, haut euch!*

○ **3** Lest einander mit richtiger Betonung die Sprechblasen vor.

Cluster
→ Seite 84

● **4** Lege in deinem Heft ein Cluster an. Schreibe wichtige Wörter, die dir zu der Bildergeschichte einfallen, an die Strahlen.

○ **5** Notiere zu jedem Bild aus der Bildergeschichte zwei bis drei Sätze über das, was geschieht.

6 Ergänze dann, was die Figuren in der Geschichte sagen und denken. Verwende die wörtliche Rede. Du kannst die folgenden Redebegleitsätze nutzen.

wörtliche Rede
Seite 235

| Er rief: „…" | Dann drohte er: „…" | „…", feuerten die Jungen ihn an. |

| Er machte sich über ihn lustig: „…" | Er schrie: „…" |

7 Erarbeite einen Erzählplan. Übernimm dazu die Tabelle. Beantworte die Fragen in Stichworten.

Erzählplan
Seite 87

Erzählplan	Fragen	Antworten
EINLEITUNG Wie beginnt die Geschichte?	Wann ist deine Geschichte passiert?	…
	Wo ist deine Geschichte passiert?	…
	Wer erlebt etwas in deiner Geschichte?	…
	Wie sind diese Figuren?	…
	Was ist am Anfang passiert?	…
HAUPTTEIL Wie geht die Geschichte weiter?	Was machen die Figuren?	…
	Was passiert den Figuren?	…
SCHLUSS Wie endet die Geschichte?	Gibt es ein gutes oder ein schlechtes / trauriges Ende?	…
	Was passiert am Ende der Geschichte?	…

8 Schreibe nun die **Einleitung** zu deiner Geschichte. Nutze dazu die Antworten auf die W-Fragen aus deiner Tabelle.

Tipp
Schreibe deine Geschichte am PC.

9 Überlege dir etwas Spannendes oder Unerwartetes für den **Höhepunkt** der Geschichte. Mache dir dazu Notizen. Du kannst folgende Ideen nutzen.

| Milan bekam Nasenbluten, nachdem ihm Ahmed ins Gesicht gefasst hatte | eine Taube kam ins Klassenzimmer geflogen | das Buch, das Milan Ahmed auf den Kopf gehauen hatte, zerfiel und alle Seiten flatterten heraus |

10 Verfasse jetzt den **Hauptteil** deiner Geschichte in der richtigen Reihenfolge.

11 Schreibe den **Schluss** der Geschichte. Gib deiner Geschichte einen passenden Titel.

12 Tauscht im Tandem die Geschichten aus und lest sie. Besprecht miteinander, was euch gefallen hat und was noch nicht so gelungen ist. Überarbeitet eure Geschichten.

Feedback
Seite 47

13 Bereitet die Präsentation in der Klasse vor. Spannt dazu eine Leine im Klassenzimmer und hängt eure Geschichten daran.

Rundgang
Seite 296

Was ist passiert?

Eine Geschichte mithilfe eines Erzählplans verfassen

○ **1** Sieh dir das Bild an.

Cluster
→ Seite 84

◔ **2** Welche Situation ist hier dargestellt? Sammle Ideen in einem Cluster, z. B. *ein Junge, liegt im Bett, Wecker klingelt, …*

○ **3** Betrachte den Gesichtsausdruck und die Körperhaltung des Jungen auf dem Bild. Notiere dir dazu Stichworte und ergänze damit dein Cluster.

♙♙ ○ **4** Habt ihr so eine Situation auch schon einmal erlebt? Tauscht euch im Tandem darüber aus. Besprecht, wie ihr euch dabei gefühlt habt.

◔ **5** Was könnte der Junge im Bett sagen, fühlen und denken? Schreibe es in dein Cluster.

○ **6** Formuliere einen Titel für das Bild in Aufgabe 1.

○ **7** Sieh dir die folgenden Bilder an. Bringe sie in die richtige Reihenfolge.

○ **8** Überlege dir, wie die Geschichte von dem Jungen enden könnte. Mache dir dazu Notizen.

● **9** Erarbeite einen Erzählplan. Übernimm dazu die Tabelle und fülle sie aus.

Erzählplan
↪ Seite 87

Erzählplan	Fragen	Antworten
EINLEITUNG Wie beginnt die Geschichte?	Wann ist deine Geschichte passiert?	...
	Wo ist deine Geschichte passiert?	...
	Wer erlebt etwas in deiner Geschichte?	...
	Wie sind diese Figuren?	...
	Was ist am Anfang passiert?	...
HAUPTTEIL Wie geht die Geschichte weiter?	Was machen die Figuren?	...
	Was passiert den Figuren?	...
SCHLUSS Wie endet die Geschichte?	Gibt es ein gutes oder ein schlechtes / trauriges Ende?	...
	Was passiert am Ende der Geschichte?	...

MK ● **10** Schreibe nun die vollständige Geschichte auf. Beachte dabei folgende Punkte:
- Gib den Figuren Namen.
- Beschreibe, was sich auf den Bildern ereignet und was zwischen den Bildern geschehen sein könnte.
- Beschreibe Gesichtsausdruck und Körperhaltung der Hauptfigur.
- Schreibe auf, was die Figuren sagen, denken und fühlen.
- Formuliere einen Titel für deine Geschichte.

💡 **Tipp**
Schreibe deine Geschichte am PC.

wörtliche Rede
↪ Seite 235

👥 ● **11** Tauscht im Tandem die Geschichten aus und lest sie. Besprecht miteinander, was euch gefallen hat und was noch nicht so gelungen ist. Überarbeitet eure Geschichten.

Feedback
↪ Seite 47

MK 👥 ● **12** Erstellt in Gruppenarbeit ein Geschichtenbuch. Geht dabei so vor:
- Schreibt die korrigierten Geschichten in Schönschrift auf ein DIN-A4-Tonpapier.
- Ihr könnt die Geschichten auch am PC schreiben und die Seiten gestalten.
- Schreibt die Titel der Geschichten mit den jeweiligen Seitenzahlen in ein Inhaltsverzeichnis.
- Locht die Seiten und bindet sie mit einem Faden zusammen.
- Bereitet euch auf die Präsentation eures Geschichtenbuchs in der Klasse vor.

Plötzlich verschwunden!

Eine Geschichte mithilfe eines Erzählplans verfassen

○ **1** Sieh dir den Comic genau an.

Cluster
Seite 84

◐ **2** Was geht hier vor? Sammle Ideen zu den Bildern in einem Cluster.

○ **3** Überlege dir einen passenden Titel und schreibe ihn in die Mitte des Clusters.

4 Notiere Erzählschritte für eine Geschichte zu dem Comic. Beachte dabei auch das Geschehen zwischen den Bildern. Verwende die Ideen aus deinem Cluster.

5 Betrachte Gestik, Mimik und Körperhaltung der Figuren. Überlege dir, was sie denken, fühlen und sagen. Übernimm die Tabelle und ergänze sie.

wörtliche Rede
→ Seite 235

Handlung	Gedanken / Gefühle	wörtliche Rede
– *Mutter will Sohn wecken, er ist nicht mehr im Bett*	– *Mutter denkt: „Wo ist mein Sohn?"* – *sie sorgt sich um den Verschwundenen*	*…*
– *Mutter ruft Polizei an*	– *Mutter hat Angst, dass dem Sohn etwas passiert ist*	– *Mutter: „Mein Sohn ist verschwunden, bitte helfen Sie mir!"*
…	*…*	*…*

6 Entwirf zu den Bildern 6 bis 8 kurze Texte. Übernimm die wörtliche Rede aus deiner Tabelle aus Aufgabe 5.

7 Erarbeite einen Erzählplan. Mache dir Notizen zu Einleitung, Hauptteil und Schluss der Geschichte.

Erzählplan
→ Seite 87

8 Lege den Höhepunkt der Geschichte fest und gestalte ihn aus.

9 Schreibe nun die vollständige Geschichte in dein Heft. Verwende deine Ergebnisse aus den vorherigen Aufgaben.

10 Tauscht im Tandem die Geschichten aus. Besprecht die Geschichten miteinander. Überarbeitet eure Geschichte, wenn nötig.

Feedback
→ Seite 47

11 Entscheide dich für eine der Figuren (Polizist, Mutter, Junge) oder für das Polizeiauto. Wähle dann **A** oder **B**. Nutze für die Aufgaben den PC.

A Schreibe einen kurzen Text, wie sich die Geschichte aus der Sicht dieser Figur oder des Polizeiautos ereignet hat.
B Zeichne einen Comic, wie sich die Geschichte aus der Sicht der gewählten Figur oder des Polizeiautos ereignet hat.

Endlich ist die lange Nacht vorüber, mir war schon langweilig. Oh, wer hat denn heute Dienst? Ich kann es gar nicht erkennen, so schnell springt der Polizist heran und reißt meine Tür auf …

12 Bereitet euch auf die Präsentation eurer Ergebnisse in der Klasse vor. Hängt die Geschichten und Comics für einen Rundgang auf eine Leine.

Rundgang
→ Seite 296

Präsentiert eure Ergebnisse

Ihr habt aus verschiedenen Bildergeschichten mithilfe eines Erzählplans einen eigenen Text geschrieben. Außerdem habt ihr eine Präsentationsform ausprobiert, in der ihr eure Ergebnisse in der Klasse vorstellen könnt.

1. Information

 ○ Informiert die Klasse in einem Satz über den Inhalt eurer Bildergeschichte und in einem weiteren Satz über die Präsentationsform, in der ihr eure Geschichten vorstellen werdet.

2. Präsentation

 ◐ Präsentiert der Klasse eure Arbeitsergebnisse.

  A Zeigt eure Geschichten in einem Rundgang.
  B Stellt euer Geschichtenbuch auf einem Tisch aus.
  C Zeigt eure Comics oder Geschichten in einem Rundgang.

3. Fragerunde

 ○ Stellt Fragen zur Präsentation und lasst sie euch von der jeweiligen Gruppe beantworten, z. B.

  A Wieso streiten sich die beiden in der Geschichte?
  B Mit was für Problemen hat der Junge an diesem Morgen zu kämpfen?
  C Was geht hier vor mit Mutter und Sohn?

4. Diskussion

 ◐ Besprecht und diskutiert gemeinsam weitere Fragestellungen.

  A Welche verschiedenen Lösungen wurden für das Ende der Geschichte gefunden?
  B Wie wird der Junge in den verschiedenen Geschichten beschrieben?
  C Wie ändert sich die Geschichte durch die Perspektive, aus der erzählt wird?

5. Feedback

 ● Wertet die Präsentationen gemeinsam aus. Gebt einander ein Feedback. Orientiert euch an folgenden Fragen:

  ☑ Gab es eine Geschichte, die euch am besten gefallen hat?
  ☑ Wo wurde besonders lebendig erzählt? Wo war es besonders spannend?
  ☑ Wurde der Erzählplan beim Schreiben berücksichtigt?
  ☑ Was hättet ihr anders gemacht? Könnt ihr einen Tipp geben?
  ☑ Wurde gut präsentiert? (laut, deutlich, zusammenhängend gesprochen, Blickkontakt …)

Überprüfe dich selbst

○ **1** Nenne die drei Bestandteile einer Geschichte.

◐ **2** Der folgende Ausschnitt aus einer Geschichte wirkt sehr langweilig. Begründe, warum.

> ... Neven schaute sich um. Wo war er bloß? Neven sah nichts als Bäume. Neven schossen tausend Gedanken durch den Kopf. Neven war verzweifelt. Wieder rief Neven um Hilfe. Stille. Dann sah Neven in der Ferne Lichter. Neven hörte Stimmen. Neven war erleichtert.

◐ **3** Überarbeite die Textstelle aus Aufgabe 2 und mache sie spannender.

◐ **4** Wähle **A** oder **B**. Sieh dir die Bilder an und überlege dir, wie die Geschichte angefangen haben könnte. Schreibe den Anfang in fünf Sätzen auf.

🌐 **Lösungen**
34r3p2

Das kannst du jetzt:
- eine Geschichte zu Bildern ausdenken
- eine Geschichte zu Bildern schreiben
- mit dem Erzählplan geordnet erzählen

7 Schlangengeschichten

Spannende Fantasiegeschichten schreiben, untersuchen und überarbeiten

A

1 Irgendwie ist die Boa Benny aus dem Zoo entkommen. Auf ihrem abenteuerlichen Weg durch die Stadt in die Welt hinaus hat sie viel erlebt. Seht euch die Bilder bei **A** an und nennt die Orte, an denen die Boa gesehen wurde.

2 Erzählt euch **Blitzgeschichten**. Geht so vor:
- Jeder wählt einen Ort aus Aufgabe 1 aus.
- Denkt euch eine ganz kurze Geschichte aus, wie die Schlange an diesen Ort gelangt ist und was sie dort erlebt hat.
- Erzählt nun reihum eure Blitzgeschichten. Jeder hat dabei nur eine halbe Minute Zeit.

Wenn ihr eure spannenden Geschichten oder andere Texte geschrieben habt, solltet ihr sie noch einmal genau lesen und überprüfen. Dazu könnt ihr euch in einer Schreibkonferenz zusammensetzen und wie in einer Redaktion einander eure Text korrigieren.

Das lernt ihr jetzt:
- Ideen für eine spannende Geschichte sammeln und ordnen
- eine interessante und spannende Geschichte schreiben
- eine spannende Geschichte untersuchen und überarbeiten

Ich hatte ganz schön Angst vor der Schlange. Dann haben wir geredet. Dann habe ich gemerkt, dass Boa Benny nett ist. Dann haben wir zusammen gespielt. Dann waren wir Freunde.

B

3 Ein Junge ist der Boa zufällig begegnet und hat darüber Text **B** geschrieben. Was fällt euch auf? Nennt die Stellen, die ihr ändern würdet.

4 Mehmet, der Feuerwehrmann, hat die Schlange in einem Supermarkt wieder eingefangen. Danach haben die Zeitungsreporter viele Fragen an ihn.
- Überlegt, was die Reporter alles fragen könnten.
- Spielt die Szene in der Klasse und nehmt sie mit Kamera oder Handy auf.

Die Abenteuer der Boa Benny
Eine spannende Geschichte planen und schreiben

Die Boa Benny hat auf ihrer Reise viel erlebt. Sie freut sich sehr, dass ihre Abenteuer nun aufgeschrieben werden sollen. Auf der vorherigen Seite hast du schon einige Stationen ihrer Reise gesehen – schreibe jetzt zu einer Station eine spannende Geschichte.

Erzählplan
↪ Seite 87

○ **1** An welchem Ort ist die Schlange auf ihrer Reise gewesen? Was hat sie dort alles erlebt und wem ist sie begegnet? Schreibe zu jeder der Fragen Stichworte, z. B.
- *Wo? → Geisterbahn auf der Kirmes …*
- *Wer? → Maja, Cem und Hülja …*
- *Was? → aus dem Zoo ausgerissen, an Kirmes vorbeigekommen, im Wagen der Geisterbahn versteckt …*

Cluster
↪ Seite 84

○ **2** Sammle Ideen für die Handlung im Hauptteil deiner Geschichte in einem Cluster, z. B.

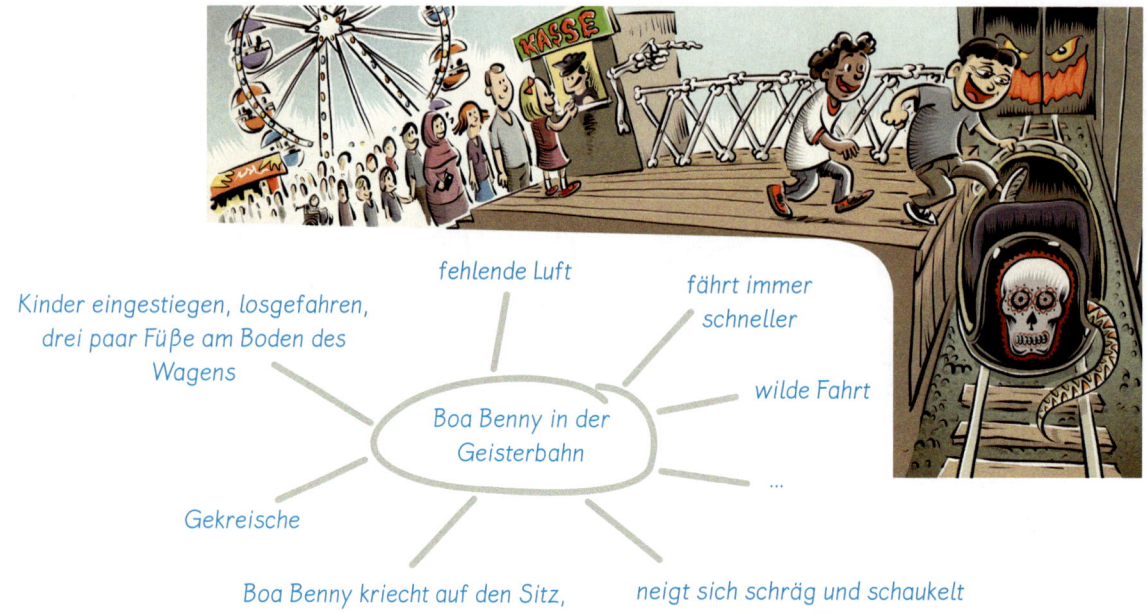

fehlende Luft

fährt immer schneller

Kinder eingestiegen, losgefahren, drei paar Füße am Boden des Wagens

wilde Fahrt

Boa Benny in der Geisterbahn

…

Gekreische

Boa Benny kriecht auf den Sitz, Kinder entdecken die Schlange

neigt sich schräg und schaukelt hin und her

💡 Tipp
Schreibe jeden Erzählschritt auf eine Karteikarte.

⊖ **3** Wie könnte sich die Handlung im Einzelnen zugetragen haben? Verwende deine Ideen aus dem Cluster und ordne sie den einzelnen Erzählschritten zu, z. B.

Erzählschritt 1:	Erzählschritt 2:	Erzählschritt 3:
Kinder eingestiegen, losgefahren, drei paar Füße am Boden des Wagens	*fährt immer schneller / Wagen neigt sich schräg, schaukelt hin und her / wilde Fahrt / fehlende Luft*	*…*

4 Überlege nun, wie sich die Spannung am besten steigern lässt und welches die spannendste Stelle in deiner Geschichte ist.
- Beschreibe kurz, was auf dem Höhepunkt der Geschichte passieren könnte.
- Fasse in ein bis zwei Sätzen zusammen, was vor dem Höhepunkt passieren könnte, sodass die Spannung langsam aufgebaut wird.

5 Damit es auch wirklich spannend wird, ist es wichtig, die Gefühle und Gedanken der Figuren zu beschreiben. Stellt euch vor, wie die Kinder wohl reagiert und wie sie sich gefühlt haben, als die Boa auftauchte. Und wie hat sich die Boa Benny gefühlt? Sucht im Tandem zu den Wortfeldern möglichst viele Wörter.

Tipp
Denke auch an die fünf Sinne: Sehen, Riechen, Hören, Schmecken und Fühlen.

Freude
Wut
...
Gefühle
...
...
...

panisch   *ängstlich*
unsicher
abwartend
Wörter für Gefühle
glücklich   ...
erschrecken   ...

6 Auch was die Figuren gedacht und gesagt haben, macht die Geschichte abwechslungsreich und spannend. Schreibe für jede Figur einen Satz, verwende die wörtliche Rede.

wörtliche Rede
Seite 235

7 Denke dir nun noch einen Schluss aus, der zu deiner Geschichte passt. Er kann z. B. traurig, lustig oder überraschend sein.

Sprachtipp

Verbindungswörter zwischen Sätzen: weil, da, dass, sodass, damit, nachdem, während, ehe, bis, als, obwohl, deshalb

8 Schreibe deine Geschichte mithilfe aller Notizen auf.

⚙ **Arbeitstechnik**

Spannend und lebendig erzählen

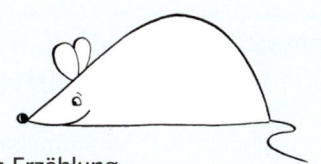

Um deine Zuhörer zu begeistern, musst du deine Geschichte spannend erzählen. Achte darauf, dass du die **Spannung langsam aufbaust**. Der Körperbau der **Erzählmaus** verdeutlicht den Aufbau einer spannenden Erzählung.

Lerninsel
Seite 276

1. Führe in der Einleitung zum Hauptteil hin.
2. Gestalte den Hauptteil in mehreren Erzählschritten. Lass die Geschichte nach und nach **bis zum Höhepunkt spannender** werden.
3. Baue Spannung auf, indem du
   - **Satzanfänge** wie plötzlich, auf einmal, gerade als ... verwendest.
   - **treffende Adjektive** und **Verben** verwendest.
   - **Gefühle, Gedanken** und **Sinneseindrücke** beschreibst.
   - die **wörtliche Rede** nutzt.
4. **Löse** am Schluss **die Spannung auf**, indem du beschreibst, wie die Geschichte ausgeht.

Und dann? Mach's nicht so spannend!

Geschichten untersuchen, in einer Schreibkonferenz besprechen und überarbeiten

1 Lies die beiden Texte **A** und **B** Welcher Text ist spannender? Begründe deine Meinung. Was ist dir aufgefallen?

> **A**
> *Die Schlange sah einen Bus. Die Schlange stieg ein und alle Leute erschraken. Der Fahrer erschrak auch. Die Schlange sagte etwas zu den Leuten. Die Schlange wollte zur Kirmes[1] fahren.*

> **B**
> *Plötzlich sah Boa Benny einen Bus schnell näher kommen. Die Schlange war ganz aufgeregt, da es ihr allererster Ausflug war. Erstaunlicherweise hielt der Bus direkt vor ihr an, sodass sie sich neben den anderen Fahrgästen in den Bus hineinschlängeln konnte. Da war aber das Geschrei im Bus groß. Der Fahrer riss die Augen vor Schreck weit auf und konnte nicht glauben, was er da sah. Auch die Passagiere hatten furchtbare Angst vor der riesigen Schlange. Boa Benny sagte daraufhin zu dem bleichen Fahrer und den zitternden Fahrgästen: „Ihr braucht keine Angst vor mir zu haben. Ich bin Benny, die Boa, und möchte eigentlich nur zur Kirmes[1] fahren."*

1 Kirmes: Jahrmarkt, Volksfest

2 Schreibe folgende Fragen auf. Notiere die farbig markierten Wörter aus Text **B** hinter die jeweils passenden Fragen.
- Wird auf unterschiedliche Satzanfänge geachtet?
- Werden abwechslungsreiche Adjektive verwendet?
- Werden treffende Verben verwendet?
- Wird die wörtliche Rede eingesetzt?
- Werden Gedanken und Gefühle angesprochen?

3 Überprüft eure Geschichten von Seite 99 in einer Schreibkonferenz. Bestimmt zuerst „Spezialistinnen und Spezialisten", die in jeder Geschichte auf die folgenden Bereiche achten:

Tipp
Die Karten findet ihr auch auf Seite 297.

Aufbau der Geschichte
- Gibt es eine Einleitung, einen Hauptteil und einen Schluss?
- Werden in der Einleitung die wichtigsten W-Fragen beantwortet?
- Wird in der richtigen Reihenfolge erzählt?
- Gibt es einen Höhepunkt?
- Werden am Schluss alle Fragen geklärt?

Darstellung der Gedanken und Empfindungen
- Werden möglichst alle Sinne angesprochen: Sehen, Riechen, Hören, Schmecken, Fühlen?
- Werden Gedanken und Gefühle angesprochen?

Aufbau
- Gibt es eine Einleitung, einen Hauptteil und einen Schluss?
- Werden in der Einleitung die wichtigsten W-Fragen beantwortet?
- Wird in der richtigen Reihenfolge erzählt?
- Gibt es einen Höhepunkt?
- Werden am Schluss alle Fragen geklärt?

Gedanken und Empfindungen
- Werden möglichst alle Sinne angesprochen: Sehen, Riechen, Hören, Schmecken, Fühlen?
- Werden Gedanken und Gefühle angesprochen?

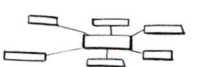

wörtliche Rede

Wiedergabe der wörtlichen Rede
- Kommt die wörtliche Rede vor?
- Wird die wörtliche Rede richtig mit Anführungszeichen gekennzeichnet?

wörtliche Rede
🔲 Seite 235

abwechslungsreiche Wortwahl

abwechslungsreiche Wortwahl
- Werden treffende Verben verwendet (z. B. suchen, finden, liegen, flüchten)?
- Gibt es abwechslungsreiche Verben in den Redebegleitsätzen (z. B. sagen, schreien, flüstern, rufen, wispern, …)?
- Werden abwechslungsreiche Adjektive verwendet (z. B. riesig, ängstlich, …)?
- Gibt es unterschiedliche Satzanfänge (z. B. plötzlich, auf einmal, endlich, …)?

- Werden treffende Verben verwendet?
- Gibt es abwechslungsreiche Verben in den Redebegleitsätzen?
- Werden abwechslungsreiche Adjektive verwendet?
- Gibt es unterschiedliche Satzanfänge?

Rechtschreibung
- Sind alle Wörter korrekt geschrieben?
- Sind die Satzzeichen richtig?

Rechtschreibung

- Sind alle Wörter korrekt geschrieben?
- Sind die Satzzeichen richtig?

4 Tauscht die Texte untereinander in der Gruppe und lest sie aufmerksam. Notiert jeweils an den Rand, was euch gut gefallen hat und was verbessert werden könnte.

💡 **Tipp**
Achte auf den Bereich, für den du Spezialistin/ Spezialist bis.

5 Überarbeite deine Geschichte von Seite 99 mithilfe der Hinweise aus der Schreibkonferenz. Sieh dir besonders die Stellen an, zu denen Verbesserungsvorschläge gemacht wurden. Frage nach, wenn du einen Kommentar nicht verstehst.

⚙️ **Arbeitstechnik**

V03 ▷

Texte in einer Schreibkonferenz besprechen

In einer **Schreibkonferenz überprüft** und **verbessert** ihr eure selbstgeschriebenen Texte **in der Gruppe**. Dabei wird jedes Mitglied zur **Spezialistin** oder zum **Spezialisten** für einen bestimmten Bereich ernannt.

Lerninsel
🔲 Seite 296

Geht so vor:
- **Tauscht** eure Texte in der Gruppe **im Uhrzeigersinn**.
- **Lest** den Text ein erstes Mal.
- Achtet beim **zweiten Lesen** vor allem auf den Bereich, für den ihr zu Spezialisten ernannt wurdet.
- Schreibt an den Rand, was **gut gelungen** ist, und notiert **Verbesserungsvorschläge**.
- Anschließend werden die Hefte im **Uhrzeigersinn weitergegeben**, bis alle Spezialisten alle Texte in der Gruppe beurteilt haben.
- Jeder erhält seine **Geschichte zurück**, liest die Anmerkungen und kann nachfragen. Dann kann jeder seine Geschichte **überarbeiten**.

START **Drei Wege – ein Ziel!** Finde deinen Weg mit diesem Einschätzungstest: n8u982

A

B

C

Schlangen am Meer?

Eine spannende Geschichte schreiben, untersuchen und überarbeiten

Marco macht mit Freunden Urlaub am Meer und Boa Benny ist natürlich auch dabei. Am Strand hat Marco die Kinder und Boa Benny beobachtet. Er denkt sich dazu eine Fantasiegeschichte aus und beschließt sie aufzuschreiben.

Erzählplan
↗ Seite 87

○ **1** Die Ideen für die Einleitung der Geschichte hat Marco schnell gefunden. Jetzt musst du sie an einigen Stellen noch etwas ausschmücken. Schreibe dazu den Text ab und entscheide dich für eine der Möglichkeiten, die in den Klammern stehen.

> *(Am frühen Morgen / Um 9 Uhr / Am Samstag) fuhren Christian, Jenny und Boa Benny (mit dem Zug / mit dem Taxi / mit dem Fahrrad) zum Meer. Bis zum Strand mussten sie (bei strahlendem Sonnenschein / durch den Regen / gegen den Wind) eine halbe Stunde laufen. Dort angekommen, breiteten (sie / die Freunde / die Kinder) ihre Handtücher aus und sonnten sich eine ganze Weile.*

○ **2** Leider sind die Sätze für den Hauptteil von Marcos Geschichte durcheinandergeraten. Ordne sie und schreibe sie in der richtigen Reihenfolge auf.

   a Als die beiden zurück zu ihren Handtüchern kamen, war Boa Benny verschwunden.
   b Jenny folgte Christian ins Wasser.
   c Christian war der Erste, dem es in der Sonne zu warm wurde, und er stürzte sich in die Fluten.
   d Die Kinder suchten Boa Benny am Strand, aber sie fanden sie nirgends.
   e Den Kindern stockte der Atem. Sie hatten große Angst, dass der Schlange etwas zugestoßen war.

○ **3** Nenne den Satz aus Aufgabe 2, der den Höhepunkt der Geschichte beschreibt.

4 Gestalte nun den Höhepunkt der Geschichte aus. Gehe so vor:
- Notiere, wie sich Christian und Jenny fühlten, als sie bemerkten, dass die Schlange verschwunden war.
- Schreibe ein kurzes Gespräch zwischen Christian und Jenny auf, das sie während der Suche nach der Schlange geführt haben könnten. Du kannst dich an den folgenden Bildern orientieren:

„Benny, wo bist du?", schrie Christian aus vollem Halse. Sein Herz begann immer schneller zu schlagen.

„Wo ist sie nur?", fragte Christian mit zitternder Stimme.
„Ich kann sie auch im Wasser nicht sehen", sagte Jenny.

5 Wer hat die Schlange gefunden? Und wo war sie? Entscheide dich für jeweils eine Möglichkeit. Mache dir dazu weitere Notizen.

Wer?	Christian oder Jenny finden die Schlange.	Ein anderer Strandgast hilft der Schlange.	Boa Benny kommt von allein zurück.

Wo?	Die Schlange hat Eis für Jenny und Christian gekauft.	Die Schlange hat andere Freunde getroffen.	Die Schlange hat sich verlaufen.

6 Schreibe jetzt deine vollständige Geschichte. Gehe so vor:
- Schreibe deine Einleitungssätze aus Aufgabe 1 ab.
- Verfasse den Hauptteil mit dem Höhepunkt. Verwende dazu die geordneten Sätze aus Aufgabe 2 und die Ergebnisse aus den Aufgaben 4 und 5.
- Löse dann die Spannung auf und verfasse den Schluss. Formuliere einen Schlusssatz, z. B. *Zum Glück war niemandem etwas passiert. Auf der Rückfahrt erzählten sich die drei Freunde die Geschichte immer und immer wieder.*

spannend
erzählen
→ Seite 99

7 Tauscht eure Geschichten aus, besprecht und überprüft sie in einer Schreibkonferenz. Überarbeitet eure Geschichten anschließend.

Schreibkonferenz
→ Seite 101

MK **8** Zeichnet Comics zu euren Geschichten. Nutzt ein kostenfreies Comictool dafür.

9 Bereitet die Präsentation der Comics in der Klasse vor.

Kleine Schlange, großes Abenteuer

Eine spannende Geschichte schreiben, untersuchen und überarbeiten

Als Boa Benny eines Tages aufwachte, war nichts mehr wie vorher. Die Schlange lag in einem riesigen Gebirge aus Stoff, um sie herum türmten sich ein Kissenberg und ein Jeansfelsen, ein Schrank ragte in Mount-Everest-Größe an der anderen Wand empor. Als Benny sich umsah, erkannte er das Zimmer. Dorthin hatte er sich gestern aus der Sporttasche des Jungen geflüchtet, den er beim Fußballspielen auf der Wiese beobachtet hatte.

○ **1** Was kann Boa Benny aus ihrer Perspektive alles im Zimmer erkennen? Sieh dir das Bild an. Schreibe die Gegenstände und Möbel auf.

○ **2** Notiere zu jedem Gegenstand und zu den Möbeln auf dem Bild jeweils drei Adjektive, z. B. *Kopfkissen: groß, karierter Bezug, weich …*

○ **3** Um den Ausgang zu finden, begibt sich Boa Benny auf Erkundungstour durch das Zimmer. Überlege, welche gefährlichen Situationen ihr begegnen könnten. Nenne fünf, z. B. *Eine große, schwarze Spinne lauert in der Ecke. Ein riesengroßer Stapel Bücher droht umzufallen.*

wörtliche Rede
↪ Seite 235

○ **4** Wie wird sich die Schlange in so einer unheimlichen Umgebung fühlen? Notiere die Gedanken in der wörtlichen Rede, z. B. *„Puh, ist mir mulmig zumute!", „Ob ich hier wieder rauskomme?"*

◑ **5** Sammle in zwei Clustern Verben und Adjektive, die zu deiner Geschichte passen könnten.

Verben
↪ Seite 221

Adjektive
↪ Seite 212/213

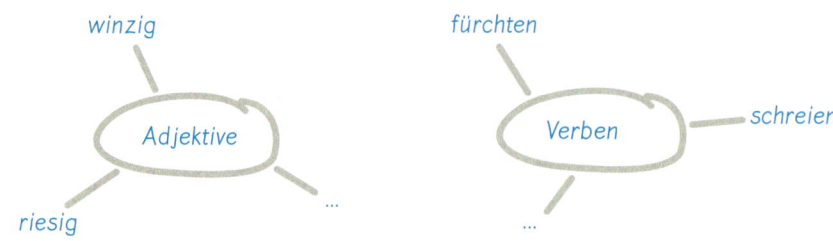

6 Um die Geschichte strukturiert aufzuschreiben, kannst du einen Erzählplan nutzen. Übernimm die Tabelle und fülle sie weiter aus.

Erzählplan
→ Seite 87

Erzählplan	Ort	Figuren, Gegenstände, Möbel, Tiere	Handlung
Einleitung	*auf dem Boden …*	*…*	*Die Schlange sieht nur ein großes Kissen vor sich …*
Hauptteil mit Erzählschritten	*1. …*	*große, schwarze Spinne lauert in der Ecke*	*…*
	2. …	*…*	*…*
	3. …	*…*	*Boa Benny überlistet die Spinne …*
Schluss	*im Bett*	*…*	*Die Schlange wacht auf. Alles war nur ein Traum.*

7 Sieh dir den Hauptteil nun etwas genauer an und überlege, an welcher Stelle in deiner Geschichte die Spannung am höchsten sein soll. Lege fest, wie du in einzelnen Erzählschritten darauf hinleiten kannst.

spannend erzählen
→ Seite 99

8 Verwende in deiner Geschichte möglichst unterschiedliche Satzanfänge.
- Sieh dir deinen Erzählplan noch einmal an. Ordne die folgenden Wörter den Teilen der Geschichte zu.

daraufhin   plötzlich   bevor   nachdem   außerdem   danach

- Schreibe nun zu jedem der Wörter einen Satz, z. B. *Nachdem Boa Benny den Kissenberg hinter sich gelassen hat, …*

9 Schreibe Boa Bennys Geschichte mithilfe deines Erzählplans auf. Nutze dazu die wörtliche Rede aus Aufgabe 4 und die gesammelten Verben und Adjektive aus Aufgabe 5.

10 Tauscht eure Geschichten anschließend aus, besprecht und überprüft sie in einer Schreibkonferenz. Überarbeitet eure Geschichten anschließend.

Schreibkonferenz
→ Seite 101

11 Veranstaltet einen Geschichten-Wettbewerb. Lest euch in kleinen Gruppen eure Geschichten vor. Entscheidet euch für die spannendste Geschichte.

12 Wählt nun die beste Vorleserin oder den besten Vorleser für die Präsentation in der Klasse aus.

Ritter und Drachen: Achtung Kampf!

Eine spannende Geschichte schreiben, untersuchen und überarbeiten

Auf ihrer abenteuerlichen Reise hat Boa Benny einmal bei einem Ritterturnier zugesehen. Überall waren bunte Zelte aufgebaut, Hühner liefen herum und es roch nach Pferd. Männer in Rüstungen und Frauen in langen Kleidern unterhielten sich. Dann stiegen zwei Ritter auf ihre bunt geschmückten Pferde und traten zum Kampf gegeneinander an. Sie wollten um Prinzessin Jenny kämpfen.

1 Schreibe eine Geschichte über Boa Benny und den Kampf der Ritter. Beginne mit der Beschreibung der Ritter, ihrer Schilde, der Lanzen und der Pferde. Sieh dir das Bild an, du kannst so beginnen:
Karl trug einen roten Helm und eine schwarze Rüstung. Sein Schild ...
Der andere Ritter hieß Johann, er war mit einer weißen Rüstung bekleidet.
Sein Schild war ...

2 Setze deine Geschichte fort, indem du beschreibst, was wann und wo stattgefunden hat.

Cluster
⌐ Seite 84

3 Sammle nun deine Ideen zum Verlauf des Kampfes. Nutze dazu ein Cluster.

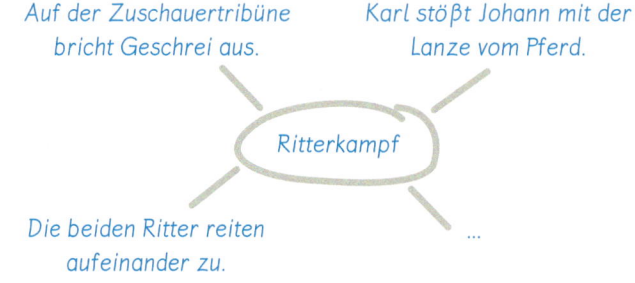

4 Bringe die folgenden Erzählschritte für den Hauptteil der Geschichte in eine sinnvolle Reihenfolge. Sammle zu jedem Schritt weitere Ideen, was passiert sein könnte. Schreibe sie auf.

> Die beiden Ritter kämpfen gemeinsam mit Boa Benny gegen den Drachen.

> Die drei mutigen Kämpfer retten Prinzessin Jenny vor dem Drachen.

> Im Hauptteil der Geschichte taucht plötzlich ein Drache auf.

5 Lege einen Erzählplan an. Übernimm die Tabelle und notiere darin die Erzählschritte aus Aufgabe 4 und den Höhepunkt.

Erzählplan
→ Seite 87

Erzählplan	Ort	Figuren, Gegenstände, Möbel, Tiere	Handlung
Einleitung	...	...	...
Hauptteil mit Erzählschritten	...	...	...
Schluss	...	...	...

6 Lege einen Schluss fest und ergänze deinen Erzählplan.

7 Lest den folgenden Ausschnitt aus einer Fantasiegeschichte zur Boa Benny. Erklärt einander im Tandem, wie hier Spannung erzeugt wird.

> *„Himmel nochmal", fluchte Karl wütend, nachdem er schon das zweite Mal heftig vom Pferd gestoßen worden war. Da fiel ihm ein, dass Ritter Johann bisher unbesiegt war. Johann hatte noch keinen der aufregenden und wilden Kämpfe verloren. Ein Blick zu ihm verwandelte Karls Wut in kaltes Grausen. Johann klappte das Visier herunter, es war nur noch ein wütendes Schnauben hinter der metallenen Maske zu hören ...*

8 Schreibe deine eigene Geschichte mithilfe deines Erzählplans auf. Verwende unterschiedliche Verben und Adjektive.

spannend erzählen
→ Seite 99

9 Tauscht eure Geschichten anschließend aus, besprecht und überprüft sie in einer Schreibkonferenz. Überarbeitet eure Geschichten anschließend.

Schreibkonferenz
→ Seite 101

10 Fertigt ein Geschichtenbuch an. Schreibt eure überarbeiteten Geschichten am PC ab. Druckt sie danach aus und bindet sie zusammen. Gestaltet dazu ein Deckblatt.

Geschichtenbuch
→ Seite 91

11 Bereitet die Präsentation eures Geschichtenbuchs in der Klasse vor.

Präsentiert eure Ergebnisse

Ihr habt spannende Geschichten über Boa Benny geschrieben und sie in einer Schreibkonferenz überprüft. Ihr habt weitere Aufgaben zu den Geschichten gelöst und besondere Formate ausprobiert. Präsentiert nun eure Ergebnisse vor der Klasse.

1. Information

Informiert die Klasse darüber, wo Boa Benny in eurer Geschichte war. Sagt außerdem, in welchem Format ihr eure Geschichte geschrieben habt.

2. Präsentation

Präsentiert der Klasse eure Arbeitsergebnisse.

A Comic Con! Legt die Comics auf einem Tisch aus und lasst die anderen darin stöbern. Die Künstlerinnen und Künstler erzählen, wie ihre Werke entstanden sind.

B Poetry Slam! Die beste Vorleserin oder der beste Vorleser aus eurer Gruppe liest die spannendste Geschichte aus eurem Wettbewerb der ganzen Klasse vor.

C Buchmesse! Legt das Geschichtenbuch auf einem Tisch aus und lasst die anderen darin stöbern. Die Autorinnen und Autoren beantworten Fragen.

3. Fragerunde

Stellt Fragen zur Präsentation und lasst sie euch von der jeweiligen Gruppe beantworten, z. B.

A In welchem Moment wurde es richtig spannend?

B Wo war in der Geschichte der Höhepunkt?

C Welchen richtig guten Tipp habt ihr in der Schreibkonferenz bekommen?

4. Diskussion

Besprecht und diskutiert gemeinsam weitere Fragestellungen.

A Hattet ihr noch andere Ideen für das Ende eurer Geschichten?

B Gibt es eigentlich langweilige und spannende Adjektive?

C Was war am hilfreichsten beim Ideensammeln?

5. Feedback

Wertet die Präsentationen gemeinsam aus. Gebt einander ein Feedback. Orientiert euch an folgenden Fragen:

☑ Waren die Geschichten, die ihr gehört, gesehen und gelesen habt, spannend?

☑ Wurden eure Fragen gut beantwortet?

☑ Wurde ausdrucksvoll vorgelesen? Wurde gut präsentiert? (laut, deutlich, zusammenhängend gesprochen, Blickkontakt …)

Überprüfe dich selbst

○ **1** Manchmal muss man sich sehr anstrengen, um das richtige Wort zu finden. Ordne den eher langweiligen und nichtssagenden Adjektiven anschaulichere Wörter oder Wortgruppen zu.

> weich rund
> jung
> groß klein
> toll
> alt schlecht

> flauschig
> minimal
> atemberaubend
> kreisförmig
> in die Jahre gekommen
> noch grün hinter den Ohren
> unterirdisch
> imposant

◒ **2** Überlege dir jetzt selbst aussagekräftigere Wörter zu den folgenden „Langweilern".

> fest schön gefährlich traurig

◒ **3** Lies dir die folgende Einleitung durch und überlege, wie die Geschichte weitergehen könnte. Notiere deine Ideen.

Es war schon fast Mitternacht, als Bastian
aus dem Schlaf hochschreckte. Sein Freund
Neven schlief noch tief und fest. Die beiden
Jungen hatten beschlossen, im Zelt auf der
5 Wiese vor dem Haus von Nevens Eltern zu
übernachten. Bastian war begeistert gewesen, als ihn sein Freund Neven gefragt hatte.
Doch von dieser Begeisterung war jetzt
nichts mehr zu spüren. Denn draußen vor
10 dem Zelt hörte er merkwürdige Geräusche …

◒ **4** Schreibe die Geschichte weiter.

◒ **5** Du willst deine Geschichte prüfen und überarbeiten. Nenne mindestens fünf Punkte, auf
die du achten musst. Denke an die Karten für
Spezialistinnen und Spezialisten.

🌐 **Lösungen**
n8u982

> **Das kannst du jetzt:**
> • eine Fantasiegeschichte schreiben
> • eine Schreibkonferenz durchführen
> • Texte überarbeiten

8 Beschreib doch mal!

Gegenstände beschreiben

1 Seht euch die Bilder **A–F** an. Welche der Gegenstände habt ihr schon einmal benutzt? Nennt die Namen der Gegenstände und die passende Sportart.

A

2 Ordnet die englischen Begriffe den Sportgeräten passend zu.

swimming goggles   football

skateboard   boxing gloves

bobsleigh   ice figure skates

3 Lest die Beschreibungen **1–6** zu den Gegenständen. Ordnet sie dann den Bildern zu.

Habt ihr einen Gegenstand oder ein Kleidungsstück verloren oder vergessen? Wollt ihr euer altes Kinderspielzeug verkaufen? Dann müsst ihr wissen, wie ihr diese Dinge so genau wie möglich beschreiben könnt.

Das lernt ihr jetzt:
• Merkmale von Gegenständen benennen
• Gegenstände genau beschreiben
• eine Suchanzeige verfassen

B

C

D

E

F

> Der Gegenstand ist rund. Man spielt mit ihm auf der Wiese. **1**

> Der Gegenstand ist rot. Man kann mit ihm Sport treiben. **2**

> Das Sportgerät kann man im Winter verwenden. **3**

> Das Sportgerät sieht aus wie zwei Schuhe mit Kufen an den Sohlen. **6**

> Das Sportgerät hat unten Rollen. Man kann sich draufstellen. **4**

> Der Gegenstand ist aus Plastik. Er ist blau. Man verwendet ihn im Wasser. **5**

5 Begriffe raten
Ein Schüler überlegt sich ein Sportgerät. Während er der Gruppe das Gerät beschreibt, versuchen alle, danach eine Zeichnung anzufertigen. Wer den Begriff zuerst erraten hat, ist als Nächster dran, ein Sportgerät zu beschreiben.

4 Konntet ihr alle Sportgeräte zuordnen? Bei welchen Geräten hat es nicht so gut geklappt? Begründet, warum nicht.

Wo sind meine Schuhe?

Einen Gegenstand beschreiben

Murat hat nach der letzten Sportstunde seine Turnschuhe in der Halle vergessen. Erst zwei Tage später bemerkt er, dass sie fehlen. Er geht gleich zur Sporthalle und spricht mit dem Hallenwart.

○ **1** Lies dir das Gespräch durch.

Murat Ich muss unbedingt mit Ihnen sprechen. Vor zwei Tagen habe ich hier meine Schuhe vergessen.
Hallenwart Wir haben eine Menge liegengebliebene Sachen im Schrank aufgehoben. Ich schau mal nach. Was sind es denn für Schuhe?
Murat Na, Turnschuhe.
Hallenwart Wie sehen sie denn aus?
Murat Ach so, weiß und mit Schnürsenkeln. Mehr fällt mir nicht ein.
Hallenwart Davon gibt es hier wirklich mehrere. Wenn ich dir helfen soll, musst du mir schon mehr über deine Turnschuhe verraten.

○ **2** Lest jetzt das Gespräch mit verteilten Rollen im Tandem.

○ **3** Erkläre, warum der Hallenwart die Turnschuhe von Murat nicht finden konnte.

◐ **4** Übernimm die Tabelle. Schreibe die Angaben, die du aus dem Gespräch erfahren hast, hinein.

Merkmale des Gegenstandes	Angaben zur Beschreibung
Art / Name	...
Größe	...
Farbe und Muster	...
Material	...
Einzelteile	...
besondere Merkmale	...

◐ **5** Sieh dir nun die Turnschuhe von Murat genau an. Ergänze die fehlenden Angaben in der Tabelle.

Adjektive
→ Seite 212/213

6 Mit Adjektiven könnt ihr Kleidungsstücke genau beschreiben. Bildet im Tandem weitere Beispiele, ihr könnt dabei auch zusammengesetzte Adjektive bilden.

	Adjektive
Größe/Form	länglich, breit, …
Farbe	violett, taubenblau, …
Muster	kariert, geblümt, …

7 Beschreibt die Turnschuhe von Murat im Tandem. Nutzt die Tabelle aus Aufgabe 4.

8 Verfasse jetzt einen kurzen Text, in dem du Murats Turnschuhe beschreibst. Sieh dir die Abbildung an und nutze die Angaben in der Tabelle aus Aufgabe 4. Verwende folgende Formulierungen.

Sprachtipp

- Murats Schuhe sind Turnschuhe der Marke …
- Sie haben die Größe …
- Sie bestehen aus …
- Sie sind …
- Sie haben … Streifen und … Kappen.
- Die Schuhzungen sind …
- Die Schuhe haben … Schnürsenkel.
- Man erkennt an der Seite …

9 Tauscht im Tandem die Texte. Lest und prüft, ob die Beschreibungen der Abbildung auf Seite 112 entsprechen.

10 Gebt einander ein Feedback zu den Texten. Überarbeitet eure Texte, wenn nötig.

Feedback
→ Seite 47

⚙ **Arbeitstechnik**

Lerninsel
→ Seite 282

V04 ⏵

Einen Gegenstand beschreiben

Um einen Gegenstand wiederzuerkennen oder wiederzufinden, musst du ihn genau beschreiben.

1. Mache dir **Notizen** zu:
   – Art und Name (eventuell Funktion[1])
   – Form
   – Größe
   – Farbe und Muster
   – Material
   – Einzelteile
   – besondere Merkmale
2. Schreibe mithilfe deiner Notizen einen **sachlichen Text**. Lasse Ausschmückungen, Gefühle und Eindrücke weg.
3. Wähle für deine Beschreibung **treffende Adjektive**.
4. Schreibe im **Präsens**.

1 Funktion: Aufgabe, Zweck

Ehrlicher Finder ...

Eine Suchanzeige verfassen

Marlen hat gestern in der Schule ihre heißgeliebte Trainingsjacke verloren. Sie setzt sich mit ihrer Freundin Carolina zusammen und überlegt, wie sie die Jacke wiederbekommen kann. Carolina schlägt vor, dass sie eine Suchanzeige für das Schwarze Brett am Schulsekretariat schreiben sollten. Dazu brauchen sie aber eine genaue Beschreibung der Jacke. Marlen hat ein Foto von sich mit der Jacke gefunden.

1 Lies die Stichworte, die die beiden Mädchen zur Jacke aufgeschrieben haben.

dunkelblau	ohne Marke	Loch in der rechten Tasche	Größe 152

Kapuze	zwei weiße Streifen am Ärmel	weißer Reißverschluss	Stoff

weiße Kapuzenbändchen	Schmierflecken am Ärmel	zwei seitliche Taschen

Tipp
Du kannst von der Jacke eine Skizze machen.

2 Schreibe die folgenden Begriffe ab. Ordne dann Marlens und Carolinas Notizen zu.
- Art / Name: ...
- Größe: ...
- Farbe und Muster: ...
- Material: ...
- Einzelteile: ...
- besondere Merkmale: ...

Gegenstand beschreiben
Seite 113

3 Verfasse jetzt mithilfe deiner Notizen eine Beschreibung von Marlens Jacke.

4 Überlegt, was man noch wissen muss, um die Jacke finden zu können. Tauscht euch im Tandem darüber aus. Macht euch Notizen.

5 Welche Angaben müssen in einer Suchanzeige stehen, damit der Finder die Jacke der Besitzerin übergeben kann? Schreibt sie auf. Denkt an die W-Fragen.

⬤ **6** Verfasse jetzt eine vollständige Suchanzeige am PC. Verwende deine Beschreibung aus Aufgabe 3.

Lerninsel
⎆ Seite 272

> Beginne so: *Gestern, am … habe ich …*
>
> Setze fort: *Sie ist …*
>
> Ende so: *Ich möchte den Finder bitten, …*

⬤ **7** Finde für deine Suchanzeige eine Überschrift, die aufmerksam macht.

💡 Tipp
Z.B. „JACKE
VERMISST"
oder „JACKE
VERLOREN"

👥 ○ **8** Lest euch gegenseitig eure Suchanzeigen vor. Prüft sie mithilfe folgender Fragen:
- Steht in der Suchanzeige, was wann und wo verloren wurde?
- Wurde der verlorene Gegenstand so genau beschrieben, dass man ihn unter ähnlichen Gegenständen erkennen würde?
- Enthält die Suchanzeige Angaben, bei wem oder wo der Finder den Gegenstand abgeben kann?

⬤ **9** Überarbeite, wenn nötig, deine Suchanzeige.

⚙️ **Arbeitstechnik**

Eine Suchanzeige verfassen

Wenn du einen Gegenstand verloren hast, kannst du eine Suchanzeige verfassen. Gehe so vor:

Lerninsel
⎆ Seite 282

- Formuliere eine **Überschrift**, die auf den ersten Blick deutlich macht, worum es geht.
- Schreibe auf, **wann** und **wo** du den Gegenstand **verloren** hast.
- Verfasse eine **genaue Beschreibung** des Gegenstandes:
  - Benenne den Gegenstand.
  - Zähle alle Merkmale des Gegenstandes auf.
  - Benenne vor allem die besonderen Merkmale.
- Schreibe auf, **wo** oder **bei wem** der Gegenstand **abgegeben** werden soll.
- Ergänze die Suchanzeige durch ein **Bild** des Gegenstandes.

START **Drei Wege – ein Ziel!** Finde deinen Weg mit diesem Einschätzungstest: at82qb

A

B

C

Skaterhelm verloren!

Einen Gegenstand beschreiben und eine Verlustanzeige verfassen

○ **1** Sieh dir die Abbildung an. Ordne die Einzelteile den Zahlen zu.
Schreibe untereinander.
1 – Belüftungslöcher
2 – ...

Einzelteile:

Innenpolster

Kinngurt

Außenschale

Magnetverschluss

Belüftungslöcher

○ **2** Übernimm die Tabelle. Trage die Angaben zur Beschreibung des Helms ein.

Polycarbonat[1]   wie eine Melonenschale   grün   Größe S

Kopfschutz   Skaterhelm

Merkmale des Gegenstandes	Angaben zur Beschreibung
Art / Name	...
Funktion	...
Größe	...
Farbe und Muster	...
Material	...
Einzelteile	...
besondere Merkmale	...

1 Polycarbonat: Kunststoff

○ **3** Trage nun die Angaben zu den Einzelteilen aus Aufgabe 1 in die Tabelle ein.

◐ **4** Verfasse mithilfe deiner Tabelle eine genaue Beschreibung des Skaterhelms.

Gegenstand beschreiben
⬒ Seite 113

Stelle dir vor, dieser Skaterhelm gehört dir und du hast ihn gestern in der S-Bahn liegen lassen. Du möchtest den Helm unbedingt zurückbekommen. Deshalb wendest du dich an das Fundbüro des Bahnunternehmens. Sie schicken dir ein Formular für eine Verlustanzeige und bitten dich, es ausgefüllt zurückzusenden.

○ **5** Lies dir das Formular genau durch. Schreibe das Formular ab oder kopiere es.

Verlustanzeige

Eigentümer
Familienname: _____   Vorname: _____
Adresse: _____
Telefonnummer: _____

Verlorener Gegenstand
Bezeichnung: _____   Marke / Typ: _____
genaue Beschreibung: _____
_____
_____

Angaben über Ort und Datum des Verlustes
Ort: _____   Datum: _____
Verlust gemeldet am: _____

Unterschrift

○ **6** Fülle das Formular aus. Verwende deine Beschreibung aus Aufgabe 4.

◖ **7** Überlege nun, welchen Gegenstand du selbst einmal verloren hast. Wähle **A** oder **B**:

Suchanzeige
↪ Seite 115

A Schreibe mithilfe des Formulars eine Verlustanzeige dazu.
B Verfasse eine Suchanzeige für das Schwarze Brett in der Schule.

● **8** Tauscht im Tandem eure Arbeiten aus. Gebt einander ein Feedback dazu. Wenn nötig, verbessert eure Arbeiten.

Feedback
↪ Seite 47

◖ **9** Stellt eure Verlustanzeigen und eure Suchanzeigen in der Gruppe vor. Lasst zu den beschriebenen Gegenständen Bilder zeichnen. So könnt ihr testen, ob die Gegenstände gut beschrieben wurden.

○ **10** Wählt zwei Suchanzeigen für die Präsentation in der Klasse aus.

. . . vergessen
Einen Gegenstand beschreiben und eine Suchanzeige verfassen

○ **1** Lies die E-Mail.

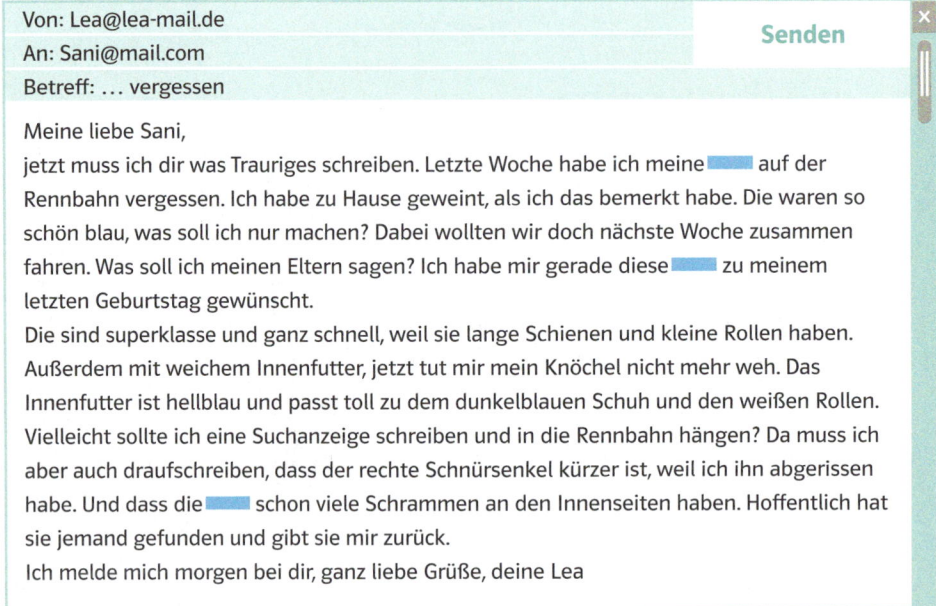

2 Nenne den Gegenstand, den Lea vergessen hat. Begründe deine Vermutung.

3 Lies die E-Mail noch einmal und zeichne den Gegenstand nach den Angaben in dem Text.

4 Übernimm die Tabelle. Trage alle Angaben zu dem verlorengegangenen Gegenstand ein.

Merkmale des Gegenstandes	Angaben zur Beschreibung
Art / Name	...
Funktion	...
Größe	...
Farbe und Muster	...
Material	...
Einzelteile	...
besondere Merkmale	...

5 Nenne die Merkmale, zu denen du keine Angaben in der E-Mail gefunden hast.

6 Verfasse nun mithilfe der Tabelle eine Beschreibung zu dem verlorengegangenen Gegenstand. Du kannst dir die fehlenden Angaben selbst ausdenken.

Gegenstand beschreiben
Seite 113

7 Stelle dir vor, der Gegenstand von Lea würde dir gehören. Verfasse eine Suchanzeige, die du am Eingang der Rennbahn aushängst. Beachte dabei folgende Fragen.

Was, wo, wann verloren?

Wie sieht es aus?

An wen und wo zurückzugeben?

RENN BAHN

8 Überlege dir nun selbst einen Gegenstand. Du darfst ihn aber nicht verraten, nur beschreiben. Wähle **A** oder **B**:

A Schreibe eine Suchanzeige für das Schwarze Brett in der Schule.
B Schreibe eine E-Mail an das Fundbüro. Beschreibe darin deinen Gegenstand.

Suchanzeige
Seite 115

E-Mails schreiben
Seite 127

9 Lies deine Suchanzeige oder deine E-Mail noch einmal durch. Achte darauf, dass der Gegenstand nicht aus Versehen genannt wird.

10 Tauscht nun eure Arbeiten im Tandem aus. Erratet die beschriebenen Gegenstände.

11 Besprecht jetzt die Texte. Prüft, ob sie alle wichtigen Angaben enthalten.

Feedback
Seite 47

12 Verbessere deinen Text, wenn nötig.

13 Lest jetzt in der Gruppe eure Suchanzeigen oder E-Mails vor. Lasst eure Gegenstände zeichnen und erraten. Wählt zwei Suchanzeigen für die Präsentation in der Klasse aus.

Fahrrad geklaut!

Einen Gegenstand beschreiben und eine Suchanzeige verfassen

Julians liebster Begleiter, sein Fahrrad, ist gestohlen worden. Er war am Dienstag beim Fußballtraining und hatte es am Fußballplatz an einer Laterne angeschlossen. Nach dem Training fand Julian nur noch das aufgeknackte Schloss, vom Fahrrad fehlte jede Spur. Was tun? Sein Trainer riet ihm, eine Anzeige bei der Polizei aufzugeben.

1 Damit die Polizei das Fahrrad wiederfinden kann, muss es genau beschrieben werden. Sieh dir Julians Fahrrad an. Schreibe die Zahlen und die Angaben ab. Ergänze die fehlenden Begriffe.

1	Kettenschaltung
2	Federgabel
3	Rahmen
4	...
5	...
6	...
7	...
8	...
9	...

2 Übernimm die Tabelle. Trage weitere Angaben zu Julians Fahrrad ein.

Merkmale des Gegenstandes	Angaben zur Beschreibung
Art / Name	...
Funktion	...
Größe	24 Zoll[1]
Farbe und Muster	...
Material	Stahl, Aluminium
Einzelteile	...
besondere Merkmale	...

1 Zoll: Maßeinheit; Bezeichnung für Reifengröße

3 Julian gibt bei der Polizei eine Anzeige wegen Diebstahls auf. Die Polizei will zuerst wissen, wie, wo und wann der Diebstahl passiert ist. Schreibe Stichworte dazu auf.

4 Lest einander im Tandem die Stichworte vor. Prüft, ob sie alle wichtigen Angaben enthalten.

5 Beschreibe nun mithilfe der Tabelle aus Aufgabe 2 Julians Fahrrad. Denke dir besonders auffällige Merkmale selbst aus.

6 Vielleicht hat ja jemand das Fahrrad gesehen? Verfasse am PC eine Suchanzeige für den Schaukasten des Fußballvereins.

7 Stelle dir jetzt vor, dein Fahrrad wurde vor deiner Schule gestohlen. Wähle **A** oder **B**.

A Schreibe eine Suchanzeige für das Schwarze Brett in der Schule. Beschreibe dein Fahrrad ausführlich. Du kannst dir aber auch ein Fahrrad ausdenken.

B Schreibe einen Brief an den Schuldirektor. Berichte von dem Diebstahl. Beschreibe dein Fahrrad ausführlich. Du kannst dir aber auch ein Fahrrad ausdenken.

8 Tauscht im Tandem eure Suchanzeigen und Briefe aus. Besprecht sie und gebt einander ein Feedback.

9 Verbessere deine Anzeige oder deinen Brief, wenn nötig.

10 Lest jetzt in der Gruppe eure Suchanzeigen und Briefe vor. Wählt zwei Suchanzeigen für die Präsentation in der Klasse aus.

💡 **Tipp**
Denke dir fehlende Angaben selbst aus, z. B. das genaue Datum und den Ort.

Gegenstand beschreiben
↪ Seite 113

Lerninsel
↪ Seite 272

Suchanzeige
↪ Seite 115

Briefe schreiben
↪ Seite 127

Feedback
↪ Seite 47

Präsentiert eure Ergebnisse

Ihr habt zu verschiedenen Gegenständen Beschreibungen verfasst. Nun geht es darum, eure Suchanzeigen zu testen. Funktionieren sie auch bei den anderen Gruppen? Probiert es aus und holt euch weiteres Feedback.

1. Information

 Informiert die Klasse über das Format, in dem ihr euren Gegenstand beschrieben habt (E-Mail, Suchanzeige, Brief …). Achtet darauf, dass ihr den Gegenstand selbst noch nicht verratet.

2. Präsentation

 Lest ein oder zwei Suchanzeigen pro Gruppe vor.
Lasst anschließend die entsprechenden Gegenstände benennen.

3. Fragerunde

Macht aus der Fragerunde ein Ratespiel. Besprecht in der Gruppe einen Gegenstand, den die anderen Gruppen erraten sollen. Es darf nur mit Ja oder Nein geantwortet werden. Die Ratenden dürfen also nur Entscheidungsfragen stellen, z.B.
- Ist der Gegenstand rund?
- Hat jede Person in diesem Raum diesen Gegenstand?
- Lässt sich der Gegenstand nur auf eine Art und Weise nutzen?

4. Diskussion

 Besprecht und diskutiert gemeinsam weitere Fragestellungen.
- **A** Was sollte in der Überschrift einer Suchanzeige stehen?
- **B** Wo darf man Suchanzeigen eigentlich aufhängen und veröffentlichen?
- **C** Wie viele Informationen müssen über die Situation, in der der Gegenstand verloren wurde, gegeben werden?

5. Feedback

 Wertet die Präsentationen gemeinsam aus. Gebt einander ein Feedback. Orientiert euch an folgenden Fragen:
- ☑ Seid ihr durch die Suchanzeigen schnell auf die Gegenstände gekommen?
- ☑ Waren die Informationen ausreichend? Haben wichtige Informationen gefehlt? Wurden eure Fragen gut beantwortet?
- ☑ Wurde gut präsentiert? (laut, deutlich, zusammenhängend gesprochen, Blickkontakt …)

Überprüfe dich selbst

MK ○ **1** Du hast bestimmt schon einmal ein Geschenk bekommen, das dir überhaupt nicht gefallen hat. Jetzt willst du es bei einem Kleinanzeigenportal im Internet verkaufen. Notiere in einer Stichwortliste möglichst viele passende Adjektive für deinen Gegenstand.

○ **2** Erstelle ein Cluster, in dem du wichtige Merkmale deines Gegenstandes notierst.

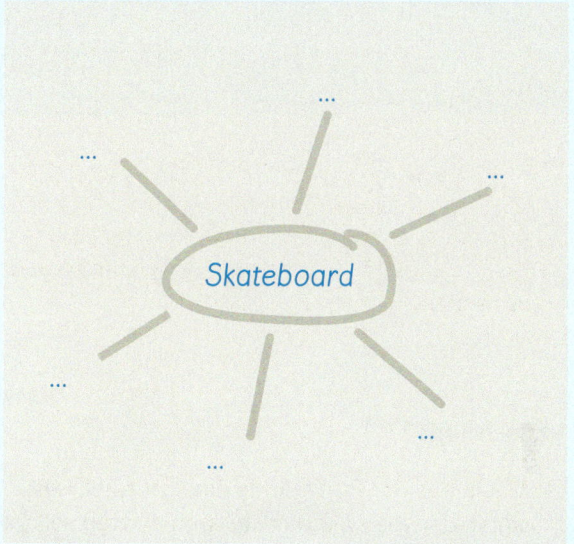

○ **3** Zu einer Verkaufsanzeige gehören auch die folgenden Angaben. Mache dir Notizen dazu, was bei dir zutrifft.

> *Der Artikel ist neu / neuwertig / in gutem Zustand / gebraucht.*
> *Kontaktaufnahme bitte per Mail / Telefon / Portal.*
> *Versand ist möglich / nicht möglich.*
> *Der Artikel soll ▬▬▬ Euro kosten.*

MK ◖ **4** Verfasse mithilfe des Clusters und der Stichwortliste eine Verkaufsanzeige zu deinem Gegenstand.

MK ○ **5** Du willst aber nicht nur im Internet dein Glück versuchen, sondern deine Verkaufs-anzeige auch aushängen. Wo darf man eine Verkaufsanzeige eigentlich anbringen? Schreibe deine Antwort auf.

 **Lösungen**
at82qb

Das kannst du jetzt:
- Merkmale von Gegenständen benennen
- Gegenstände beschreiben
- Suchanzeigen verfassen

9 Post für dich
Briefe und E-Mails lesen und schreiben

A

1 Seht euch die Bilder **A–D** an und beschreibt sie. Besprecht, wie Botschaften weitergegeben werden können.

MK **2** Tauscht euch über die letzte Botschaft aus, die ihr verschickt habt.
- Für wen war sie bestimmt? (Empfängerin / Empfänger)
- Worum ging es? (Inhalt)
- Wie habt ihr die Botschaft übermittelt? (Brief, E-Mail …)

3 Viele Menschen schreiben aus dem Urlaub Postkarten **E**. Habt ihr auch schon einmal eine Postkarte geschrieben? Wie verschickt ihr Urlaubsgrüße? Unterhaltet euch darüber.

Briefe schreiben? Trotz E-Mails, WhatsApp oder Signal, SMS und Chats schreiben immer noch sehr viele Menschen Briefe: persönliche Briefe und Postkarten an Freunde und innerhalb der Familie, aber auch offizielle Briefe an Behörden und Ämter. Worauf man jeweils achten muss, lernt ihr hier.

Das lernt ihr jetzt:
- persönliche und offizielle Briefe oder E-Mails unterscheiden
- persönliche und offizielle Briefe oder E-Mails schreiben
- Briefen Informationen entnehmen

C

Milch
+
Saft

kaufen

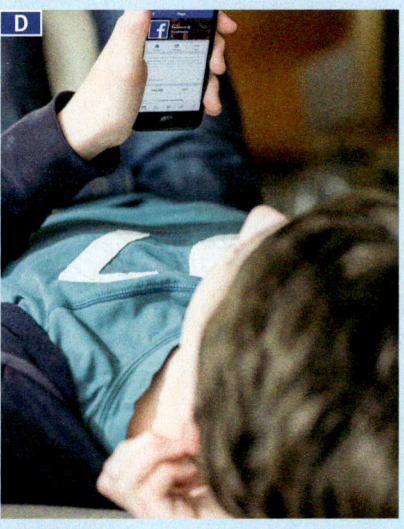

E

Schöne Urlaubsgrüße!

F

boîte à lettres

κάρτα

postcard

skrzynka na listy

poštanski sandučić

cartão

cassetta delle lettere

mektup

4 Wie haben die Menschen vor 100 Jahren Nachrichten ausgetauscht? Ihr könnt euch dazu im Internet oder in Büchern informieren. Tauscht euch darüber aus.

5 Übersetzt die internationalen Begriffe aus dem Bereich Post von **F** und findet weitere. Nennt die Sprachen.

Mit freundlichen Grüßen

Offizielle Briefe oder E-Mails schreiben

Ihr seid vor einiger Zeit an die neue Schule gekommen. Mittlerweile habt ihr euch bestimmt gut eingelebt und eine Menge neuer Eindrücke gewonnen. Jetzt möchtet ihr eurem ehemaligen Klassenlehrer, einer Freundin aus der Grundschule oder eurer Oma einen Brief oder eine E-Mail schreiben und von euren Erlebnissen in der neuen Schule erzählen.

MK ○ **1** Wie beginnst du deinen Brief oder deine E-Mail? Sammle verschiedene Möglichkeiten und schreibe sie auf, z. B. *Liebe …*

🕯 **Tipp**
Der Briefschluss sollte immer zum Briefanfang passen.

○ **2** Sammle unterschiedliche Möglichkeiten, wie du deinen Brief oder deine E-Mail beenden kannst. Schreibe sie auf, z. B. *Herzliche Grüße …*

○ **3** Hier siehst du Ausschnitte aus zwei Briefen und einer E-Mail. Sieh sie dir an und vergleiche sie. Welche Botschaft ist die persönlichste?

> *Sehr geehrte Frau Fossenberger-Roy,*
> *jetzt bin ich schon vier Monate an der neuen Schule und wollte Ihnen berichten, was ich schon alles erlebt habe …*
> *Bitte grüßen Sie auch die anderen Lehrer.*
> *Mit freundlichen Grüßen*
> *Maike Schmidt*

> *Hallo Rieke,*
> *heute Mittag lag dein Brief im Briefkasten. Ich hab mich total gefreut. Ich beneide dich richtig um diese Ferien …*
> *Tschüss und bis bald*
> *Veronique*

An wen?	Von: arin.fischer@mail.de	**Senden** ✕
Kopie an andere Personen	An: hr-mueller@mailbox.de	
	CC: mia.fischer@mail.de	
Worum geht es?	Betreff: lange ist's her …	
Mitteilung	Lieber Herr Müller,	

vielleicht erinnern Sie sich noch an mich. Ich bin im letzten Jahr noch in Ihre Klasse gegangen …
Herzliche Grüße, Arin

○ **4** Hast du neue Anredeformeln oder Schlussformeln kennengelernt? Dann ergänze deine Notizen aus den Aufgaben 1 und 2.

Pronomen
⮡ Seite 215

◐ **5** Es ist beim Briefeschreiben wichtig, dass du auf die Anredepronomen achtest. Schreibe die Briefsätze ab und markiere die Anredepronomen.

> Sehr geehrter Herr Reimann, wir möchten uns in einer wichtigen Angelegenheit an Sie wenden.
> Wir werden Ihnen noch weitere Informationen zusenden.
> Wir freuen uns auf Ihre Rückmeldung.
> Bitte melden Sie sich gern, wenn Sie noch Fragen haben.

6 Arbeitet jetzt im Tandem. Wählt Situation **A** oder **B**:

A Ihr wünscht euch, dass es in eurer Mensa häufiger Nudeln und Pizza gibt. Schreibt der Mensabetreiberin Frau Issmalgut und erläutert eure Wünsche.

B Ihr habt gehört, dass ein Sportverein in der Nachbarschule Karate anbietet. Das möchtet ihr auch an eurer Schule haben. Fragt bei eurem Direktor Herrn Lehmann schriftlich an.

7 Schreibt nun im Tandem einen Brief oder eine E-Mail an Frau Issmalgut oder Herrn Lehmann. Geht dabei so vor:
- Wählt eine passende Anrede. Schreibt sie an den Anfang.
- Bevor ihr den Text schreibt, macht euch Notizen zu eurem Anliegen und zu euren Gründen. Überlegt: Was wollt ihr? Warum wollt ihr das?
- Formuliert nun mithilfe der Notizen ganze Sätze.
- Wählt für den Schluss eine passende Grußformel. Schreibt sie unter den Text.

Sprachtipp

- Wir möchten gern, dass ...
- Wir würden uns freuen, wenn ...
- Wäre es möglich, dass ...
- Wir möchten vorschlagen, dass ...

8 Notiere, welche Vorteile und welche Nachteile Briefe gegenüber E-Mails haben.

9 Richtet einen Klassenbriefkasten ein und schickt euch gegenseitig Briefe.

⚙ **Arbeitstechnik**

V05 ▷

Offizielle und persönliche Briefe / E-Mails schreiben

Es gibt unterschiedliche Arten von Briefen und E-Mails.

Offizielle Briefe und E-Mails schreibt man an Personen, die man nicht so gut kennt, z.B. an die Bürgermeisterin.
Persönliche Briefe und E-Mails schreibt man z.B. an eine Freundin oder einen Freund, die Oma oder die Eltern.

Lerninsel
➜ Seite 283

	offizieller Brief / offizielle E-Mail	persönlicher Brief / persönliche E-Mail
Anredeformel	Sehr geehrte Frau ... Sehr geehrter Herr ...	Hallo ... Liebe(r) ...
Grußformel	Mit freundlichen Grüßen ... (vollständiger Name)	Liebe Grüße ... Herzliche Grüße ... (Vorname)
Anredepronomen	Sie, Ihr, Ihre, Ihnen	du, dir, dich, ihr, euch

START **Drei Wege – ein Ziel!** Finde deinen Weg mit diesem Einschätzungstest: 🌐 ii39cg

A

B

C

Brief in die Ferne

Einen persönlichen Brief untersuchen und schreiben

Mareike war 10 Jahre alt, als sie diesen Brief an ihren Vater geschrieben hat. Ihr Vater ist Berufssoldat. Er war ab 1998 im Kriegseinsatz im Kosovo[1]. Damals gingen viele Briefe zwischen der Familie und dem Vater hin und her.

1 Kosovo: Republik auf dem Balkan

○ **1** Lies, was Mareike geschrieben hat.

Buldern, den 22.03.01

Hi Papa!

Wie geht es dir? Mir gut. Heute musste Anna-Lena die ~~Deuts~~ Deutscharbeit nachschreiben. Das war toll, denn wir durften machen was wir wollen. Mit Englisch klappt es jetzt ganz gut. In der Schule waren wir heute im Computerraum. Maren und ich haben beim Englisch-spiel 18 von 18 möglichen Punkten erreicht. Weisst du, das ich in Musik eine eins habe? Gestern war hier ein Schneetreiben bzw. -sturm. Das war kein schöner Heimweg von der Schule. Noch eine Frage: Man darf doch spielen was man will, oder? Mama meint man darf nicht alles spielen was man will.

Das wars für heute,

deine MAREIKE

P.S.: Schreib so schnell wie möglich zurück!
P.P.S.: Ich freue mich wenn du zurück kommst!

Wendy

P.S. heißt: post scriptum. Man benutzt es, wenn der Brief eigentlich fertig ist, dem Schreiber dann aber noch etwas einfällt.

P.P.S.: Dem Schreiber ist danach noch etwas eingefallen.

2 Mareikes Vater freut sich sehr über den Brief seiner Tochter. Er erzählt einem Freund, was Mareike alles erlebt und gemacht hat.
Lies den Brief noch einmal. Schreibe alle Ereignisse auf, z.B.
Im Deutschunterricht durfte sie machen, was sie wollte.
Beim Englisch-Spiel hat sie …
In Musik …

 3 Informiert euch im Tandem über den Beruf von Mareikes Vater. Beantwortet dabei die folgenden Fragen.
- Wo leben Berufssoldaten im Einsatz?
- Wie bekommen sie Post?
- Wie sieht die Verpflegung aus?

Sammelt weitere Fragen und versucht, sie mithilfe des Internets zu beantworten.

Internetrecherche
→ Seite 195

4 Was meint Mareike mit: „Man darf doch spielen, was man will, oder?" Sprecht in der Gruppe darüber. Denkt dabei auch an den Beruf von Mareikes Vater.

5 Stelle dir vor, du wärst Mareike. Notiere, was du noch von deinem Vater wissen möchtest, z.B.
– *über seine Freizeit*
– *über die Einkaufsmöglichkeiten*
– *über das Essen*
– *über die Gefahren*
– *…*

6 Formuliert in der Gruppe Fragen dazu. Ergänzt Fragen zu Dingen, die euch außerdem interessieren.
Beginnt z.B. so: *Was unternimmst du, wenn du abends frei hast? …*

7 Schreibe aus der Sicht von Mareike eine E-Mail an den Vater. Stelle darin die Fragen, die ihr gesammelt habt. Denke an die passende Anrede und Grußformel.

E-Mail schreiben
→ Seite 127

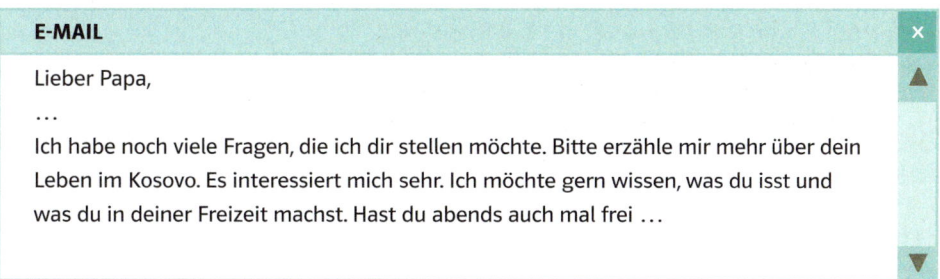

8 Lies deine E-Mail noch einmal und überprüfe, ob du alles richtig geschrieben hast.

9 Lest eure E-Mails in der Gruppe vor. Gebt einander ein Feedback.

Feedback
→ Seite 47

10 Bereitet in der Gruppe die Präsentation eurer E-Mails in einem Rundgang in der Klasse vor.

Rundgang
→ Seite 296

Einem Star nahe sein

Eine persönliche Nachricht schreiben

Internet-recherche
↪ Seite 195

1 Mark Forster ist ein deutscher Sänger, der als Pianist angefangen und Musik fürs Fernsehen geschrieben hat.
Informiere dich im Internet über Mark Forster. Schreibe in Stichworten auf, was du herausgefunden hast, z. B.
– mit richtigem Namen heißt Mark Forster ...

2 Mark Forster ist auch Juror und Coach bei Castingshows, Synchronsprecher und Koautor. Informiert euch im Internet über folgende Fragen. Tauscht euch im Tandem aus.
- Was macht ein Synchronsprecher oder Koautor?
- Welche Aufgaben hat ein Juror oder Coach?

3 Hört euch gemeinsam einen Song von Mark Forster an. Gefällt euch die Musik? Begründet eure Meinung.

Plakat
↪ Seite 296

4 Sammelt in der Gruppe eure Informationen aus den Aufgaben 1 und 2 und gestaltet ein Plakat zu Mark Forster.

Interview
↪ Seite 19

5 Überlegt euch in der Gruppe Fragen, die ihr Mark Forster in einem Interview stellen könntet. Schreibt diese Fragen auf, z. B. *Wie alt warst du, als ...*

6 Der Schüler Anil Hopster hat an Mark Forster eine Nachricht geschrieben, die er in einem sozialen Netzwerk veröffentlicht hat. Lies den Text auf Seite 131.

Anil Hopster

Hallo Mark, ich finde deine neue Single „Drei Uhr nachts" so cool. Die höre ich im Moment sehr oft. Deine Texte sind echt klasse und treffen genau das, was ich denke. Woher kennst du meine Gedanken? Wie kommst du auf solche Themen? Deine Stimme geht mir total unter die Haut. Übst du eigentlich jeden Tag? Danke, dass es solche Künstler wie dich gibt!

Du warst ja trotz Corona total produktiv und präsent. Wie hast du die Zeit ohne Auftritte und Publikum geschafft? War das wie eine kreative Pause? Hast du dich mit deinen Freunden jeden Tag getroffen und gearbeitet? Auf jeden Fall ist die Single mit Lea richtig toll geworden. Wann kommt denn ein neues Album? Denn das stimmt schon: lieber weniger Alben, dafür aber Qualität. Kannst du mir ein Autogramm schicken?

Meine Freunde und ich reisen zu fast allen Konzerten in unserer Nähe, aber wir würden dich auch gerne einmal bei uns treffen. Wann kommst du denn mal nach Arnsberg für eine Autogrammstunde? Dann könnte ich mir das Autogramm auch selbst holen.

02. April um 15:03
👍 Gefällt mir

7 Anil Hopster stellt in seiner Nachricht auch viele Fragen. Vergleicht in der Gruppe Anils Fragen mit euren Fragen. Habt ihr andere notiert? Wenn ja, erklärt warum.

8 Anil Hopster hat eine besondere Beziehung zu Mark Forster. Woran könnt ihr das erkennen? Sucht im Tandem Beispiele aus dem Text, die etwas über Anils Gefühle und die besondere Beziehung zu Mark Forster aussagen, z. B.
– *ich finde deine neue Single …*
– *… treffen genau das, was ich denke …*

MK **9** Gibt es eine Musikerin oder einen Musiker, die du toll findest?
Schreibe einen Beitrag für den Internet-Auftritt der Musikerin oder des Musikers. Begründe darin, warum du so begeistert bist.

10 Lest eure Beiträge in der Gruppe vor. Gebt einander ein Feedback. Bereitet dann die Präsentation eurer Einträge in einem Rundgang in der Klasse vor.

Rundgang
↗ Seite 296

Post von der ehemaligen Kanzlerin

Einen persönlichen Brief untersuchen und schreiben

○ **1** Sieh dir das Bild genau an. Welchen Beruf könnte die linke Person haben? Schreibe die Merkmale auf, an denen du das erkennen kannst.

○ **2** Lies den folgenden Text und den Brief der damaligen Kanzlerin Angela Merkel auf Seite 133.

1 Formel 1: die sogenannte Königsklasse des Automobilsports mit speziellen Rennwagen, die auf der Straße nicht zugelassen sind

> Sebastian Vettel ist ein deutscher Rennfahrer. Er fährt Rennautos in der Formel 1[1] und ist damit erfolgreich. Weil Sebastian Vettel zwei Jahre hintereinander den Weltmeistertitel gewonnen hat, ist er der jüngste Doppelweltmeister aller Zeiten in der Formel 1. Dazu gratulierte ihm 2011 die damalige Bundeskanzlerin Frau Merkel in einem Brief.

MK ⚇ ● **3** Warum schreibt Frau Merkel einen Brief und keine E-Mail oder SMS an Sebastian Vettel? Tauscht euch im Tandem dazu aus.

○ **4** Was teilt Frau Merkel dem Rennfahrer mit? Notiere in Stichworten alle Informationen, die du dem Brief entnehmen kannst.

⚇ ● **5** Was könnte Frau Merkel mit dem Ausdruck „mentale Stärke" meinen? Lies dazu den Text im Kasten. Tauscht euch im Tandem darüber aus. Formuliert dann eine Erklärung, z. B. *Mit „mentaler Stärke" meint sie, ...*

> **Mentale Stärke** Erfolgreiche Menschen sind oft sehr fleißig und haben eine Begabung für das, was sie tun. Das allein reicht aber nicht aus. Wichtig ist auch, dass sie ihre Bestleistung genau dann zeigen können, wenn es darauf ankommt. So reicht es nicht, dass du die Mathematikaufgaben zu Hause kannst, du musst sie auch in der Klassenarbeit lösen können. Um mental stark zu sein, musst du dir Ziele und Herausforderungen suchen, dich für etwas einsetzen, an dich glauben und aus Fehlern lernen.

Briefe schreiben ⤴ Seite 127

● **6** Stelle dir vor, du wärst eine gute Freundin oder ein guter Freund von Sebastian Vettel. Schreibe ihm einen Brief und gratuliere ihm zum Weltmeistertitel.

BUNDESREPUBLIK DEUTSCHLAND
DIE BUNDESKANZLERIN

Berlin, 30. November 2011

Herrn
Sebastian Vettel
Red Bull GmbH

Lieber Herr Vettel,

ich gratuliere Ihnen sehr herzlich zum zweiten Weltmeistertitel in der Formel 1.

Bereits vier Rennen vor dem Ende der Saison war Ihnen der Triumph[2] nicht mehr zu nehmen. Mit fahrerischem Können und mentaler Stärke haben Sie die gesamte Saison[3] grandios[4] gemeistert und die Fans begeistert.

Ich freue mich mit Ihnen über diese beeindruckende Leistung und wünsche Ihnen für die kommende Saison weiterhin viel Glück und Erfolg.

Bitte übermitteln Sie meine besten Glückwünsche auch an Ihr Team zum Gewinn der Konstrukteurs-Weltmeisterschaft.

Mit freundlichen Grüßen

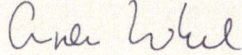

2 Triumph: Freude über den Erfolg oder Sieg

3 Saison: Zeitabschnitt innerhalb eines Jahres

4 grandios: großartig

 ● **7** Lest euch in der Gruppe eure Briefe vor. Vergleicht sie mit dem Brief von Angela Merkel. Welche Unterschiede könnt ihr feststellen? Diskutiert darüber.

 ○ **8** Bereitet die Präsentation eurer Briefe in einem Rundgang in der Klasse vor.

Rundgang
⤷ Seite 296

Präsentiert eure Ergebnisse

MK Ihr habt persönliche Briefe und Mitteilungen an verschiedene Menschen geschrieben. Gar nicht so leicht, die richtigen Worte zu finden. Nun könnt ihr über
eure Briefe, E-Mails und übers Briefeschreiben mit euren Mitschülerinnen und
Mitschülern sprechen.

1. Information

○ Informiert die Klasse darüber, wem ihr geschrieben habt und aus welchem Anlass.

2. Präsentation

◐ Präsentiert der Klasse eure Briefe, E-Mails und
Einträge in einem Rundgang.

3. Fragerunde

○ Stellt Fragen zur Präsentation und lasst sie euch von der jeweiligen Gruppe
beantworten, z. B.
A Wie habt ihr die Gefühle von Mareike ihrem Vater gegenüber ausgedrückt?
B Worum geht es euch, wenn ihr Mitteilungen an die Musikerinnen und Musiker
schreibt?
C Wie war es, einen Brief an einen Freund zu schreiben, der berühmt ist? Schreibt
man da anders als an einen „normalen" Freund?

4. Diskussion

◐ Besprecht und diskutiert gemeinsam weitere Fragestellungen.
A Wie funktioniert denn Feldpost? Kommt da ein normaler Briefträger
in die Kaserne?

MK

B Darf man Stars in den sozialen Netzwerken eigentlich einfach so schreiben?
Bekommt man darauf auch eine Antwort?
C Was muss man machen, damit man von der Bundeskanzlerin einen Brief be-
kommt? Gibt es neben Sport auch andere Bereiche, in denen das möglich ist?

5. Feedback

● Wertet die Präsentationen gemeinsam aus. Gebt einander ein Feedback.
Orientiert euch an folgenden Fragen:
☑ Haben die Anrede- und Schlussformeln zu den Mitteilungen und Briefen
gepasst?
☑ Wurden eure Fragen gut beantwortet? Habt ihr etwas Spannendes in der
Diskussion herausgefunden?
☑ Waren die Briefe und Mitteilungen schön gestaltet?

Überprüfe dich selbst

○ **1** Ordne die Wörter und Wortgruppen auf der Postkarte den Begriffen richtig zu.

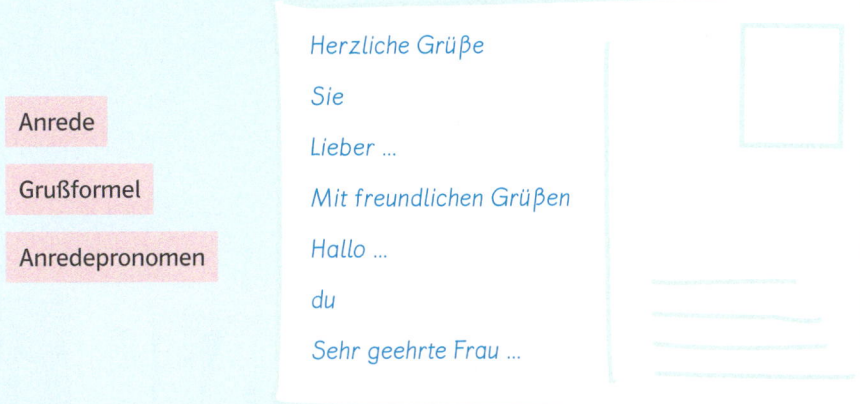

Anrede

Grußformel

Anredepronomen

Herzliche Grüße

Sie

Lieber …

Mit freundlichen Grüßen

Hallo …

du

Sehr geehrte Frau …

○ **2** Notiere nun, welche von den Anreden, Grußformeln und Anredepronomen in persönlichen Briefen verwendet werden und welche in offiziellen Briefen. Wenn dir noch weitere einfallen, dann ergänze sie.

MK ○ **3** Es gibt so viele Anlässe und Gründe, einen Brief, eine E-Mail oder eine andere Nachricht zu schreiben. Schreibe alle auf, die dir einfallen.

○ **4** Verfasse einen persönlichen Brief an deine Oma oder deinen Opa, in dem du von deinen ersten Wochen im neuen Schuljahr berichtest.

🌐 **Lösungen**
ii39cg

Das kannst du jetzt:
- Briefe, E-Mails und andere Nachrichten untersuchen
- eigene Briefe und E-Mails verfassen
- Grußformeln und Anreden verwenden

10 Lust auf Lesen

Grundlegende Lesefertigkeiten entwickeln

1 Habt ihr heute schon etwas gelesen? Beschreibt, was und wo.

2 Setzt Buchstaben von Bild **A** zu Wörtern zusammen. Wer findet die meisten Wörter?

3 Bevor ihr Wörter, Sätze und Texte lest, führt die Aufwärmübungen für die Augen durch. **B** Folgt mehrmals mit den Augen dem Weg des Vogels in sein Nest. Haltet den Kopf dabei still.

Lesen, lesen, lesen … Überall gibt es etwas zu lesen: Spannendes, Wissenswertes, Geheimnisvolles, manchmal auch Langweiliges. Hier könnt ihr in die Welt der Bücher eintauchen und euch mit einer besonderen Technik den Inhalt schnell erschließen.

Das lernt ihr jetzt:
- einfache und schwierigere Texte lesen
- Lesetechniken kennen und anwenden, um Texte zu verstehen

4 **C** Folgt jetzt dem Weg des Kunstfliegers. Vollführt seine Kunststücke mit den Augen.

5 Im folgenden Satz fehlen die Vokale (a, e, i, o, u). Könnt ihr ihn trotzdem lesen? Lest ihn vor.

Mn Ghrn st s gt prgrmmrt, dss ch Txt sgr hn Vkl lsn knn.

Lesen – Lesen – Lesen

Lesefertigkeiten trainieren

Auf den folgenden Seiten findet ihr verschiedene Aufgaben, um das Lesen zu üben. Sie helfen euch, Texte flüssiger und aufmerksamer zu lesen. Alle Texte stammen aus dem Buch „Die Welt steht Kopf in der Elternschule" von Amina Paul.

1 Bandwurmwörter

Lest einander im Tandem die folgenden Wörter so schnell wie möglich vor.

Mist	Apfel	Hand
Mistkäfer	Apfelsaft	Handball
Mistkäferfamilien	Apfelsaftflaschen	Handballwelt
Mistkäferfamilientreffen	Apfelsaftflaschendeckel	Handballweltmeisterschaft

Tipp
Der ideale Abstand der Augen zum Text liegt bei ungefähr 30 cm.

2 Wörter auf einen Blick erfassen

Führe diese Übung mit einem Blatt oder einer Karteikarte durch. Decke die Zeilen mit der Karte nacheinander schnell auf und zu. Versuche in dieser Zeit den Text zu erfassen.

> Durch
> die angelehnte
> Wohnzimmertür
> drang
> ein seltsames Geräusch.
> Es hörte sich an
> wie unterdrücktes Kichern.

⚙ Arbeitstechnik

Lesetechnik Blitzlesen

Oft bist du darauf angewiesen, einen Text **schnell mit den Augen** erfassen zu müssen.
Dazu ist es notwendig, mehr als nur ein Wort wahrzunehmen.

1. **Decke** den Text mit einem Blatt oder einer Karteikarte **ab**.
2. **Ziehe** das Blatt oder die Karte für ganz kurze Zeit **nach unten**.
3. Versuche den Text mit **einem Blick** zu **erfassen**. Decke ihn dann wieder zu.
4. Falls das Lesen beim ersten Hinunterziehen nicht gelingt, **wiederhole** das Aufblitzen der Zeilen.

3 Wörter aus dem Zusammenhang erschließen

Hier fehlen die Vokale **a**, **e** und **o**. Lies den Text laut vor.

> „Ich h■b■ nicht g■kich■rt!", pr■t■sti■rt■ di■ Mutt■r. „Ich h■b■ nur in mich
> r■ing■l■cht."
> „D■s w■r ■b■r ■in l■ut■s Hin■ing■l■ch■!", ■rwid■rt■ d■r V■t■r. Schli■ßlich
> h■pst■ ■r l■uth■ls l■ch■nd um s■ine Fr■u h■rum.

⊘⊙ ● **4 Verrutschte Wortgrenzen**

Im folgenden Text sind die Wortgrenzen verrutscht. Lest einander im Tandem den
Text vor.

> „Ihrm üss tin sBad!", sagteS ophies chließ lichto nlos. „E sis tfas tha lbne un." Im
> merno ch sta rr tes ieih re nVa te ran, de rin ei ne mge stre ifte n Schl afan zu
> gwie ei nAf feum ih reMu tte rtan zte.
> „I mme rd ie sesbl ödeB ad!", sa gted ieM ut ter. „Mank an nd ocha uchm alm
> itfet ti gem Ha arin dieA rb eitg eh en!"

5 Fehlende Satzzeichen

In diesem Text sind Satzzeichen und Zeichen der wörtlichen Rede
verlorengegangen. Lies den Text laut und so oft, bis du es schaffst, ihn so
vorzutragen, dass auch die fehlenden Satzzeichen „hörbar" sind.

> Ich habe auch keine Lust mich ständig zu rasieren sagte er Unrasiert zur Arbeit
> gehen das wäre ein Mordsspaß Frau Fettig und Herr Unrasiert Er tanzte schon
> wieder um die Mutter herum
> Irgendwann wäre dein Bart zehn Meter lang sagte die Mutter und tätschelte
> ihrem Mann die Wange Dann müsstest du höllisch aufpassen dass du nicht
> stolperst

⊘⊙ ● **6 Fehlende Wörter**

Lest einander im Tandem den Text vor, ohne zu stocken. Ergänzt beim Lesen die
fehlenden Wörter. Diese findet ihr am Zeilenende.

> Seine Eltern ■■■■ zusammengekauert auf dem Boden   netkcoh
> des Schranks und schlugen sich vor ■■■■ auf die Knie.   nehcaL
> Schließlich richteten sie sich ■■■■ auf und kamen   mashüm
> umständlich ■■■■ dem Schrank geklettert.   sua
> Die Mutter ■■■■ übers ganze Gesicht. Sie gab zuerst   etlharts
> Florian, dann Sophie einen Kuss.

Dein Schlüssel zum Text

Mit dem Leseschlüssel einen Text lesen und verstehen

Wenn ihr einen Text lesen und verstehen wollt, könnt ihr den Leseschlüssel nutzen. Er hilft euch, euch in kleinen Schritten mit dem Text vertraut zu machen. Ihr findet ihn ausklappbar ganz am Anfang des Buches.

○ **1** Sieh dir zunächst die Illustration zum Buch „Die Welt steht Kopf in der Elternschule" von Amina Paul an. Was ist darauf zu sehen? Beschreibe kurz.

😊😊 ○ **2** Lest den Titel des Buches. Schreibt auf, worum es in der Geschichte gehen könnte. Tauscht euch im Tandem darüber aus.

○ **3** Lies nun den Textausschnitt.

A06 🔊

AMINA PAUL

Die Welt steht Kopf in der Elternschule

. Durch die angelehnte Wohnzimmertür
. drang ein seltsames Geräusch. Es hörte sich
. an wie ein unterdrücktes Kichern. Florian
. und Sophie sahen sich an. Im Wohnzimmer
5 waren sie noch nicht gewesen.
. Es kicherte schon wieder. Irgendwie klang
. es gedämpft und hohl. Vielleicht war das der
. Fernseher? Sophie legte den Hörer wieder
. auf. Hintereinander schlichen die Geschwis-
10 ter zum Wohnzimmer hinüber.
. Vorsichtig schob Florian die Türe auf.
. Schlagartig war es wieder still im Haus.
. Nichts. Weit und breit keine Eltern. […]
. Es kicherte schon wieder. Lauter als eben
15 und es kam tatsächlich aus dem Schrank!
. Sophie packte Florian an der Schulter. „Ich
. werd verrückt!", flüsterte sie. „Denkst du ge-
. rade dasselbe wie ich?"
. Florian wusste nicht, was Sophie gerade dachte. Er jedenfalls dachte, dass hier
20 irgendetwas höchst sonderbar war.
. Er zögerte einen Moment, dann ging er zielstrebig zum Schrank hinüber. Seine
. Hand umschloss den Porzellanknauf und er riss die Holztür auf.
. „Überraschung!", schrie sein Vater und blies in eine bunte Papiertröte, die Florian
. einen halben Meter entgegenschoss.
25 „Aaaaah!", erschrocken sprang Florian zurück und prallte gegen Sophie.
. Seine Eltern hockten zusammengekauert auf dem Boden des Schranks und
. schlugen sich vor Lachen auf die Knie. […]
. Genau wie Florians Mutter trug auch er noch seinen Schlafanzug, seine Haare
. standen in alle Richtungen ab. Mit der Papiertröte in der Hand sah er nicht aus wie
30 der Leiter einer Abteilung, sondern wie ein entlaufener Zirkusclown.
. Sophie und Florian wechselten einen kurzen Blick. […]

MK 🔲⚬ **4** Klärt im Tandem die Bedeutung unbekannter Wörter im Text. Verwendet ein Lexikon oder das Internet.

Internetrecherche
⤷ Seite 195

◑ **5** Lies den Textausschnitt ein weiteres Mal. Beantworte die folgenden W-Fragen in Stichworten.
- **Wer** sucht die Eltern?
- **Wo** sind die Eltern?
- **Was** tun die Kinder?
- **Wie** reagieren die Eltern?

W-Fragen
⤷ Seite 85

◑ **6** Schreibe eine Zusammenfassung mithilfe der Stichworte aus Aufgabe 5.
Du kannst so beginnen:
In dem Textausschnitt aus „Die Welt steht Kopf in der Elternschule" von Amina Paul suchen die Kinder Florian und Sophie …

🔲 ◑ **7** Prüft im Tandem, ob eure Vermutungen zum Inhalt der Geschichte aus Aufgabe 2 zutreffen.

⚙ **Arbeitstechnik**

V06 ▷ **Mit dem Leseschlüssel erzählende Texte lesen und verstehen**

Um lange literarische Texte gut lesen und verstehen zu können, kannst du folgende Technik nutzen.

Lerninsel
⤷ Seite 267

Vor dem Lesen
- Sieh dir die **Bilder** an.
- Lies die **Überschrift**.
- **Vermute**, worum es in dem Text gehen könnte.

Beim Lesen
- **Lies** den Text.
- Notiere **unbekannte Begriffe** und kläre sie.
- Formuliere **W-Fragen** zum Text.
- **Lies** den Text ein weiteres Mal.
- Markiere die Textstellen, die **Antworten auf die W-Fragen** geben.

Nach dem Lesen
- Beantworte die **W-Fragen**.
- **Fasse** den Inhalt **zusammen**.
- **Prüfe**, ob deine Vermutungen zutreffend waren.

START **Drei Wege – ein Ziel!** Finde deinen Weg mit diesem Einschätzungstest: by5p63

A

B

C

Wie viele Kinder?

Mit dem Leseschlüssel einen Text lesen und verstehen

1 Sieh dir zunächst die Illustration zum Buch „Paul Vier und die Schröders" von Andreas Steinhöfel an. Was ist darauf zu sehen? Beschreibe kurz.

2 Lest den Titel des Buches. Schreibt auf, worum es in dem Buch gehen könnte. Tauscht euch im Tandem darüber aus.

3 In diesem Satz aus „Paul Vier und die Schröders" fehlen die Vokale **a**, **e** und **u**. Lies den Text laut vor.

> D■rch d■s hoh■ V■rand■fnst■r fi■l■n Sonn■nstr■hl■n ■f di■
> missr■t■n■ Käs■tort■. Di■ L■ft roch n■ch T■b■kr■■ch ■nd div■rs■n
> P■rfüms, n■ch frisch■m K■ff■ und d■m b■vorst■h■nd■n Somm■r.

Blitzlesen
⤷ Seite 138

4 Lies den folgenden Textausschnitt mit einer Karteikarte. Decke dazu die Zeilen, die du lesen willst, ab und versuche beim Aufdecken die Wörter mit einem Blick zu lesen.

> Ich saß
> in einem der Polstersessel
> mit den hohen Lehnen
> und versuchte zu lesen.
> Niemand beachtete mich.
> Wenn mehr als drei Erwachsene
> sich in einem Raum aufhalten,
> gibt es anscheinend
> einen geheimen Mechanismus,
> der Kinder und Jugendliche
> für sie unsichtbar macht.

5 Lies nun den gesamten Textausschnitt.

A07 🔊

ANDREAS STEINHÖFEL
Paul Vier und die Schröders

. „Also meine Lieben", sagte Frau Döller mit einem eleganten Wellenschlag ihres
. Doppelkinns, „ich darf euch mitteilen, dass letzte Nacht das Schröderhaus wieder
. bezogen worden ist."
. Das saß! Frau Döller war mit einem Schlag zum Star der Kaffeetafel aufgestiegen.
5 Alle Augen hingen gebannt an ihren kirschrot geschminkten Lippen. Meine auch.
. Ich legte das Buch auf die Knie und wartete interessiert auf das, was jetzt kommen
. würde. Es interessierte mich wirklich.
. Das Haus der Schröders stand direkt neben unserem eigenen. Es war etwas bau-
. fällig und unglaublich groß, riesig. […]
10 „Es war also gegen halb drei letzte Nacht", fuhr Frau Döller fort, „als ich zufällig aus
. dem Fenster schaute, die Straße runter. Und da kommt dieser Wagen angefahren.

Ziemlich schnell. So ein großer, vorne lang und
hinten kurz, ohne Kofferraum. Ihr wisst schon,
so einer, wo viele Leute reinpassen." [...] „Also,
15 der Wagen – verbeult übrigens, sehr schmutzig – hält vor dem Schröderhaus.
Alle Türen fliegen gleichzeitig auf und das Erste, was ich sehe, ist dieser Hund, der hinten
rausspringt. Eine hässliche kleine Promenaden-
20 mischung, schwarz mit Stummelschwanz. [...]
Der Hund springt also auf die Straße und als
Nächstes steigt diese Frau aus. Sie hatte diesen
Wagen gefahren. Mitte dreißig schätze ich. Lan-
ge dunkle Haare. Glatt. [...] Und dann fielen links und rechts die Kinder aus dem
25 Auto. Nein wirklich! Sie fielen förmlich auf die Straße."
„Und?"
„Und was?"
„Meine Güte, wie viele? Wie viele Kinder?"
Frau Döller blickte triumphierend in die Runde, wartete einen weiteren Moment
30 und sagte dann: „Vier!" Sie strahlte, als hätte sie den ersten Preis im Zählen von
eins bis zehn gewonnen.
„Vier Kinder!" Frau Tauchmanns Stimme überschlug sich. Mams und Frau Mar-
kowski schnappten gleichzeitig nach Luft. Frau Döller kippte, zufrieden mit dem
Effekt ihres Berichts, einen Schluck Kaffee hinunter. [...]

6 Klärt im Tandem die Bedeutung unbekannter Wörter im Text. Verwendet ein Lexikon oder das Internet.

Internetrecherche
→ Seite 195

7 Lies den Textausschnitt noch einmal. Bringe die folgenden Informationen in die richtige Reihenfolge, so wie sie Frau Döller erzählt.

Die Kinder steigen aus dem Auto aus. Ein Hund springt aus dem Auto.

Halb drei in der Nacht hält ein Auto in der Straße.

Eine Frau mit langen dunklen Haaren steigt aus dem Auto.

8 Beantworte die folgenden W-Fragen in Stichworten.
- **Wer** zieht hier um?
- **Wo** zieht die Familie ein?
- **Wie** ist die Ankunft?
- **Warum** zieht die Familie in ein so großes Haus?

W-Fragen
→ Seite 85

9 Schreibe eine Zusammenfassung mithilfe der Stichworte aus Aufgabe 8.

10 Erzählt die Geschichte mithilfe eurer Zusammenfassung in der Gruppe nach. Tauscht euch über die Reaktion von Frau Döller aus.

11 Wählt eine Person aus der Gruppe, die die Zusammenfassung in der Klasse vorträgt.

Gibt es Helden?

Mit dem Leseschlüssel einen Text lesen und verstehen

1 Seht euch die Illustration an und lest den Titel des untenstehenden Buches von Jutta Richter. Tauscht euch im Tandem darüber aus, worum es in der Geschichte gehen könnte.

2 In einigen Sätzen sind die Wortgrenzen etwas verrutscht. Lies den Text laut vor.

> Wirli efenz umBah ndamm. DasGra sand er Ba hn damm bö schungw arg elbun dkno chent rocken. DieG rillen zir pten.

3 Lies nun den Textausschnitt.

A08

JUTTA RICHTER

Helden

. Wir liefen zum Bahndamm. Das Gras an
. der Bahndammböschung war gelb und
. knochentrocken. Die Grillen zirpten.
. Felix Vorhelm zog das Streichholz über
5 die Zündfläche. Hell flammte der Schwe-
. felkopf auf. Felix ließ das Streichholz fal-
. len. Die Flammen züngelten an einem
. Grasbüschel. Weißer Aschestaub flog
. hoch. Das Feuer breitete sich aus. Sechs,
10 sieben, acht Grasbüschel brannten. Die
. Flammen leckten schon an einer Hecken-
. rose. Überall knisterte und knackte es.
. Die Grillen hatten aufgehört zu zirpen.
. Eine Amsel flatterte laut schimpfend aus
15 dem Gebüsch.
. „Austreten!", rief Felix Vorhelm.
. Wir traten mit unseren Sandalen in die brennenden Grasbüschel.
. „Schneller!", keuchte Felix. Der Qualm brannte in meinen Lungen.
. „Das schaffen wir nicht!", kreischte Corinna Thiemann.
20 „O Gott, was sollen wir bloß machen!"
. Felix riss einen Ast von der Trauerweide gegenüber. Er schlug in die Flammen, aber
. das Feuer wirbelte nur auf und breitete sich umso schneller aus. Meine Füße waren
. schwarz vom Ruß und meine Sandalen rochen nach geschmolzenem Gummi.
. „Rückzug!", rief Felix. „Abhauen!"
25 Der ganze Bahndamm stand in Flammen.
. Wir versteckten uns in Thiemanns Garage. Ich spuckte auf meine Füße. Überall
. hatte ich Brandblasen. Corinna Thiemann saß auf dem Boden und weinte.
. „Hör bloß auf zu heulen", sagte Felix und seine Stimme zitterte ein bisschen.
. Auch mir war ganz schlecht vor Angst.
30 „Wenn das rauskommt, stecken die mich wieder ins Kinderheim", sagte Felix. Er
. war ganz blass geworden.
. „Wehe, ihr verratet was."

„Tun wir nicht", heulte Corinna.

„Geschworen"?

35 „Geschworen", sagte ich.

„Richtig schwören", sagte Felix.

Corinna und ich hielten die Schwurfinger hoch.

„Ich schwöre beim Leben meiner Mutter", sagte Felix.

„Ich schwöre beim Leben meiner Mutter", sagten Corinna und ich.

40 Draußen heulten die Martinshörner, das Heulen kam näher.

„Feuerwehr", sagte Felix Vorhelm und spuckte durch seine Zahnlücke.

Wir hörten, wie das Feuerwehrauto mit quietschenden Reifen zum Stehen kam.

Zwei Autotüren knallten zu.

„Absitzen!", bellte eine heisere Männerstimme.

45 Felix Vorhelm lag auf dem Bauch und spähte durch den Spalt zwischen Boden und

Garagentor. Ich legte mich neben ihn.

„Könnt ihr was sehen?", fragte Corinna.

„Sie rollen den Schlauch ab", sagte Felix. Mein Herz klopfte bis in die Zungenspitze.

Ich sah die schwarzen Stiefel der Feuerwehrleute und den großen grauen

50 Schlauch, der wie eine tote Riesenschlange auf der Straße lag.

„Wasser marsch!", brüllte die Männerstimme. Die Riesenschlange wurde lebendig.

Sie blähte sich auf und fing an zu zucken. Und dann hörten wir nur noch das laute

Zischen des Wasserstrahls, der auf die Flammen traf.

Eine Ewigkeit später war alles vorbei. Die Feuerwehrleute rollten den Schlauch

55 wieder ein. [...]

MK ○ **4** Kläre die Bedeutung der unbekannten Begriffe mithilfe eines Lexikons oder des Internets.

Internetrecherche
⤷ Seite 195

5 Lies den Textausschnitt ein weiteres Mal. Beantworte die W-Fragen. Stelle weitere W-Fragen zum Text und beantworte sie.

W-Fragen
⤷ Seite 85

- Wer spielt auf dem Bahndamm?
- Wo verstecken sich die Kinder anschließend?
- Was passiert, als Felix das Streichholz fallen lässt?
- Wie reagieren die Kinder?

6 Schreibe mithilfe der Antworten aus Aufgabe 5 eine Zusammenfassung des Textes. Prüfe, ob eure Vermutungen aus Aufgabe 1 zutreffen.

7 In dem Text fordert Felix die anderen auf abzuhauen. Wie hättet ihr in der Situation reagiert? Tauscht euch über weitere Lösungsmöglichkeiten im Tandem aus.

8 Was hat der Textausschnitt mit dem Titel „Helden" zu tun? Schreibt euch dazu Stichworte auf.

9 Erzählt die Geschichte in der Gruppe nach. Tauscht euch anschließend darüber aus, wie „Helden" in dieser Situation eurer Meinung nach handeln würden.

10 Wählt eine Person aus der Gruppe, die die Nacherzählung in der Klasse vorträgt.

Was ist normal?

Mit dem Leseschlüssel einen Text lesen und verstehen

○ **1** Sieh dir die Illustration zum Buch „Wunder" von Raquel J. Palacio an und beschreibe, worum es in dem Buch gehen könnte.

○ **2** Lies nun den Textausschnitt.

A09 ◁))

RAQUEL J. PALACIO

Wunder

Ich weiß, dass ich kein normales zehnjähriges Kind bin. Ich meine, klar, ich mache normale Sachen. Ich esse Eis. Ich fahre Fahrrad. Ich spiele Ball. Ich habe eine Xbox. Solche Sachen machen mich normal. Nehme ich an. Und ich fühl mich normal. Innerlich. Aber ich weiß, dass normale Kinder nicht andere normale Kinder dazu
5 bringen, schreiend vom Spielplatz wegzulaufen. Ich weiß, normale Kinder werden nicht angestarrt, egal wo sie hingehen.

Wenn ich eine Wunderlampe finden würde und einen Wunsch frei hätte, würde ich mir wünschen, ein normales Gesicht zu haben, das nie jemandem auffallen würde. Ich würde mir wünschen, dass ich die Straße entlanggehen könnte, ohne
10 dass die Leute diese Sachen machen, sobald sie mich sehen, dieses Ganz-schnell-woanders-Hinschauen. Ich glaube, es ist so: Der einzige Grund dafür, dass ich nicht normal bin, ist der, dass mich niemand so sieht.

Aber inzwischen bin ich es irgendwie schon gewohnt, dass ich so aussehe. Ich kann so tun, als würde ich nicht merken, was die Leute für Gesichter machen. Wir
15 sind alle schon ganz gut darin: ich und Mom und Dad und Via. Nein, ich nehme das zurück: Via ist nicht gut darin. Sie kann echt sauer werden, wenn die Leute gemein sind. Einmal auf dem Spielplatz zum Beispiel, da haben einige ältere Kinder so Geräusche gemacht. Ich weiß nicht mal, was genau das für Geräusche sein sollten, weil ich sie gar nicht selber gehört habe, aber Via hat sie gehört, und sie hat gleich
20 angefangen, die Kinder anzubrüllen. So ist sie eben. Ich bin nicht so.

Für Via bin ich nicht normal. Sie behauptet es, aber wenn ich normal wäre, hätte sie nicht so sehr das Gefühl, mich beschützen zu müssen. Und auch Mom und Dad halten mich nicht für normal. Sie halten mich für etwas Besonderes. Ich glaube, der einzige Mensch auf der Welt, der merkt, wie normal ich wirklich bin, bin ich.

25 Ich heiße übrigens August. Ich werde nicht beschreiben, wie ich aussehe. Was immer ihr euch vorstellt – es ist schlimmer. Nächste Woche komme ich in die fünfte Klasse. Da ich noch nie in eine normale
30 Schule gegangen bin, stehe ich total und komplett neben mir. Die Leute glauben, ich wäre nie zur Schule gegangen, weil ich so aussehe, aber das ist es nicht. Es liegt an all den Operationen, die ich gehabt habe.
35 Siebenundzwanzig seit meiner Geburt. Die größeren wurden durchgeführt, bevor ich vier war, an die kann ich mich nicht mehr erinnern.

40 Aber seitdem hatte ich jedes Jahr etwa zwei oder drei (größere und weniger große), und weil ich klein bin für mein Alter und die Medizin auch vor einige Rätsel stelle, die die Ärzte einfach nicht lösen können, war ich oft krank. Deshalb haben meine Eltern entschieden, dass es besser wäre, wenn ich nicht zur Schule gehen würde. Jetzt bin ich aber viel kräftiger. Meine letzte Operation liegt schon acht Monate zu-rück, und wahrscheinlich wird auch in den nächsten Jahren keine weitere nötig 45 sein.

Mom unterrichtet mich zu Hause. Sie war früher Kinderbuchillustratorin. Sie zeichnet echt tolle Feen und Meerjungfrauen. Ihr Jungskram ist allerdings nicht ganz so cool. Ich hab sie schon sehr lange nicht mehr zeichnen sehen. Ich glaube, sie hat einfach zu viel damit zu tun, sich um mich und Via zu kümmern. 50 Ich kann nicht behaupten, dass ich schon immer zur Schule gehen wollte, denn das wäre nicht ganz wahr. Ich wäre gern zur Schule gegangen, aber nur wenn ich wie jedes andere Kind gewesen wäre, das zur Schule geht. Viele Freunde haben und nach der Schule zusammen abhängen und so.

Ich habe jetzt ein paar echt gute Freunde. Christopher ist mein bester Freund, und 55 dann kommen Zachary und Alex. Wir kennen uns schon, seit wir Babys waren. Und weil sie mich schon immer so kennen, wie ich bin, sind sie an mich gewöhnt. Als wir klein waren, haben wir ständig zusammen gespielt, aber dann ist Christo-pher nach Bridgeport in Connecticut gezogen. Das ist mehr als eine Stunde ent-fernt von North River Heights, der äußersten Spitze von Manhattan, wo ich lebe. 60 Und Zachary und Alex gehen jetzt zur Schule. Es ist komisch: Obwohl Christopher der ist, der weggezogen ist, sehe ich ihn häufiger als Zachary und Alex. Die haben jetzt diese ganzen neuen Freunde. Wenn wir uns auf der Straße über den Weg laufen, sind sie immer noch nett zu mir. Sie sagen immer Hallo. [...]

MK ○ **3** Kläre die Bedeutung unbekannter Begriffe im Text mithilfe eines Lexikons oder des Internets.

Internetrecherche
⤷ Seite 195

● **4** Lies den Textausschnitt ein weiteres Mal. Formuliere W-Fragen (Wer? Was? Wann? Wo? Warum?) zum Text. Schreibe die Textstellen heraus, die diese Fragen beantworten, z. B.
  – *Wer erzählt hier?*
  – *Zeile 25: „Ich heiße übrigens August."*

W-Fragen
⤷ Seite 85

● **5** Schreibe mithilfe der Antworten zu den W-Fragen eine Zusammenfassung des Textes. Prüfe dann, ob deine Vermutungen aus Aufgabe 1 zutreffen.

⚇ ● **6** Warum heißt das Buch wohl „Wunder"? Tauscht euch im Tandem darüber aus.

● **7** Was heißt für August „normal"? Schreibe dazu die Textstellen heraus.

⚇ ● **8** Erzählt nun den Textausschnitt in der Gruppe mit eigenen Worten nach. Diskutiert anschließend darüber, was für euch „normal" ist.

⚇ ○ **9** Wählt eine Person aus der Gruppe, die die Nacherzählung in der Klasse vorträgt.

Präsentiert eure Ergebnisse

Ihr habt Ausschnitte aus verschiedenen Jugendromanen gelesen und euch euren Text mit W-Fragen erschlossen. Ihr habt auch eine Zusammenfassung geschrieben und könnt nun euren Text vorstellen.

1. Information

○ Informiert die Klasse über den Titel des Buches und den Namen des Autors oder der Autorin. Notiert beides an der Tafel.

2. Präsentation

○ Tragt eure Zusammenfassung vor und schreibt die drei wichtigsten Stichpunkte an die Tafel. Das könnten z. B. sein

> *Worum geht es?*
> *Was ist passiert?*
> *...*

3. Fragerunde

○ Stellt Fragen zu den Textausschnitten und lasst sie euch von der jeweiligen Gruppe beantworten, z. B.
  - **A** Wer ist bei der Kaffeerunde dabei? Wie verhalten sich die Zuhörenden?
  - **B** Welche Zeitspanne wird in dem Ausschnitt erzählt?
  - **C** Was ist Augusts größter Wunsch?

4. Diskussion

○ Besprecht und diskutiert gemeinsam weitere Fragestellungen.
  - **A** Warum ist es für die Kaffeerunde so interessant, was Frau Döller berichtet?
  - **B** Wovor hat Felix am meisten Angst in der Situation und warum?
  - **C** Was meint August, wenn er immer wieder von „normal" spricht?

5. Feedback

● Wertet die Präsentationen gemeinsam aus. Gebt einander ein Feedback. Orientiert euch an folgenden Fragen:
  - ☑ Ist euch klar geworden, worum es in den Textausschnitten ging?
  - ☑ Haben euch die Stichpunkte an der Tafel geholfen?
  - ☑ Konntet ihr die Handlung verstehen? Kam euch etwas unlogisch vor?
  - ☑ Wurden eure Fragen gut beantwortet?
  - ☑ Wurde gut präsentiert? (laut, deutlich, zusammenhängend gesprochen, Blickkontakt …)

Überprüfe dich selbst

○ **1** Der Leseschlüssel hilft dir, einen literarischen Text besser zu verstehen. Beschreibe die einzelnen Arbeitsschritte vor, bei und nach dem Lesen.

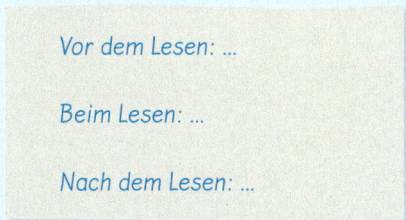

> *Vor dem Lesen: ...*
>
> *Beim Lesen: ...*
>
> *Nach dem Lesen: ...*

○ **2** Welche wichtigen W-Fragen müssen in einer Einleitung für eine Zusammenfassung beantwortet werden? Nenne sie.

○ **3** Sieh dir das Cover des Jugendbuchs an und lies den Klappentext.

HEATHER FAWCETT

Noa und die Sprache der Geister

Die drei Geschwister Julian, Noa und Maite leben auf der wandernden Zauberinsel Astra. Nur knapp sind sie dem Mann entkommen, der ihre Familie vom Thron gestürzt hat. Nun sucht Julian einen Weg, seinen rechtmäßigen Platz zurückzuerobern – und stößt dabei auf eine vergessene Magie. Doch die dreizehnjährige Noa befürchtet, dass diese Julian böse werden lässt. Bereits jetzt wird er als dunkler Magier gefürchtet. Aber nicht er, sondern Noa kann den Zauber sprechen. Wird sie sich die Magie des Todes zunutze machen?

 4 Notiere dir ganz knapp die wichtigsten Informationen zu dem Buch. Nutze dafür die W-Fragen.

MK ● **5** Stelle dir vor, du möchtest einer Freundin oder einem Freund das Buch „Noa und die Sprache der Geister" empfehlen. Schreibe eine E-Mail an sie oder ihn und erzähle vom Inhalt des Buchs. Erkläre dann, warum dir das Buch gefallen hat und du es weiterempfehlen möchtest.

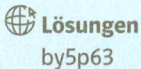 **Lösungen**
by5p63

Das kannst du jetzt:
- literarische Texte lesen
- den Leseschlüssel anwenden
- Inhalte von Textausschnitten nacherzählen

1 Hier stimmt doch etwas nicht! Findet die Märchen, die sich im Bild **A** versteckt haben, und schreibt sie auf.

2 Könnt ihr diese Märchen erzählen? Sucht eines aus und erzählt es einander.

3 In **B** sind einige Märchen durcheinandergeraten. Nennt die richtigen Märchentitel.

A

Märchen kennt ihr bestimmt aus eurer Kindheit. Überall auf der Welt werden Märchen erzählt und auch aufgeschrieben, manche davon ähneln sich. Hier könnt ihr einige Märchen aus der berühmten Märchensammlung der Brüder Jacob und Wilhelm Grimm wiederentdecken.

Das lernt ihr jetzt:
- Märchen lesen und verstehen
- Märchenmerkmale erkennen
- Märchen aus einer anderen Perspektive erzählen

B

Tanuki und Schwesterchen

Baba Baba

Brüderchen auf der Erbse

Die kleine Seventee Bai

Der dankbare Hänsel

Ali Jaga und die vierzig Räuber

Die tapfere Meerjungfrau

Gretel und die Prinzessin

4 Aus welchen Ländern und Regionen stammen die Märchen aus Aufgabe **3**? Ordnet zu.

Indien   Arabien   Dänemark

Russland   Deutschland   Japan

5 Spielt gemeinsam **Welche Märchenfigur bin ich?** Geht dabei so vor:
- Wählt jemanden aus, der raten muss. Er soll vor der Tür warten.
- Einigt euch nun auf eine Märchenfigur (z. B. den Froschkönig).
- Holt eure Mitschülerin oder euren Mitschüler wieder in die Klasse. Jetzt soll sie oder er euch Fragen stellen, die ihr nur mit „Ja" oder „Nein" beantworten dürft, z. B. „Bin ich eine Frau?" – „Nein.", ...

Das gibt's doch nur im Märchen

Merkmale von Märchen erkennen

○ **1** Lies die Textausschnitte aus verschiedenen Märchen.

A

Es war einmal eine alte Geiß, die hatte sieben junge Geißlein und hatte sie lieb, wie eine Mutter ihre Kinder lieb hat. Eines Tages wollte sie in den Wald gehen und Futter holen, da rief sie alle sieben herbei und sprach: „Liebe Kinder, ich will hinaus in den Wald, seid auf der Hut vor dem Wolf, wenn er
5 hereinkommt, so frisst er euch alle mit Haut und Haar. Der Bösewicht verstellt sich oft, aber an seiner rauen Stimme und an seinen schwarzen Füßen werdet ihr ihn gleich erkennen."

B

[...] Wenn es ihm gefiel, so kehrte er gar nicht ein, sondern im Felde, im Wald, auf einer Wiese, wo er Lust hatte, nahm er sein Tischchen vom Rücken, stellte es vor sich hin und sprach: „Tischlein, deck dich", so war alles da, was sein Herz begehrte.

C

[...] Als sie aber im Bett lag, kam er gekrochen und sprach: „Ich bin müde, ich will schlafen so gut wie du; heb mich herauf oder ich sag's deinem Vater." Da ward sie erst bitterböse, holte ihn herauf und warf ihn aus allen Kräften wider die Wand: „Nun wirst du Ruhe haben, du garstiger Frosch!"

D

[...] Und die Pferde im Hof standen auf und rüttelten sich, die Jagdhunde sprangen und wedelten, die Tauben auf dem Dach zogen das Köpfchen unterm Flügel hervor, sahen umher und flogen ins Feld, die Fliegen an den Wänden krochen weiter, das Feuer in der Küche erhob sich, flackerte und
5 kochte das Essen, der Braten fing wieder an zu brutzeln und der Koch gab dem Jungen eine Ohrfeige, dass er schrie, und die Magd rupfte das Huhn fertig. Und da wurde die Hochzeit des Königssohnes mit dem Dornröschen in aller Pracht gefeiert und sie lebten vergnügt bis an ihr Ende.

E

[...] Das böse Weib aber, als es nach Hause gekommen war, ging vor den Spiegel und fragte:
„Spieglein, Spieglein an der Wand,
wer ist die Schönste im ganzen Land?"
5 Da antwortete er wie sonst:
„Frau Königin, Ihr seid die Schönste hier,
aber Schneewittchen über den Bergen
bei den sieben Zwergen
ist noch tausendmal schöner als Ihr."

○ **2** Kennst du die Märchen von Seite 152? Ordne die Titel den jeweiligen Textausschnitten zu.

A Tischlein deck dich   **B** Der Froschkönig   **C** Dornröschen

D Schneewittchen   **E** Der Wolf und die sieben Geißlein

💡 **Tipp**
Bringt von zu Hause eure Märchenbücher mit. Vielleicht habt ihr einen Koffer, um sie darin zu sammeln. Nutzt die Bücher, um die Märchen nachzulesen.

👥 ⊝ **3** Wählt eines der vorgestellten Märchen aus und erzählt es im Tandem nach.

👥 ⊝ **4** Was ist das Besondere an Märchen im Unterschied zu Geschichten, die ihr kennt? Tauscht euch darüber aus. Macht euch Notizen.

⊝ **5** Lies jetzt noch einmal die Textausschnitte von Seite 152 und beachte die Markierungen. Ergänze die Notizen von Aufgabe 4.

👥 ⊝ **6** Beantwortet nun im Tandem die folgenden Fragen zu eurem ausgewählten Märchen. Übernehmt dazu die Tabelle und ergänzt sie.

Märchentitel	Welche magischen Figuren oder magischen Dinge kommen vor?	Sind die Figuren oder Tiere gegensätzlich (gut – böse)?	Werden besondere Sprüche oder Zahlen verwendet? Wenn ja, welche?
Froschkönig	– *sprechender Froschkönig* – *goldene Kugel*	– *Froschkönig ist gut.* – *Königstochter ist am Anfang böse.*	– *„Königstochter, jüngste, mach mir auf!"* …
Dornröschen	…	…	…

⊝ **7** Zähle alle Märchenmerkmale auf, die du in den Aufgaben 4 bis 6 erarbeitet hast. Vergleiche sie mit den Merkmalen im Merkekasten. Ergänze.

⚙️ **Arbeitstechnik**

Merkmale von Märchen

Bei vielen Märchen findet man folgende Merkmale:

- Die meisten Märchen spielen in der **Vergangenheit**.
- **Zeitpunkt** und **Ort** der Handlung sind meist **ungenau**.
- Sie haben meist einen typischen **Anfang** → „Es war einmal in einem fernen Land …". und einen typischen **Schluss** → „Und wenn sie nicht gestorben sind, dann leben sie noch heute".
- Es treten typische **Märchenfiguren** auf → König / Königin, Prinz / Prinzessin, Müller, Gesinde[1].
- Die **Hauptfigur** (Mensch oder Tier) muss ein **Abenteuer** bestehen.
- Es kommen gegensätzliche Figuren oder Tiere vor (**gut – böse**).
- Es gibt oft **magische Figuren** oder **Dinge** → Hexen, Zauberer, Gegenstände mit Zauberkräften.
- Besondere **Sprüche** oder **Zahlen** sind häufig wichtig (→ drei Wünsche, „sieben auf einen Streich", zwölf Brüder).
- Meist **siegt** am Ende **das Gute** und das **Böse** wird **bestraft**.

Lerninsel
↗ Seite 269

1 Gesinde: alle Knechte und Mägde eines Gutsherrn

„Töpfchen, koche" – „Töpfchen, steh"

Merkmale von Märchen erkennen

1 Lies den folgenden Märchenausschnitt.

A10

BRÜDER GRIMM

Der süße Brei

Es war einmal ein frommes Mädchen, das lebte mit seiner Mutter allein und sie
hatten nichts mehr zu essen. Da ging das Kind hinaus in den Wald, wo ihm eine
alte Frau begegnete. Die wusste seinen Jammer schon und schenkte ihm ein Töpfchen, zu dem sollt es sagen: „Töpfchen, koche", so kochte es guten, süßen Hirsebrei,
5 und wenn es sagte „Töpfchen, steh", so hörte es wieder auf zu kochen. Das Mädchen brachte den Topf seiner Mutter heim und nun waren sie ihrer Armut und ihres Hungers ledig und aßen süßen Brei, sooft sie wollten. Auf eine Zeit war das
Mädchen ausgegangen, da sprach die Mutter: „Töpfchen, koche", da kocht es und
sie isst sich satt; nun will sie, dass das Töpfchen wieder aufhören soll, aber sie weiß
10 das Wort nicht. Also kocht es fort und der Brei steigt über den Rand hinaus und
kocht immerzu, die Küche und das ganze Haus voll und das zweite Haus und dann
die Straße, als wollt's die ganze Welt satt machen, und ist die größte Not und kein
Mensch weiß sich da zu helfen.

2 Beantworte nun zu diesem Märchen die Fragen in der Tabelle von Seite 153,
z. B. *Welche magischen Figuren oder magischen Dinge kommen vor? – Das kochende
Töpfchen.*

3 Sicher habt ihr bemerkt, dass das Ende des Märchens „Der süße Brei" noch fehlt.
Denkt euch einen Schluss aus und erzählt ihn einander im Tandem.

Ich das Rotkäppchen – du der Wolf

Ein Märchen aus einer anderen Perspektive erzählen

In Märchen wird das Geschehen aus der Sicht eines „allwissenden" Erzählers dargestellt. Er sagt z.B. *Es lebte damals . . ., Sie ging . . .*
Der Erzähler weiß alles über die Figuren, z.B. wie sie aussehen, was sie wollen und denken.

1 Seht euch die Bilder an. Jetzt seid ihr die „allwissenden" Erzähler. Erzählt mithilfe der Bilder den Ausschnitt des Märchens im Tandem.

2 Nun seid ihr Ich-Erzähler. Wählt eine Figur: das Rotkäppchen oder den Wolf. Erzählt euch gegenseitig den Märchenausschnitt aus der Sicht dieser Figur, z.B. *Wolf: Ich lag im Bett und hatte die Haube und die Brille der Großmutter aufgesetzt. Da ging die Tür auf und …*

> **! Merke**
>
> **Perspektive**
>
> In einer **Ich-Erzählung** wird das Geschehen aus der **Perspektive** (Sicht) einer Figur erzählt. Sie sagt → „Ich lebte damals . . .", „Dann ging ich . . .".
> Der Erzähler tut so, als hätte er alles selbst erlebt, gefühlt und gedacht.

Lerninsel
→ Seite 268

START **Drei Wege – ein Ziel!** Finde deinen Weg mit diesem Einschätzungstest: 🌐 2qh7wd

A
B
C

Es war einmal . . .

Merkmale eines Märchens erkennen

A11 🔊

1 Lies das folgende Märchen.

NACH DEN BRÜDERN GRIMM
Tischlein deck dich!

Es war einmal ein Schneider, der hatte drei Söhne und eine einzige Ziege. Jeden Tag
führte ein Sohn die Ziege auf die Weide. Abends fragte dieser Sohn die Ziege, ob sie
satt sei. „Ich bin so satt, ich mag kein Blatt: mäh, mäh!", antwortete die Ziege.
Doch als der Vater die Ziege abends noch einmal fragte, sagte die Ziege: „Wovon
5 sollt' ich satt sein?
Ich sprang nur über Gräbelein
Und fand kein einzig Blättelein: mäh! mäh!"
Der Schneider war so wütend, dass er seinen Sohn aus dem Haus jagte.
So ging es auch an den nächsten zwei Tagen und jedes Mal jagte der Schneider
10 einen Sohn davon. Da war der alte Schneider schließlich mit seiner Ziege allein.
Am nächsten Morgen führte er die Ziege selbst zur Weide und fragte abends, ob sie
satt sei.
Da antwortete die Ziege: „Ich bin so satt, ich mag kein Blatt: mäh, mäh!"
Er führte sie in den Stall, band sie fest und sagte: „Nun bist du endlich einmal satt!"
15 Aber die Ziege rief: „Wovon sollt' ich satt sein?
Ich sprang nur über Gräbelein
Und fand kein einzig Blättelein: mäh! mäh!"
Da erkannte der Schneider, was geschehen war, und jagte die unehrliche Ziege
davon.
20 Der älteste Sohn war in der Zeit zu einem Schreiner in die Lehre gegangen und
bekam zum Abschluss ein besonderes Geschenk: einen unscheinbaren[1] Tisch, der
aber mit Tischtuch und reich gedeckt vor einem stand, wenn man „Tischlein, deck
dich!" sagte.
Der Sohn wollte gern zurück zum Vater und machte sich auf den Weg. Er machte in
25 einem Gasthaus Rast und erzählte von seinem Tischchen. Der Wirt hatte jedes
Wort gehört, schlich sich in der Nacht in das Zimmer des ältesten Sohnes und
tauschte das Tischchen aus.
Der Vater freute sich über die Rückkehr seines ältesten Sohnes, doch als dieser ihm
den Tisch vorführen wollte und nichts passierte, war er sehr enttäuscht.
30 Der zweite Sohn war zu einem Müller in die Lehre gegangen. Zum Abschluss der
Lehrjahre bekam er von dem Müller einen Esel geschenkt. Dieser Esel konnte Gold
speien[2], wenn man „Bricklebritt!" rief.
Auf dem Weg nach Hause kam auch der zweite Sohn ins Gasthaus und erzählte
von seinem wundersamen Goldesel. Wieder schlich sich der böse Wirt in der
35 Nacht heran und tauschte den Goldesel aus.
Der Vater freute sich über die Rückkehr seines zweiten Sohnes, doch als dieser ihm
den Goldesel vorführen wollte und nichts passierte, war er sehr enttäuscht.
Der dritte Bruder war zu einem Drechsler[3] in die Lehre gegangen und bekam zum
Abschluss einen ganz besonderen Knüppel geschenkt. Der sprang aus dem Sack,
40 wenn man „Knüppel aus dem Sack!" rief, und strafte alle, die dem Jüngsten Böses
wollten.

1 unscheinbar: fällt
nicht auf
2 speien: spucken
3 Drechsler: ein
Handwerker, der aus
Holz runde Gegen-
stände herstellt

. Die anderen Brüder hatten dem Jüngsten von dem Gastwirt berichtet und so ging
. der jüngste Sohn in die Gaststube und erzählte von den vielen Edelsteinen, die in
. seinem Sack seien. Der gierige Wirt schlich sich in der Nacht heran und wollte den
45 Sack stehlen. Darauf hatte der jüngste Sohn gewartet. Er sprang auf und rief:
. „Knüppel aus dem Sack!" Der Knüppel schlug den Wirt grün und blau und schließ-
. lich gab der Wirt das Tischchen und den Goldesel heraus.
. Damit machte sich der Jüngste auf den Weg zum Vater.
. Der Vater und die Brüder freuten sich sehr über die Rückkehr des Jüngsten. Die
50 Brüder bekamen das Tischchen und den Goldesel zurück und nun führte der älte-
. te Sohn das Tischlein vor und sie konnten mit allen Verwandten essen und trinken.
. Der zweite Sohn sprach „Bricklebritt!" zu dem Goldesel und es fielen so viele Gold-
. stücke in die Stube, dass alle glücklich und zufrieden miteinander lebten.

2 Notiere alle zehn Figuren, die in dem Märchen vorkommen. Nutze die folgenden Sätze.

> ein ▬▬▬, der von Beruf Schneider ist
> drei ▬▬▬, die in die Welt hinausgehen
> eine ▬▬▬, die gefräßig und böse ist
> ein ▬▬▬, bei dem der älteste Sohn in die Lehre ging
> ein ▬▬▬, der die drei Söhne bestiehlt
> ein ▬▬▬, bei dem der zweite Sohn in die Lehre ging
> ein ▬▬▬, der Goldstücke spuckt
> ein ▬▬▬, bei dem der dritte Sohn in die Lehre ging

3 Prüft, welche Märchenmerkmale in dem Märchen zu finden sind. Übernehmt die
Tabelle und füllt sie aus. Tauscht euch im Tandem darüber aus.

Märchen
→ Seite 153

Märchen-titel	Mit welchem Satz beginnt das Märchen?	Welche magi-schen Figuren oder magi-schen Dinge kommen vor?	Sind die Figu-ren oder Tiere gegensätzlich (gut – böse)?	Werden beson-dere Sprüche oder Zahlen verwendet? Wenn ja, welche?	Gibt es einen typischen Märchen-schluss? Wenn ja, wie lautet er?
Tischlein deck dich	...	*Tischlein, Esel, Knüppel im Sack*	...	...	...

4 Gestaltet ein Plakat, auf dem ihr das Märchen und die Märchenmerkmale aus
Aufgabe 3 darstellt. Ihr könnt das Plakat am PC gestalten.

Plakat
→ Seite 296

Ende gut, alles gut

Merkmale eines Märchens erkennen, aus einer anderen
Perspektive erzählen

○ **1** Lies das Märchen aufmerksam.

A12 ◁))

NACH DEN BRÜDERN GRIMM
Der Froschkönig

In den alten Zeiten, als das Wünschen noch geholfen hat, lebte ein König, dessen
Töchter waren alle schön; aber die jüngste war so schön, dass die Sonne selber, die
doch so vieles gesehen hat, sich verwunderte, sooft sie ihr ins Gesicht schien. Nahe
bei dem Schlosse des Königs lag ein großer dunkler Wald und in dem Walde unter

5 einer alten Linde war ein Brunnen; wenn nun der Tag recht heiß war, so ging das
Königskind hinaus in den Wald und setzte sich an den Rand des kühlen Brun-
nens – und wenn sie Langeweile hatte, so nahm sie eine goldene Kugel, warf sie in
die Höhe und fing sie wieder; und das war ihr liebstes Spielwerk.
Nun trug es sich einmal zu, dass die goldene Kugel nicht in ihr Händchen fiel,

10 sondern in den Brunnen hineinrollte. Da fing sie an zu weinen, doch plötzlich rief
ihr jemand zu: „Was hast du vor, Königstochter, du schreist ja, dass sich ein Stein
erbarmen möchte." Sie sah sich um, woher die Stimme käme, da erblickte sie einen
Frosch, der seinen hässlichen Kopf aus dem Wasser streckte. „Ach, du bist's, alter
Wasserpatscher," sagte sie, „ich weine über meine goldene Kugel, die mir in den

15 Brunnen hinabgefallen ist." – „Sei still und weine nicht", antwortete der Frosch,
„ich kann wohl Rat schaffen, aber was gibst du mir, wenn ich dein Spielwerk wieder
heraufhole?" – „Was du haben willst, lieber Frosch", sagte sie, „meine Kleider, meine
Perlen und Edelsteine, auch noch die goldene Krone, die ich trage." Der Frosch
antwortete: „Deine Reichtümer, die mag ich nicht; aber wenn du mich lieb haben

20 willst und ich soll dein Geselle und Spielkamerad sein, an deinem Tischlein neben
dir sitzen, von deinem goldenen Tellerlein essen, aus deinem Becherlein trinken, in
deinem Bettlein schlafen; wenn du mir das versprichst, so will ich hinuntersteigen
und dir die goldene Kugel wieder heraufholen." – „Ach ja", sagte sie, „ich verspreche
dir alles, was du willst, wenn du mir nur die Kugel wiederbringst." Sie dachte aber:

25 Was der einfältige Frosch schwätzt! Der sitzt im Wasser bei seinesgleichen und
quakt und kann keines Menschen Geselle sein. Der Frosch tauchte seinen Kopf unter, sank hinab und hatte die Kugel im Maul und warf sie ins Gras. Die Königstochter war voll Freude, als sie ihr schönes Spielwerk wieder erblickte, hob es auf und
sprang damit fort. „Warte, warte", rief der Frosch, „nimm mich mit, ich kann nicht

30 so laufen wie du!" Sie hörte nicht darauf, eilte nach Hause und hatte bald den
armen Frosch vergessen.
Am andern Tage klopfte es an die Tür und rief: „Königstochter, jüngste, mach mir
auf!" Sie lief und wollte sehen, wer draußen wäre, als sie aber aufmachte, so saß der
Frosch davor.

35 Da warf sie die Tür hastig zu, setzte sich wieder an den Tisch und es war ihr ganz
angst. [...]
Und schon klopfte es zum zweiten Mal und rief: „Königstochter, jüngste, mach mir
auf!" Sie ging und öffnete die Türe, da hüpfte der Frosch herein, ihr immer auf dem
Fuße nach, bis zu ihrem Stuhl.

40 Da saß er und rief: „Heb mich herauf zu dir und schieb mir dein goldenes Tellerlein
  . näher, damit wir zusammen essen." Das tat sie zwar, aber man sah wohl, dass sie's
  . nicht gerne tat. Endlich sprach er: „Ich habe mich sattgegessen und bin müde; nun
  . trag mich in dein Kämmerlein und mach dein seiden Bettlein zurecht, da wollen
  . wir uns schlafen legen." Die Königstochter fing an zu weinen und fürchtete sich
45 vor dem kalten Frosch, den sie nicht anzurühren getraute und der nun in ihrem
  . schönen, reinen Bettlein schlafen sollte. Da packte sie ihn mit zwei Fingern, trug
  . ihn hinauf und setzte ihn in eine Ecke. Als sie aber im Bett lag, kam er gekrochen
  . und sprach: „Ich bin müde, ich will schlafen so gut wie du; heb mich herauf oder
  . ich sag's deinem Vater." Da ward sie erst bitterböse, holte ihn herauf und warf ihn
50 aus allen Kräften wider die Wand: „Nun wirst du Ruhe haben, du garstiger Frosch!"
  . Als er aber herabfiel, war er kein Frosch, sondern ein Königssohn mit schönen und
  . freundlichen Augen.

○ **2** Lies den Text noch einmal. Notiere die drei Handlungsorte und halte in Stichworten
fest, was dort jeweils geschieht.

> *Brunnen im Wald*
> *– Königstocher spielt mit ihrer goldenen Kugel am Brunnen*
> *– die Kugel fällt in den Brunnen*
> *– Frosch taucht auf und verspricht ihr die Kugel zu holen*
> *– Frosch stellt eine Bedingung: …*

◐ **3** Notiere, welche Märchenmerkmale in dem Märchen vorkommen. Nutze die Tabelle
aus Aufgabe 6 von Seite 153.

Märchen
⤷ Seite 153

◐ **4** Stelle dir vor, du wärst in dem Märchen der Frosch oder die Prinzessin. Schreibe
mögliche Gedanken und Gefühle dieser Figur auf, z. B.
Prinzessin: Ich liebe meine goldene Kugel.
Frosch: Ich will nicht mehr in dem feuchten Brunnen bleiben.

Perspektive
⤷ Seite 155

◔◔ ◐ **5** Erzählt aus der Sicht der gewählten Figur das Märchen im Tandem. Achtet dabei
darauf, dass ihr die Abfolge der drei Orte einhaltet und einige der Märchenmerkmale verwendet.

◔◔ ◐ **6** Tragt der Gruppe eure Märchen aus der Sicht des Frosches und der Prinzessin
abwechselnd vor. Lasst euch ein Feedback geben.

Feedback
⤷ Seite 47

◔◔ ○ **7** Wählt jeweils eine Erzählung aus der Sicht des Frosches und der Prinzessin für die
Präsentation in der Klasse.

Da war der Zauber vorbei

Merkmale eines Märchens erkennen, ein Märchen nacherzählen

1 Lies das Märchen „Die Bienenkönigin".

A13 🔊

BRÜDER GRIMM

Die Bienenkönigin

Zwei Königssöhne gingen einmal auf Abenteuer und gerieten in ein wildes, wüstes
Leben, sodass sie gar nicht wieder nach Haus kamen. Der Jüngste, welcher der
Dummling hieß, machte sich auf und suchte seine Brüder: Aber wie er sie endlich
fand, verspotteten sie ihn, dass er mit seiner Einfalt[1] sich durch die Welt schlagen

5 wollte, und sie zwei könnten nicht durchkommen und wären doch viel klüger. Sie
zogen alle drei miteinander fort und kamen an einen Ameisenhaufen. Die zwei
Ältesten wollten ihn aufwühlen und sehen, wie die kleinen Ameisen in der Angst
herumkröchen und ihre Eier forttrügen, aber der Dummling sagte: „Lasst die Tiere
in Frieden, ich leids nicht,[2] dass ihr sie stört."

10 Da gingen sie weiter und kamen an einen See, auf
dem schwammen viele Enten. Die zwei Brüder
wollten ein paar fangen und braten, aber der
Dummling ließ es nicht zu und sprach: „Lasst die
Tiere in Frieden, ich leids nicht, dass ihr sie tötet."

15 Endlich kamen sie an ein Bienennest, darin war so
viel Honig, dass er am Stamm herunterlief. Die
zwei wollten Feuer unter den Baum legen und die
Bienen ersticken, damit sie den Honig wegnehmen
könnten. Der Dummling hielt sie wieder ab und

20 sprach: „Lasst die Tiere in Frieden, ich leids nicht,
dass ihr sie verbrennt."

Endlich kamen die drei Brüder in ein Schloss, wo in
den Ställen lauter steinerne Pferde standen, auch
war kein Mensch zu sehen, und sie gingen durch alle Säle, bis sie vor eine Tür ganz

25 am Ende kamen, davor waren drei Schlösser; es war aber mitten in der Türe ein
Lädlein[3], dadurch konnte man in die Stube sehen. Da sahen sie ein graues Männchen, das an einem Tisch saß. Sie riefen es an, einmal, zweimal, aber es hörte nicht:
Endlich riefen sie zum dritten Mal, da stand es auf, öffnete die Schlösser und kam
heraus. Es sprach aber kein Wort, sondern führte sie zu einem reich besetzten[4]

30 Tisch; und als sie gegessen und getrunken hatten, brachte es einen jeglichen in
sein eigenes Schlafgemach[5]. Am andern Morgen kam das graue Männchen zu dem
Ältesten, winkte und leitete ihn zu einer steinernen Tafel[6], darauf standen Aufgaben geschrieben, wodurch das Schloss erlöst werden könnte. Die erste Aufgabe
war, in dem Wald unter dem Moos die Perlen der Königstochter, tausend an der

35 Zahl, zu suchen, und wenn vor Sonnenuntergang noch eine einzige fehlte, so ward
der, welcher gesucht hatte, zu Stein.
Der älteste Königssohn ging hin und suchte den ganzen Tag, als aber der Tag zu
Ende war, hatte er erst hundert gefunden; es geschah, wie auf der Tafel stand, er
ward in Stein verwandelt.

40 Am folgenden Tag unternahm der zweite Bruder das Abenteuer; es ging ihm nicht
viel besser als dem Ältesten, er fand nicht mehr als zweihundert Perlen und ward
zu Stein.

1 Einfalt: alter Ausdruck für „Dummheit"

2 ich leids nicht: alter Ausdruck für „ich mag es nicht"

3 Lädlein: Klappe

4 reich besetzt: reich gedeckt

5 Schlafgemach: Schlafzimmer

6 steinerne Tafel: Steinplatte

Endlich kam auch an den Dummling die Reihe, der suchte im
Moos, es war aber so schwer, die Perlen zu finden, und ging so
45 langsam. Da setzte er sich auf einen Stein und weinte. Und wie er
so saß, kam der Ameisenkönig, dem er einmal das Leben erhalten

hatte, mit fünftausend Ameisen, und es währte[7] gar nicht lange,
so hatten die kleinen Tiere die Perlen miteinander gefunden und auf einen Haufen
getragen.
50 Die zweite Aufgabe aber war, den Schlüssel zu der Schlafkammer der Königstochter aus dem See zu holen. Wie der Dummling zum See kam, schwammen die Enten, die er einmal gerettet hatte, heran, tauchten unter und holten den Schlüssel
aus der Tiefe.
Die dritte Aufgabe aber war die schwerste; aus den drei schlafenden Töchtern des
55 Königs sollte die jüngste und die liebste herausgesucht werden. Sie glichen sich
aber vollkommen und waren durch nichts verschieden, als dass
sie, bevor sie eingeschlafen waren, verschiedene Süßigkeiten
gegessen hatten, die Älteste ein Stück Zucker, die Zweite ein
wenig Sirup, die Jüngste einen Löffel voll Honig. Da kam die
60 Bienenkönigin, die der Dummling vor dem Feuer geschützt
hatte, und probierte den Mund von allen dreien, zuletzt blieb
sie auf dem Mund sitzen, der Honig gegessen hatte, und so erkannte der Königssohn die Rechte[8].
Da war der Zauber vorbei, alles war aus dem Schlaf erlöst, und wer von Stein war,
65 erhielt seine menschliche Gestalt wieder. Und der Dummling vermählte[9] sich mit
der Jüngsten und Liebsten und ward König nach ihres Vaters Tod; seine zwei Brüder aber erhielten die beiden anderen Schwestern.

7 es währte: alter Ausdruck für „es dauerte"

8 Rechte: alter Ausdruck für „Richtige"

9 vermählen: heiraten, verheiraten

2 Lies nun den Text noch einmal. Notiere dabei, welche Figuren in dem Märchen vorkommen.

💡 **Tipp**
Achte auf die Markierungen.

3 Schreibe in Stichworten auf, an welchen Orten die Handlung spielt und was dort jeweils geschieht.

4 Beantworte die folgenden Fragen zum Märchen schriftlich.
• Was unterscheidet den jüngsten Bruder von den beiden älteren Brüdern?
• Wem haben die Tiere geholfen?
• Warum haben die Tiere geholfen?
• Warum heißt das Märchen „Die Bienenkönigin"?
• Würdest du dem Märchen einen anderen Titel geben? Welchen?

5 Prüft, welche Merkmale in dem Märchen vorkommen. Tauscht euch im Tandem darüber aus.

Märchen
⌐ Seite 153

6 Zeichne einen Lageplan mit den Orten, die im Märchen genannt werden.

7 Seht euch in der Gruppe alle Lagepläne an und wählt einen für die Präsentation in der Klasse aus. Bereitet die Nacherzählung des Märchens mithilfe des Lageplans vor.

Feedback
⌐ Seite 47

Präsentiert eure Ergebnisse

Ihr habt verschiedene Märchen gelesen, euch zu Märchenmerkmalen ausgetauscht und – Ende gut, alles gut – unterschiedliche Präsentationen gestaltet. Nun könnt ihr eure Ergebnisse in der Klasse zeigen und euch ein Feedback geben lassen.

1. Information

○ Informiert die Klasse über das Märchen, mit dem ihr euch beschäftigt habt.

2. Präsentation

◔ Präsentiert der Klasse eure Arbeitsergebnisse.
- **A** Zeigt eure Plakate zu dem Märchen und den Märchenmerkmalen in „Tischlein deck dich!" in einem Rundgang.
- **B** Tragt das Märchen „Der Froschkönig" aus den beiden unterschiedlichen Perspektiven vor.
- **C** Erzählt euer Märchen „Die Bienenkönigin" mithilfe des Lageplans nach.

3. Fragerunde

○ Stellt Fragen zur Präsentation und lasst sie euch von der jeweiligen Gruppe beantworten, z. B.
- **A** Welches Märchenmerkmal ist in eurem Märchen besonders stark ausgeprägt?
- **B** Ändert sich das Märchen, wenn es aus der Sicht des Frosches erzählt wird? Wenn ja, wie?
- **C** Die Sprache in dem Märchen ist ziemlich ungewöhnlich. Wie würdet ihr sie beschreiben?

4. Diskussion

◔ Besprecht und diskutiert gemeinsam weitere Fragestellungen.
- **A** Was kann man aus dem Märchen lernen?
- **B** Hat sich die Königstochter richtig verhalten? Wie hättet ihr euch verhalten?
- **C** Wie denkt man am Anfang des Märchens vom Dummling und wie am Ende? Warum ändert sich das?

5. Feedback

● Wertet die Präsentationen gemeinsam aus. Gebt einander ein Feedback. Orientiert euch an folgenden Fragen:
- ☑ Habt ihr die Märchen gut verstanden, auch wenn ihr sie nicht selbst gelesen habt?
- ☑ Wurden alle Märchenmerkmale genannt? Haben welche gefehlt?
- ☑ Wurden eure Fragen gut beantwortet?
- ☑ Wurde gut präsentiert? (laut, deutlich, zusammenhängend gesprochen, Blickkontakt …)

Überprüfe dich selbst

So, lieber Märchenforscher, die Reise neigt sich dem Ende zu. Bevor ich mich jedoch verabschiede, musst du noch einige Fragen beantworten und zeigen, wie fit du beim Thema Märchen bist.

1 Schreibe den Text ab und fülle die Lücken aus. Decke die Wörter unten zunächst ab und versuche es ohne die Hilfe.

> *Im Märchen gibt es keinen Unterschied zwischen der ▬▬▬ Welt und der Wunderwelt. Hier können sich Menschen und Tiere ▬▬▬, Zaubergestalten können ein Geschehen lenken, nichts ist ▬▬▬. Märchen spielen ▬▬▬ und ▬▬▬ und beginnen häufig mit „▬▬▬". Im Märchen sind Figuren entweder ▬▬▬ oder ▬▬▬, dazwischen gibt es nichts. Das gilt auch für andere Gegensätze wie ▬▬▬ und ▬▬▬.*

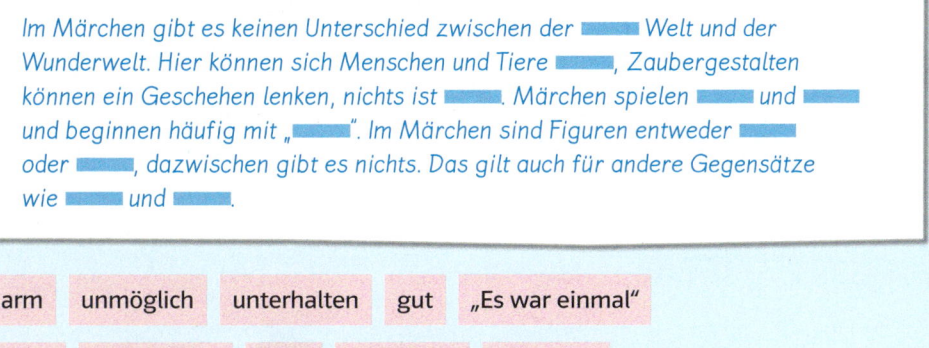

arm	unmöglich	unterhalten	gut	„Es war einmal"

reich	irgendwann	böse	wirklichen	irgendwo

2 Welche Märchen kennst du noch? Nenne mindestens vier.

3 Was ist gemeint, wenn jemand sagt „Das ist ja wie im Märchen."? Schreibe es auf und suche ein Beispiel.

4 Manchmal ist vor allem die Perspektive wichtig. Wann hat es dir schon einmal geholfen, dir ein Erlebnis aus einer anderen Perspektive vorzustellen? Schreibe in Stichworten die Situation auf.

 **Lösungen**
2qh7wd

Das kannst du jetzt:
• Märchen erkennen
• Merkmale von Märchen benennen
• aus einer anderen Perspektive erzählen

12 Was liest du denn gerade?

Kinder- und Jugendliteratur lesen und verstehen

A

1 Was fällt euch zu den Bildern **A–D** ein? Habt ihr Lieblingsorte, z.B. zum Lesen und zum Nachdenken? Erzählt davon.

2 Tauscht euch über folgende Themen aus:
- Lieblingsbücher
- Themen, die euch interessieren
- Orte zum Lesen
- wie ihr neue Geschichten und Lesestoffe entdeckt

Leseratte oder nicht? Lesen macht Spaß, bringt euch in andere Welten und Zeiten, lässt euch Abenteuer erleben und andere Menschen kennenlernen. Manchmal erfahrt ihr auch etwas über euch selbst. Die Buchtipps sollen euch zum Lesen anregen, vielleicht habt ihr Lust, die Bücher im Ganzen zu lesen.

Das lernt ihr jetzt:
• euch über den Inhalt eines Buches informieren
• ein Buch vorstellen
• Bücher in der Bibliothek suchen

B

C

D

E
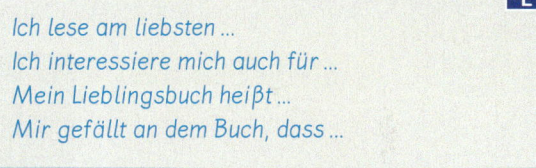

Ich lese am liebsten ...
Ich interessiere mich auch für ...
Mein Lieblingsbuch heißt ...
Mir gefällt an dem Buch, dass ...

F
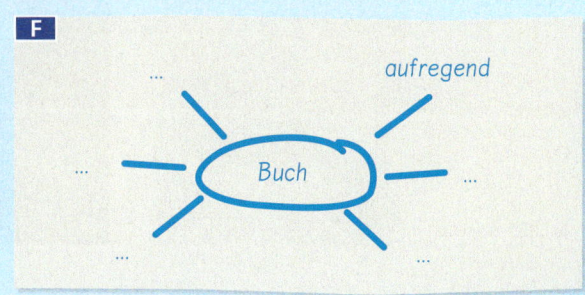

... aufregend ... Buch ... ...

3 Erzählt, was euch Bücher bedeuten.

4 Schreibt die Sätze von **E** ab und ergänzt sie.

5 Wie kann ein Buch sein? Vervollständigt das Cluster von **F** durch passende Adjektive.

Die Qual der Wahl

Sich schnell über den Inhalt eines Buches informieren

In den Bibliotheken, Buchhandlungen und im Internet gibt es ein riesiges Angebot an Kinder- und Jugendbüchern. Wie soll man sich da nur entscheiden? Zum Glück hat jedes Buch ein Buchcover[1]. Es nennt Autorin oder Autor, Titel und Verlag. Häufig ist das Cover bunt gestaltet. Auf der Rückseite des Buches befindet sich meistens der Klappentext. Er soll neugierig machen und beschreibt, worum es im Buch geht.

1 Buchcover: Umschlag eines Buches

1 Tauscht euch im Tandem darüber aus, wie ihr Bücher auswählt. Nehmt die Sätze in den Sprechblasen zu Hilfe.

> *Ich schaue mir nur den Titel und das Buchcover an.*

> *Ich lese immer den Klappentext.*

> *Ich sehe mir den Klappentext an und lese die ersten Seiten des Buches.*

> *Ich informiere mich, wie anderen das Buch gefallen hat (z. B. im Internet).*

> *Ich schaue nach, ob das Buch Abbildungen hat, die mir gefallen.*

💡 **Tipp**
Achte bei deiner Beschreibung auch auf die Figuren und wie diese zueinander stehen.

2 Sieh dir die drei Buchcover an. Wähle eines aus und beschreibe es genau. Stelle Vermutungen darüber an, worum es in dem Buch wohl gehen wird.

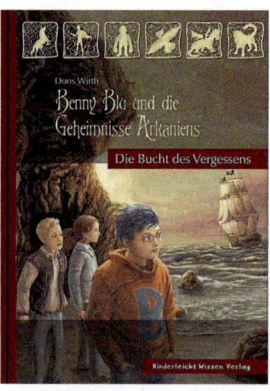

3 Welches der drei Bücher würdest du am liebsten lesen?
Begründe deine Meinung. Du kannst folgende Formulierungen verwenden.

Sprachtipp

- Ich würde ... gern lesen, weil ...
- Ich finde ... am besten, denn ...
- Mir gefällt besonders ..., da ...
- Mich interessiert ..., weil ...

Schade, entliehen!

Bücher in der Bibliothek recherchieren

Du suchst ein bestimmtes Buch? Dann geh doch mal bei einer Bibliothek in deiner Nähe vorbei. Dort gibt es viele Kinder- und Jugendbücher. Der digitale Katalog hilft dir bei der Suche. Darin findest du alle Medien, die du ausleihen kannst: Bücher, Zeitschriften, Hörbücher, E-Books, DVDs und Musikmedien.

○ **1** Sieh dir das Ergebnis einer Katalogsuche an. Welche Medien gibt es zum Titel „Paul Vier und die Schröders"? Nenne sie und beschreibe, woran du sie jeweils erkannt hast.

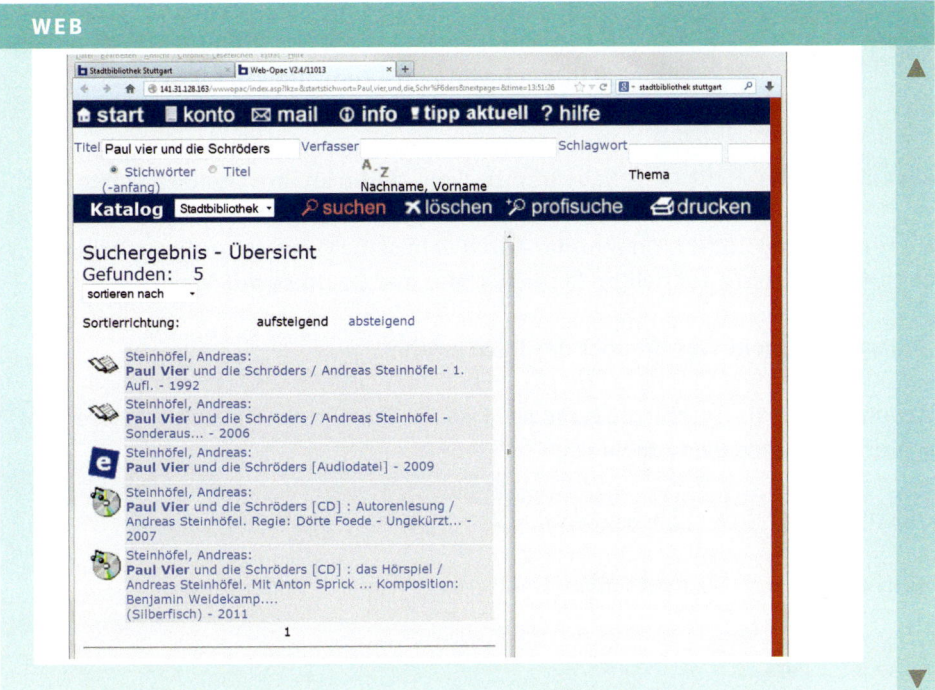

◐ **2** Welches Medium würdest du ausleihen? Begründe deine Entscheidung.

○ **3** Sieh dir die folgende Suchmaske einer Bibliothek an. In welches Feld würdest du die Begriffe eingeben?

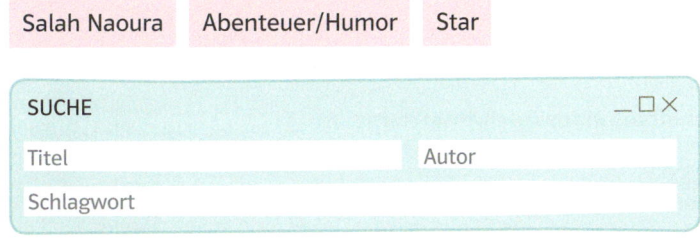

◐ **4** Suche in einem Bibliothekskatalog nach weiteren Büchern von Salah Naoura oder deiner Lieblingsautorin/deinem Lieblingsautor. Notiere die Titel.

Einen ganzen Sommer lang

Sich über den Inhalt eines Buches informieren

○ **1** Sieh dir das Buchcover an. Lies dann den gekürzten Klappentext.

Weil die Bukowski-Geschwister im Hallenbad ein
Kleinkind vorm Ertrinken gerettet haben, sind sie ein
paar Tage lang berühmt. Doch toller als der Ruhm ist
die Karte fürs Freibad, die sie für ihre Heldentat be-
5 kommen: Freier Eintritt in einen langen Sommer, der
für alle ein besonderer wird! Alf ist zehn […], sein
selbstgestecktes Ziel: der Sprung vom Zehnmeter-
turm. Seine 8-jährige Schwester Katinka […] trainiert
für 20 Bahnen Kraul am Stück. Robbie […] soll endlich
10 richtig schwimmen lernen, finden Alf und Katinka.
Wie der Sommer im Schwimmbad die Bukowski-
Kinder wachsen lässt, wie sie – nicht nur im
Schwimmbecken – kühn an ihre Grenzen gehen und
tollkühn über diese hinaus, erzählt Will Gmehling mit
15 Humor und viel Gefühl. Und immer durchweht seine Geschichte dieser beglücken-
de Duft von Wasser auf heißen Steinen, Chlor und Pommes mit Mayo …

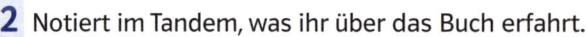

Tipp
Denkt an
Autorin/Autor,
Titel, Haupt-
figuren.

○ **2** Notiert im Tandem, was ihr über das Buch erfahrt.

3 Wovon könnte die Geschichte handeln? Lies die Themen durch. Welche passen am besten? Begründe deine Meinung.

Abenteuer   Krimi   Beziehung zu Tieren   Liebe   Sport

Science Fiction   Freundschaft   Familiengeschichte   Außenseiter

4 Fasse jetzt die Informationen aus den Aufgaben 1 bis 3 zusammen. Verwende dabei folgende Formulierungen.

> **Sprachtipp**
>
> • Das Kinderbuch heißt … und wurde von … geschrieben.
> • Auf dem Buchcover …
> • Die Hauptfigur heißt / Die Hauptfiguren heißen …
> • Ich denke, die Geschichte handelt von …

⚙ **Arbeitstechnik**

Lerninsel
⤷ Seite 268

Sich schnell über den Inhalt eines Buches informieren

1. Lies den **Titel** des Buches.
2. Sieh dir das **Cover** genau an (→ Farben, Bilder, Text).
3. Lies den **Klappentext**.
4. Schlage das Buch auf und **lies** ein **kurzes Stück**.
5. Stelle **Vermutungen** darüber an, wovon die Geschichte handeln könnte.

A14 🔊

5 Lies den Ausschnitt aus dem Buch „Freibad" von Will Gmehling.

Alle sagten, wir wären Helden. Waren wir aber nicht. Wir hatten nur zufällig in der
Nähe gestanden. Ich hab das auch nur kurz erzählt, damit du verstehst, wie es
kam, dass wir ab jetzt jeden Tag im Freibad verbrachten. Jeden einzelnen Tag. Den
ganzen Sommer lang. [...] Auch wenn es regnete. Wir hatten ja sonst keine Mög-
5 lichkeit, ich meine, unsere Eltern. Es war einfach nie genug Geld da für Ferien
woandershin oder so. Und Robbie musste ins Wasser.
Robbie heißt eigentlich Robert. Ich heiße Alfred, aber jeder sagt Alf zu mir, was
mich lange geärgert hat. Jetzt nicht mehr. Jetzt finde ich das gut. Katinka heißt
ganz einfach Katinka. Wir sind die Bukowskis aus dem Wohnblock hinter den
10 Gleisen. Ich bin zehn Jahre alt, Katinka ist acht, Robbie sieben. Mama arbeitet in
der Bahnhofsbäckerei. Papa fährt Taxi.
Wir wohnen in der Georg-Elser-Straße. Wir haben drei Zimmer. Das Wohnzimmer,
das Schlafzimmer von Mama und Papa und unser Zimmer. Dazu eine Küche und
ein Bad. Keinen Balkon. [...]
15 Am 15. Mai war es schön warm. Kaum war die Schule vorbei, holten wir Robbie im
Hort ab. Er saß wütend in der Ecke, als wir kamen. Jemand hatte ihm sein Lieb-
lingsauto weggenommen, ein Junge, der viel stärker war als er. Katinka wollte
gleich auf den Jungen los, aber ich fand das nicht gut, nicht jetzt. Wir wollten doch
ins Freibad. Also zeigte Katinka dem Jungen nur die Faust. [...]
20 Wir hatten kein Geld für den Bus, also gingen wir den ganzen Weg zu Fuß. Daran
würden wir uns jetzt gewöhnen müssen, denn Geld würde auch morgen keins da
sein. Auch nicht übermorgen. [...]
Im Hallenbad ist das Wasser immer schön warm, besonders im Nichtschwimmerbe-
cken. Hier nicht. Hier war es, als hätte jemand Eiswürfel reingetan, mindestens zehn
25 Tonnen. Katinka rannte gleich wieder raus, ich auch. Robbie aber blieb im Wasser
und freute sich. Wir behielten ihn genau im Auge. Die Kälte machte ihm null was
aus, er sprang im Wasser herum und war glücklich.
Da kam ein Bademeister und stellte sich breit neben uns hin. [...] „Das Wasser ist sau-
kalt", sagte Katinka zu ihm. „Das ist bescheuert." „Beschwer dich bei der Stadt", sagte
30 er. „Hier wird nicht geheizt." [...] Wo sind eigentlich eure Eltern?" „Bei der Arbeit."
„Passt auf den Kleinen auf. Ihr bleibt mit ihm im Nichtschwimmerbereich, verstanden? Ich hab ein Auge auf euch." „Klar", sagte ich. „Und ich habe ja auch schon
Silber und meine Schwester Bronze." [...]

6 Nenne die Namen der drei Geschwister. Wähle ein Geschwisterkind aus. Notiere
alles, was du über diese Figur aus dem Text erfährst.

7 Fertige einen Steckbrief zu der Figur an. Ergänze, wie du dir das Aussehen und den
Charakter der Figur vorstellst.

8 Würdest du das Buch „Freibad" gern weiterlesen? Begründe.

💡 **Tipp**
Nutze auch die
Informationen aus
dem Klappentext
in Aufgabe 1.

Steckbrief
⤴ Seite 17

START **Drei Wege – ein Ziel!** Finde deinen Weg mit diesem Einschätzungstest:  n8n85v

A

B

C

Eine besondere Großmutter

Sich über den Inhalt eines Buches informieren

Inhalt eines Buches
→ Seite 168

1 Sieh dir das Buchcover an. Lies dann den Klappentext.

Ben muss jeden Freitag bei seiner Oma verbringen, wenn seine tanzverrückten Eltern das Tanzbein schwingen. Bens Oma ist zwar nett, aber soooooo langweilig! Immer will sie bloß Scrabble spielen und
5 isst den ganzen Tag nichts anderes als Kohlsuppe – igitt!
Doch eines Tages findet Ben heraus, dass seine Oma ein Geheimnis hat: Sie war früher eine berühmte Juwelendiebin. Und jetzt plant sie ihr größtes Ding:
10 Sie will die Kronjuwelen der englischen Königin stehlen! Ben ist Feuer und Flamme. Was für ein Abenteuer! Von nun an können die Freitage gar nicht schnell genug kommen.

2 Arbeitet im Tandem. Macht euch Notizen zu:

Autor   Titel   Hauptfiguren   Inhalt

3 Lies jetzt den Ausschnitt aus dem Buch „Gangsta-Oma".

A15

Ben schnippte den Rest seines gekochten Eis aus dem Fenster und machte sich auf die Suche nach etwas anderem zu essen. Er wusste, dass Oma einen Geheimvorrat an Schokoladenkeksen oben auf dem Küchenregal hortete. Wenn Ben Geburtstag hatte, bekam er einen. Und von Zeit zu Zeit nahm er sich auch mal selber einen,
5 wenn Omas Kohl-Delikatessen dafür sorgten, dass er bärenhungrig blieb. […] Er hob die Keksdose an, eine große, runde Metalldose aus dem Jahre 1977, zum silbernen Thronjubiläum der Queen. Den Deckel zierte ein zerkratztes und verblichenes Porträt von Königin Elisabeth II., die damals noch sehr viel jünger ausgesehen hatte. Die Dose fühlte sich richtig schwer an. Schwerer als sonst. Seltsam. […]
10 Ben nahm den Deckel ab. *Er starrte hinein.* Und starrte weiter.
Was er sah, war kaum zu glauben! Diamanten! Ringe, Armbänder, Halsketten, Ohrringe, allesamt besetzt mit funkelnden Diamanten. Diamanten, Diamanten, Diamanten – unzählige! […]
Die Diamanten in der Keksdose waren so rätselhaft, dass Ben unbedingt ein wenig
15 Detektiv spielen wollte. Vielleicht würde er sogar jeden Winkel in Omas Haus absuchen. Die ganze Sache war wahnsinnig geheimnisvoll. […]
Wenig später saß Ben auf seinem Bett. Die Gedanken in seinem Kopf überschlugen sich.
Woher um alles in der Welt hatte Oma diese Diamanten? Wie viel waren sie wohl wert?
20 *Weshalb lebte sie in dieser kleinen Bruchbude, obwohl sie reich war?*
[…] Da kam Papa herein. „Oma hat zu tun", verkündete er. „Sie würde dich liebend gern sehen, aber heute Abend geht sie aus."

„Was?!", keuchte Ben. Oma ging so gut wie nie aus – Ben kannte ja ihren Termin-
kalender. [...]

25 Ben kauerte hinter dem Gebüsch vor Omas kleinem Haus. Während seine Eltern
unten im Wohnzimmer *Stars auf dem Parkett* guckten, war er an der Regenrinne
draußen neben seinem Fenster heruntergeklettert und die anderthalb Kilometer
zu Omas Reihenhaus geradelt. [...]
Wenn Oma tatsächlich zum ersten Mal seit zwanzig Jahren ausging, dann musste

30 er wissen, wohin. Vielleicht lag darin ja der entscheidende Hinweis, weshalb sie
massenweise Diamanten in ihrer Keksdose hatte. [...]
Die Nacht brach herein. Gegen Ende November wurde es rasch kälter und dunkler
und Ben schlotterte hinter seinem Busch, während er das Haus seiner Oma beob-
achtete. *Wo kann sie denn bloß hinwollen?*, überlegte er. *Sie geht doch so gut wie*

35 *niemals aus.*
Ben sah, wie sich in Omas Haus ein Schatten bewegte. Dann erschien ihr Gesicht
am Fenster und er duckte sich schnell. Das Gebüsch raschelte. *Pst*, dachte er. Ob
seine Oma ihn wohl gesehen hatte?
Wenige Minuten später öffnete sich die Haustür langsam, und heraus trat eine

40 vollkommen in Schwarz gekleidete Person. Sie trug einen schwarzen Pullover,
schwarze Leggings, schwarze Handschuhe und Socken – wahrscheinlich sogar
schwarze Unterwäsche. Eine schwarze Sturmmaske verbarg das Gesicht, aber an
der gebeugten Haltung erkannte Ben, dass es seine Großmutter war.
Oma sah aus wie eine der Figuren auf den Umschlägen der Bücher, die sie so gern

45 las. Rittlings nahm sie auf ihrem Elektromobil Platz und ließ den Motor aufheulen.
Wo zum Teufel wollte sie hin?
Und vor allem: Wieso war sie verkleidet wie ein Ninja-Kämpfer? [...]

4 Beantwortet im Tandem die folgenden Fragen. Macht euch Notizen.
- Welche Entdeckung hat Ben gemacht?
- Was plant er, nachdem er die Entdeckung gemacht hat?
- Was beobachtet er in der Nacht?

5 Tauscht euch in der Gruppe zu folgenden Fragen aus. Stellt Vermutungen an.
- Woher könnte die Oma die Diamanten haben?
- Was könnte die Oma in der Verkleidung vorhaben?
- Was würdet ihr an Bens Stelle jetzt tun?

6 Die Oma interessiert sich für die Kronjuwelen der englischen
Königin. Recherchiere im Internet, was man darunter versteht.

Internetrecherche
→ Seite 195

7 Würdest du die Geschichte gern weiterlesen? Begründe deine
Meinung.

8 Fasst jetzt im Tandem alle Informationen aus den Aufgaben 2, 4 und 5 schriftlich
zusammen.

9 Wählt in der Gruppe eine Person aus, die das Buch in der Klasse mithilfe ihrer
Notizen vorstellt.

Vom berühmten Marko
Sich über den Inhalt eines Buches informieren

Inhalt
eines Buches
→ Seite 168

1 Lies das Gespräch zwischen Tom, Milena und Salma.

Tom Ich habe am Wochenende das Finale von „The Voice Kids" gesehen. Da war ein Junge dabei, der hatte eine Wahnsinnsstimme. Als sie ihn vorgestellt haben, kam raus, dass er nie Gesangsunterricht oder so etwas hatte. Er hat einfach gesungen, weil es ihn so an seinen Vater erinnert und getröstet hat. Und dann hat ihn einer von der Castingshow angesprochen, einfach so.

Milena Den Jungen hab ich auch gehört und voll Gänsehaut bekommen, vor allem wegen der Geschichte. Der Vater hat wohl auch immer gesungen und war dann eines Tages plötzlich verschwunden.

Salma Hey, das klingt wie eine Geschichte, die ich vor kurzem gelesen habe. Da ist auch ein Junge, Marko, der wegen einer angeblich besonderen Fähigkeit zufällig in eine Castingshow kommt, am Ende gewinnt und aber eigentlich nur seinen Vater treffen will. Der Hype um ihn ist ihm dabei total egal, er nutzt ihn sogar dafür, um andere zu unterstützen und hängt lieber mit seinem Freund Greg ab – seine Mutter wird dagegen voll geldgierig.

Tom Also ich stell mir das total cool vor, von Fans erkannt zu werden und Autogramme geben zu müssen, vor der Kamera zu stehen und viel Geld zu verdienen. Man hat doch dann auch 'nen Manager, der alles für einen organisiert, oder? Ist bestimmt voll gut. Wie heißt das Buch denn?

Salma „Star" von Salah Naoura.

Milena Ich weiß nicht, ob ich gern ein Star wäre. Stell ich mir voll anstrengend vor mit den Fans und dann muss man bestimmt auch Sachen machen, auf die man keine Lust hat. Wie geht das Buch denn aus? Erfüllt sich der Wunsch des Jungen?

Tipp
Denke an
Autorin/
Autor,
Titel, Haupt-
figuren.

2 Notiere alles, was du bisher über das Buch „Star" erfahren hast.

3 Tauscht euch im Tandem zu folgenden Fragen aus.
- Worüber unterhalten sich die drei?
- Mit wem unterhaltet ihr euch am liebsten über Bücher, Serien und Filme?

4 Hast du auch schon einmal davon geträumt, bei einer TV-Show mitzumachen und berühmt zu werden? Beschreibe, welche Fähigkeit du dazu gern hättest.

5 Lies nun den Textausschnitt aus „Star" von Salah Naoura.

A16 ◁))

Ungefähr zehn Meter vor mir auf der Bühne stand im grellen Scheinwerferlicht
ein schicker Tisch, an dem drei Personen saßen: In der Mitte der Zitronenfalter
Desirée, links von ihr ein Herr mit schnurgeraden, schwarzen Haaren, die ihm bis
zu den Schultern gingen, und rechts der Typ mit braunem Stoppelschnitt – das
5 war der Jury-Chef, so viel hatte ich inzwischen mitgekriegt. […]
„Na dann soll der Junge von mir aus kurz mal hellsehen und dann nach Hause
gehen", sagte der Zahnarzttyp und verdrehte genervt die Augen.
Irgendwie hatte ich das Gefühl, dass er mich nicht mochte.
„Ich kann auch *sofort* nach Hause gehen", bot ich an.
10 „O no, no, no!", rief Rick.

„Sieh mal schnell hell", rief Rudi mir zu, was dem
Publikum anscheinend gefiel, denn ein paar Leute
lachten und klatschten. „Hier, was denkt unsere
schöne Desirée wohl gerade", fuhr er fort. „Pass auf,
15 verrat nichts, Desirée. Was in deinem Kopf los ist,
verrät uns nämlich jetzt der Schnellhellseher."
Die Zuschauer lachten.
Desirée kicherte.
Rick warf Rudi einen empörten Blick zu und sagte:
20 „Sie sind eine *beast*, Mr. Jury-Star!"
„Aber im Moment geht es ausnahmsweise mal nicht
um mich, sondern um unsere Mrs. Leonard", erwider-
te Rudi. „Also?" Er blickte mich erwartungsvoll an. [...]
Noch ehe ich mit meiner Geschichte über die Polizei-Hellseherin beginnen konnte,
25 hatte sich in meinem Kopf blitzschnell eine andere Geschichte zusammengesetzt,
und urplötzlich war ich mir dermaßen sicher, was Desirée gerade dachte, als hätte
ihre Stimme es mir eben erst ins Ohr geflüstert.
„Bitte, wie Sie wollen", sagte ich ins Mikrofon.
„Desirée fragt sich, was sie hier eigentlich soll. Sie denkt, warum sitze ich hier in
30 diesem Fernsehstudio, wenn es meinem Sohn so schlecht geht. Sie ist müde, denn
sie hat kaum geschlafen, weil er sich die ganze Nacht übergeben hat. Und sie
würde am liebsten sofort nach Hause fahren, anstatt sich die Fahrpläne von
japanischen Schnellzügen anzuhören ... Sie will viel lieber wissen, wie es ihrem
Kind geht. ‚Das nervt doch alles total hier', denkt sie gerade."
35 Im Saal herrschte Totenstille.
Desirée hatte Mund und Augen aufgerissen und starrte mich an.
Und dann brach sie in Tränen aus! [...]
Im nächsten Moment brach tosender Applaus los.
Das Licht ging an, und ich sah, wie Tausende von Menschen von ihren Stühlen
40 aufsprangen und klatschten, pfiffen und johlten!
„Das war Hammer, Hammer, Hammer!", rief Rick.
Rudi blickte nachdenklich zum Notausgang hinüber. „Ich hab das echt nicht
gewusst", sagte er und drehte sich zum Publikum um. „Das hat sie niemandem
erzählt." [...]

6 Beantwortet im Tandem die folgenden Fragen. Macht euch Notizen. Lest dazu auch
noch einmal das Gespräch auf Seite 172.
- Wie heißt die Hauptfigur des Romans und in welcher Situation befindet sie sich
  gerade?
- Welche Fähigkeit hat die Hauptfigur?
- Wie ist die Stimmung zwischen den Figuren?

7 Würdest du die Geschichte gern weiterlesen? Begründe deine Entscheidung.

8 Fasse alle Informationen, die du zu „Star" gesammelt hast, schriftlich zusammen.

9 Wählt in der Gruppe eine Person aus, die das Buch in der Klasse mithilfe ihrer
Notizen vorstellt.

Alles nur ein Traum?

Sich über den Inhalt eines Buches informieren

A17 🔊

**Inhalt
eines Buches**
→ Seite 168

1 Sieh dir das Buchcover an. Lies den Klappentext und den Textausschnitt.

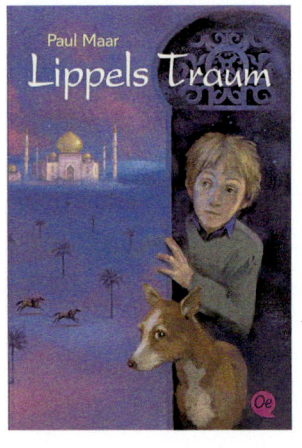

1001 Nacht – wenn Träume wahr werden! Wer ist
Muck? Der kleine herrenlose Köter, der Lippel immer
auf dem Schulweg nachläuft, oder der Hund aus dem
Königspalast? Und wer sind Asslam und Hamide, mit
5 denen Lippel im Sandsturm durch die Wüste irrt? Die
beiden türkischen Kinder aus seiner Klasse oder der
Prinz und die Prinzessin aus dem Morgenland? Es ist
ein aufregendes Abenteuer, das Lippel da träumt, und
er selbst steckt mittendrin. Oder ist es gar kein
10 Traum? Über die Macht der Fantasie – ein echter
Klassiker von Paul Maar.

Bevor erzählt wird, was Lippel in dieser Nacht träumte, muss hier erst etwas
Allgemeines über das Träumen eingefügt werden. Es gibt Menschen, die behaupten allen Ernstes, dass sie nie träumen würden. Lippels Vater war so einer, zum
Beispiel. Er sagte immer: „Heute Nacht habe ich tief und traumlos geschlafen."
5 Dass er tief geschlafen hatte, mochte ja stimmen. Doch traumlos schlief er gewiss
nicht. Jeder Mensch träumt nämlich, während er schläft. […]
Dann gibt es Menschen, die können sich beim Aufwachen noch an jede Einzelheit
ihres Traumes erinnern. Das war bei Lippel so. Er träumte so lebhaft und vor allen
Dingen so eindringlich, dass er manchmal in der Erinnerung Traum und Wirklich-
10 keit nicht mehr auseinanderhalten konnte.
Mit manchen Erinnerungen hatte er keine Schwierigkeiten: Wenn er sich zum
Beispiel ganz deutlich an einen Schwarm kleiner grüner Elefanten, an eine Henne
mit Vorderradantrieb oder an zwei kopfstehende Politessen erinnerte, wusste er
sofort, dass sie nur aus einem Traum stammen konnten. Aus einem recht unsin-
15 nigen noch dazu.
Schwieriger war es mit Erinnerungen, die mit ganz normalen Dingen zusammen-
hingen, mit Leuten, die er kannte, oder mit Sachen, die er erlebt hatte. Da wusste
er manchmal nicht, ob es echte Erinnerungen waren oder Erinnerungen an einen
Traum. […] Manche Menschen, die sehr eindringlich träumen und ihre Träume
20 ernst nehmen, können ihre Träume lenken. Lippel schaffte das zuweilen auch. […]
Und zuweilen (ganz selten allerdings) konnte er sich sogar vornehmen, wovon er
träumen wollte, und das klappte dann wirklich.
So war es gar nicht weiter verwunderlich, dass Lippel die angefangene Geschichte
einfach im Traum weitererlebte. […]

2 Welche Informationen geben Buchcover, Klappentext und Textausschnitt über den
Inhalt des Buches? Mache dir Notizen zu:
• den Hauptfiguren und der Handlung,
• den Orten, wo die Handlung spielen könnte,
• der Art der Geschichte.

3 In welcher Situation befindet sich die Hauptfigur und welche Fähigkeiten besitzt sie? Tauscht euch im Tandem darüber aus.

4 Lest den folgenden Text über Buchrezensionen. Besprecht in der Gruppe, welche Rezensionen ihr schon einmal gelesen habt und wo.

> **Die Rezension**
>
> Wenn man mehr über den Inhalt eines Buches erfahren will, kann man dazu eine **Rezension (Buchbesprechung)** lesen. Darin **beschreibt** eine Leserin oder ein Leser **die Geschichte**, ohne zu viel zu verraten. Die Person schildert ihren Leseeindruck und spricht oft auch eine Empfehlung aus. Rezensionen findet man in Internet-Buchhandlungen, Kinderzeitschriften oder auf Internetseiten wie z. B. „Kinderbuch-Couch" oder „Bücherkinder".

5 Lies die folgende Rezension zu „Lippels Traum".

Das Buch „Lippels Traum" von Paul Maar erzählt die Geschichte des 10-jährigen Lippel, der eigentlich Philipp heißt und sehr gern liest. Es beginnt damit, dass Lippels Eltern eine Woche
5 verreisen und er von der strengen Frau Jacob betreut wird. Diese hat wenig Verständnis für ihn und nimmt ihm sein Buch mit den Geschichten aus „Tausendundeiner Nacht" weg. Er hatte darin den Anfang einer Geschichte
10 gelesen, die von einem Prinzen handelt, dem ein schlimmes Unglück vorhergesagt wurde, wenn er in den nächsten sieben Tagen auch nur ein Wort sprechen würde. Lippel träumt diese Geschichte weiter, in der er dem Prinzen
15 und seiner Schwester hilft, die gegen eine böse Tante kämpfen. Dabei vermischen sich Traum und Wirklichkeit, denn die Kinder sehen aus wie die beiden neuen türkischen Mitschüler Arslan und Hamide aus Lippels
20 Klasse und die böse Tante ähnelt Frau Jacob. Mir hat dieses Buch über die Kraft der Träume sehr gefallen. Ich habe es sehr gern gelesen, weil die Handlung so spannend ist. Ich war immer wieder überrascht, wie es
25 weiterging, und konnte oft gar nicht aufhören zu lesen. Interessant fand ich, wie die Figuren und Orte aus Lippels Alltag sich in seinen Träumen verwandelt haben.

6 Ergänze mithilfe der Rezension deine Notizen in Aufgabe 2.

7 Würdest du die Geschichte gern weiterlesen? Begründe deine Meinung.

8 Fasst im Tandem alle Informationen aus den Aufgaben 2 und 3 schriftlich zusammen.

9 Wählt in der Gruppe eine Person aus, die das Buch in der Klasse mithilfe ihrer Notizen vorstellt.

10 Schreibe nun selbst eine Rezension. Wähle eines deiner Lieblingsbücher aus. Ergänze am Ende deine eigene Meinung und sprich eine Empfehlung aus.

So kannst du die Rezension aufbauen:

1. Titel, Autorin oder Autor
2. Thema
3. kurze Inhaltsangabe
4. eigene Meinung

Präsentiert eure Ergebnisse

Ihr habt euch über verschiedene Bücher einen Überblick verschafft und Ausschnitte daraus gelesen. Nun könnt ihr die Bücher der Klasse vorstellen, darüber diskutieren und euch am Ende ein Feedback holen.

1. Information

 ○ Informiert die Klasse über Titel und Autorin oder Autor eures Buches.

2. Präsentation

 ◔ Präsentiert eure Arbeitsergebnisse.

    A Stellt das Buch „Gangsta-Oma" vor.

[MK] **B** Stellt das Buch „Star" vor.

    C Stellt das Buch „Lippels Traum" vor. Lest einige Rezensionen zu euren Lieblingsbüchern vor.

3. Fragerunde

 ○ Stellt Fragen zur Buchvorstellung und lasst sie euch von der jeweiligen Gruppe beantworten, z. B.

    A Was sind die Kronjuwelen der englischen Königin?

    B Wie hat Desirée reagiert, als Marko ihre Gedanken wiedergegeben hat?

    C Warum habt ihr zu diesen Büchern Rezensionen geschrieben? Was ist das Besondere an ihnen?

4. Diskussion

○ Besprecht und diskutiert gemeinsam weitere Fragestellungen.

    A Wie würdet ihr reagieren, wenn eure Oma eine Juwelendiebin wär?

    B Glaubt ihr, dass Menschen hellsehen können?

    C Wo würdet ihr euch hinträumen, wenn ihr die Fähigkeiten hättet, die Lippel hat?

5. Feedback

● Wertet die Präsentationen gemeinsam aus. Gebt einander ein Feedback. Orientiert euch an folgenden Fragen:

    ☑ Habt ihr gut verstanden, worum es in den Büchern geht?

    ☑ Waren die Informationen ausreichend? Haben euch wichtige Informationen gefehlt?

    ☑ Wurden eure Fragen gut beantwortet?

    ☑ Wurde gut präsentiert? (laut, deutlich, zusammenhängend gesprochen, Blickkontakt …)

Überprüfe dich selbst

○ **1** Welche Arten von Geschichtenbüchern gibt es? Welche Begriffe gehören nicht
dazu? Lege eine Tabelle an und ordne sie ein.

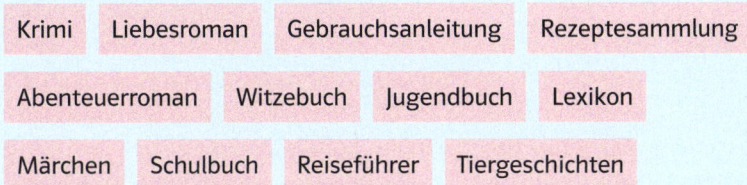

Krimi   Liebesroman   Gebrauchsanleitung   Rezeptesammlung

Abenteuerroman   Witzebuch   Jugendbuch   Lexikon

Märchen   Schulbuch   Reiseführer   Tiergeschichten

MK ● **2** Bei erfolgreichen Büchern kann man die Geschichten nicht nur lesen, sondern es
gibt viele verschiedene Möglichkeiten, die Figuren und die Handlungen wiederzugeben. Welche anderen Medien kennst du, in denen Geschichten erzählt werden?
Nenne mindestens drei.

● **3** Du willst dein Lieblingsbuch vorstellen. Lege einen Steckbrief dazu an. Vergiss nicht,
die Oberbegriffe zu nennen.

Titel des Buches: …

🌐 **Lösungen**
n8n85v

Du kannst jetzt:
• in der Bibliothek recherchieren
• dich mit Cover und Klappentext über den Inhalt eines Buches informieren
• Textausschnitte aus Jugendbüchern verstehen und ihren Inhalt wiedergeben

13 Tieren auf der Spur

Sachtexte lesen und verstehen

A

1 Seht euch die Tierbilder **A–G** an. Tauscht euch zu folgenden Fragen aus:
  a Welche Tiere sind das?
  b Welche Tiere passen für euch zusammen?

2 Welche Fotos **A–G** würdet ihr den folgenden Begriffen zuordnen?

Spielkind   Zauberwesen

Versuchskaninchen   Kraftprotz

In vielen Bereichen, zum Beispiel in anderen Schulbüchern, aber auch in Zeitschriften, Sachbüchern oder im Lexikon und Internet, findet ihr Sachtexte. Sie geben euch Informationen zu allen möglichen Themen. Der Leseschlüssel hilft euch, diese Texte besser zu verstehen, die Informationen zu erfassen und mit eigenen Worten wiederzugeben.

Das lernt ihr jetzt:
• Sachtexte genau lesen und verstehen
• Informationen aus Sachtexten entnehmen und zusammenfassen
• Informationen aus einem Sachtext wiedergeben

Am liebsten mag ich ▬▬.
Ich habe das Tier schon einmal gesehen, und zwar ▬▬.
Ich habe das Tier leider noch nie gesehen, denn es lebt ▬▬.
Ich glaube, dass diese Tiere ▬▬ sind.
Ich interessiere mich für dieses Tier, weil ▬▬.

H

I jellyfish elephant chameleon goat dog mouse polliwog

3 Überlegt euch weitere ungewöhnliche Wörter für die Tiere, z. B. Artist, Faulpelz … Ihr könnt auch Wörter selbst erfinden. Erklärt euch die Wörter gegenseitig.

4 Mit welchem Tier würdest du dich gern einmal beschäftigen – und wie? Erzählt euch gegenseitig davon. Nutzt die Sätze von **H**.

5 Ordnet die englischen Begriffe **I** den Tieren von **A–G** passend zu. Benennt die Tiere in anderen Sprachen.

Tierisch wild

Einen Sachtext lesen und verstehen, Informationen
daraus wiedergeben

○ **1** Sieh dir das Bild an und lies die Überschrift. Worum geht es in dem Text?

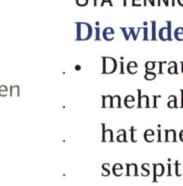

○ **2** Lies jetzt den Text und verschaffe dir einen ersten Überblick über den Inhalt.
Nummeriere dabei die Sinnabschnitte auf Klebezetteln.

A18 🔊

💡 **Tipp**
Die Abschnitte
sind mit Punkten
markiert.

UTA TENNIGKEIT

Die wilde Schwester aus dem Wald

- Die graubraune Wildkatze wiegt etwa ein Kilo
mehr als ihre zahme Schwester, die Hauskatze. Sie
hat einen buschigen Schwanz und eine helle Na-
senspitze. Auf dem Rücken hat sie einen dunklen
5   Strich und von den Augen aus verlaufen Streifen
zum Hals. Diese „Kriegsbemalung" verleiht der
schönen Wilden ihren drohenden
Gesichtsausdruck.
- Früher wurde die Wildkatze deshalb auch „Lämmertiger" oder „Räuber des
10 Waldes" genannt und gnadenlos gejagt. Sie war fast ausgestorben. Heute leben
aber wieder etwa 1000 Tiere in den Wäldern der Mittelgebirge.
- Ihr Speiseplan besteht zu **80 Prozent** aus **Mäusen** und nur zu **zehn Prozent** aus
Vögeln. Manchmal sind auch **Insekten und Käfer** ihre Beute. Dass ihre **Krallen
scharf** sind wie Sicheln und ihre **Zähne** wie **spitze** Säbel aussehen, hilft ihr sehr
15 beim Jagen.
- Unvergleichlich sind die Sinnesleistungen der Katze. Ihre von über 20 Muskeln
bewegten **Ohrmuscheln** setzt sie wie Radarschirme ein. Und sogar im Dunkeln
behält sie den Überblick: **Katzenaugen** sind sechsmal **lichtempfindlicher** als
unsere Augen. Unvorstellbar gut ist auch ihr **Gleichgewichtssinn**. Selbst bei
20 einem Sturz aus fünf Metern Höhe fällt sie auf die Füße.
- Die Wildkatze ist eigentlich ein Einzelkämpfer, aber im Frühjahr verlässt sie ihr
Revier, das sie mit Duftmarken gekennzeichnet hat, und geht auf Brautschau.
Dann ruft das Weibchen so lange nach dem Männchen, bis er zärtlich „Köpfchen
gibt" und sie maunzend umschmeichelt.
25 - 65 Tage nach der Hochzeit bringt das Weibchen in einem Nest aus Laub und
Haaren zwei bis vier Katzenkinder zur Welt. Zwölf Wochen lang kümmert sich
die Mutter um die jungen Wildkatzen, aber nach fünf Monaten scheucht sie die
Kleinen weg und alle werden wieder zu Einzelgängern.

👥☺ ○ **3** Lest den Text abschnittsweise. Fertigt im Tandem zu jedem Abschnitt ein Cluster an.
Schreibt die wichtigsten Wörter aus jedem Abschnitt in die verschiedenen Cluster.

💡 **Tipp**
In den Abschnitten
3 und 4 sind die
wichtigen Wörter
schon markiert.

...   ...
4. Abschnitt
*guter
Gleichgewichtssinn*   ...

...   ...
5. Abschnitt
*Brautschau im
Frühjahr*
...

○ **4** Ordne die folgenden Überschriften den sechs Abschnitten zu.

Partnersuche   Aussehen   Kindheit der Wildkatzen   Nahrung

fast ausgestorben   scharfe Sinne

 ○ **5** Im Text kommen ungewöhnliche Ausdrücke vor, z. B. „Kriegsbemalung" oder „Lämmertiger". Notiert sie und klärt im Tandem deren Bedeutung.

MK ◐ **6** Notiere alle Wörter aus dem Text, die du nicht kennst. Schlage im Wörterbuch oder Internet ihre Bedeutung nach.

Sichel – die Si|chel der –, die Si|cheln halbkreisförmig gebogene Metallklinge mit meist hölzernem Griff

 **Wörterbuch**
⤷ Seite 260

Internetrecherche
⤷ Seite 195

◐ **7** Fasse die Informationen zu Aussehen und Nahrung der Wildkatzen zusammen.

💡 **Tipp**
Notiere in Stichworten.

⚙️ **Arbeitstechnik**

V07 ▷

Mit dem Leseschlüssel einen Sachtext lesen und verstehen

Um einen Sachtext gut lesen und verstehen zu können, kannst du folgende Technik nutzen.

Vor dem Lesen
- Sieh dir die **Bilder** an.
- Lies die **Überschrift**.
- **Vermute**, worum es in dem Text gehen könnte.

Beim Lesen – erstes Lesen
- **Lies** den Text.
- Verschaffe dir einen ersten **Überblick**.

Beim Lesen – zweites Lesen
- **Lies** den Text genauer.
- **Gliedere** den Text in Sinnabschnitte.
- Erfasse die **wichtigsten Informationen** in jedem Abschnitt.
- Schreibe die **wichtigsten Wörter oder Wortgruppen** aus jedem Abschnitt heraus.
- Kläre **unbekannte Begriffe** mithilfe eines Lexikons oder des Internets.
- Finde zu jedem Abschnitt eine **Überschrift**.

Nach dem Lesen
- **Fasse** den Inhalt **zusammen**.
- **Prüfe**, ob deine Vermutungen zutreffend waren.

Lerninsel
⤷ Seite 264

START   **Drei Wege – ein Ziel!** Finde deinen Weg mit diesem Einschätzungstest: us3e2a

A

B

C

Tierisch ekelig?

Einen Sachtext verstehen und Informationen daraus wiedergeben

○ **1** Sieh dir das Bild an und lies die Textüberschrift. Worum könnte es in dem Text gehen?

○ **2** Lies jetzt den Text und verschaffe dir einen ersten Überblick über den Inhalt. Nummeriere dabei die sechs Sinnabschnitte auf kleinen Klebezetteln.

Walter Karpf

Eine raffinierte Spinnerin

- Der Naturjournalist Horst Stern beklagt, dass wir allzu leicht Spinnen töten und dabei so gut wie kein Schuldgefühl haben: „Der **Abscheu**, den nicht wenige Menschen empfinden, wenn sie die starrenden Augen und die **haarige** und **langbeinige Spinnengestalt** sehen, ist stärker. Dass sie stoßweise und schnell laufen,
5 verstärkt die Spinnenfurcht."
- Anders als mit ihrem Aussehen ist die weitverbreitete Furcht vor Spinnen nicht zu erklären, denn tun können sie uns nichts. Das Gift der Spinnenarten, die in Europa vorkommen, reicht gerade einmal aus, um eine Mücke zu lähmen, aber ganz bestimmt nicht, um einem Menschen etwas anzuhaben.
10 - Dabei sind Spinnen faszinierende Lebewesen. Das Netz der Garten-Kreuzspinne zum Beispiel ist ein echtes Wunderwerk. Wenn man es durch ein Mikroskop betrachtet, kann man erkennen, dass auf den extrem feinen Fäden winzige Klebetropfen angeordnet sind, die eine Beute festhalten. Der Faden einer Spinne ist außerdem ungefähr um ein Drittel fester und dehnungsfähiger als ein Nylonfa-
15 den, wie wir ihn von unserer Kleidung kennen.
- Jeden Morgen webt die Kreuzspinne in einer halben Stunde ihr Netz neu. Darin bleiben dann zum Beispiel Mücken und Blütenpollen hängen. Abends fressen die Kreuzspinnen ihr Netz wieder auf und verzehren dabei auch die Teile, die darin hängengeblieben sind.

20 • Der Jagdtrieb der Spinnen ist bei der Fortpflanzung ein großes Hindernis. Wenn
sich nämlich ein Männchen einem Weibchen nähert, muss es ihm erst einmal
durch Signale deutlich machen, dass es keine Beute ist. Dazu muss es in einem
bestimmten Rhythmus am Netz des Weibchens zupfen, damit das Weibchen
nicht denkt, der „Gast" wäre eine Beute.
25 • Wenn dem Männchen das gelingt, kann es zur Befruchtung kommen. Danach
setzt das Weibchen zum Beispiel in einem Mauerwinkel ungefähr 800 Eier ab,
die mit Dotter gefüllt sind. Diese Eier entwickeln sich zu Larven. Wenn die Larven groß genug sind, häuten sie sich und aus ihnen schlüpfen dann die Spinnen-
kinder, die schon nach kurzer Zeit selber anfangen, Netze zu spinnen.

○ **3** Lies den Text ein weiteres Mal. Übernimm die Tabelle. Ergänze sie, indem du die
Nummern der Abschnitte notierst.

Abschnitts- nummer	Überschrift	Hauptinformationen	unbekannte Wörter mit Erklärung	wichtige Wörter
1	*Spinnenangst*	*aus Furcht und Ekel werden Spinnen oft getötet*	*Abscheu → Ekel, sich vor etwas ekeln*	*Abscheu, haarige, langbeinige Spinnen- gestalt*
...	...	...	...	...

◯ ○ **4** Lest den Text abschnittsweise. Überlegt im Tandem, welche Wörter und Ausdrücke
aus dem Text die wichtigsten Informationen enthalten. Schreibt diese Wörter und
Ausdrücke in die Tabellenspalte ganz rechts.

○ **5** Notiere die wichtigsten Informationen aus jedem Abschnitt. Schreibe sie in die
Tabelle.

○ **6** Finde zu jedem Abschnitt eine Überschrift. Notiere sie in der Tabelle.

[MK] ◖ **7** Schreibe die Wörter in die Tabelle, die du nicht verstehst. Schlage diese Wörter
nach und schreibe die Erklärung dazu.

◯ ○ **8** Erarbeitet mit den Informationen aus dem Text ein Quiz. Schreibt dazu auf Karteikarten Fragen, die man mithilfe des Textes beantworten kann. Spielt das Quiz in
der Gruppe. Wer hat die Informationen aus dem Text gut behalten?

> *Quizfrage 1:*
> *Ist das Gift einer normalen Spinne für einen Menschen gefährlich?*
> *Antwort: Nein, ist es nicht. Es reicht gerade aus, um eine Mücke zu lähmen.*

[MK] ◯ ◖ **9** Sucht in Sachbüchern und im Internet nach weiteren Informationen zum Thema
Spinnen. Fertigt dann einen Steckbrief zu Spinnen an.

◯ ○ **10** Bereitet die Präsentation eurer Steckbriefe in einem Rundgang in der Klasse vor.

Internetrecherche
↱ Seite 195

Steckbrief
↱ Seite 17

Rundgang
↱ Seite 296

Tierisch begabt

Einen Sachtext verstehen und Informationen daraus wiedergeben

 ○ **1** Sieh dir das Bild an und lies die Textüberschrift. Worum könnte es gehen? Lies dann
A20 ◁⟩) den Text.

Wie Hunde Menschen helfen

. Viele Tiere haben ganz besondere Fähigkeiten, die der Mensch nicht hat. Affen
. können zum Beispiel wahnsinnig gut klettern. Katzen können unglaublich gut
. sehen. Auch Hunde haben besondere Begabungen: Sie können sehr gut riechen
. und genauso gut hören, und zwar so gut, dass wir Menschen uns das kaum vor-
5 stellen können. Wenn man z. B. einen Teelöffel Zucker in das Becken im Schwimm-
. bad schütten würde, könnte ein Hund diesen Zucker riechen. Und sie können
. Dinge hören, die wir Menschen gar nicht mitbekommen, zum Beispiel besonders
. hohe Töne, oder Töne, die sehr weit weg sind. Als dritte besondere Begabung
. kommt noch dazu, dass Hunde sehr gerne in einer Gemeinschaft leben und lernen
10 und dass sie diese Gemeinschaft mit ganzer Kraft schützen.
. So ist es nicht verwunderlich, dass in vielen Bereichen Hunde zu perfekten Helfern
. für die Menschen geworden sind.
. Ihre unglaublichen Fähigkeiten im Riechen und Hören helfen uns zum Beispiel,
. alles Mögliche zu finden. Hunde finden Menschen, die von Schneelawinen
15 verschüttet wurden genauso wie Menschen, die nach einem Erdbeben unter
. Trümmern liegen und auf Hilfe hoffen. Sie finden Sprengstoff oder Rauschgift
. und helfen so der Polizei.
. Ihre besonderen Fähigkeiten zeigen sie auch als Blindenhund. Nach einer langen
. Ausbildung werden sie zu sicheren und perfekten Begleitern von blinden Men-
20 schen im Straßenverkehr. Sie sehen für den Blinden, wann die Ampel auf Grün
. springt oder wenn etwas im Weg liegt und man besser einen Bogen läuft. Und falls
. mal jemand einen Blinden beschimpfen würde, der einen Blindenhund dabei hat,

. dann sollte er besser Abstand halten, denn der Hund würde sein blindes Frauchen
. oder Herrchen mit allen Mitteln verteidigen.
25 In den letzten Jahren haben Hunde auch dadurch auf sich aufmerksam gemacht,
. dass sie vielen Menschen medizinisch geholfen haben. Es gibt z.B. zuckerkranke
. Menschen, die von ihrem speziell dafür ausgebildeten Hund daran erinnert
. werden, dass sie ihr Medikament nehmen müssen – das Insulin. Das müssen sie
. immer dann nehmen, wenn ein bestimmter Wert in ihrem Blut zu stark sinkt. Das
30 können die Hunde riechen und den Menschen warnen, bevor es gefährlich wird.

○ **2** Lies den Text ein weiteres Mal. Teile ihn in Sinnabschnitte. Übernimm die Tabelle
und notiere die Abschnittsnummern.

Abschnittsnummer	Überschrift	Hauptinformationen
1	*Fähigkeiten von Hunden*	...
...	...	...

◑ **3** Sieh dir jeden Abschnitt genau an. Finde heraus, welche der folgenden Aussagen
zum ersten Abschnitt richtig sind. Ergänze sie in der Tabelle in Aufgabe 2.

> Hunde haben einen guten Geschmackssinn.
> Hunde können sehr gut riechen.

> Hunde können sehr hohe Töne hören.
> Hunde können sehr tiefe Töne hören.

> Hunde lernen gern in der Gemeinschaft, in der sie leben.
> Hunde schützen gern die Gemeinschaft, in der sie leben.

◑ **4** Schreibe nun die wichtigsten Informationen aus den anderen Abschnitten in deine
Tabelle.

○ **5** Notiere für jeden Abschnitt eine passende Überschrift in der Tabelle.

MK ⚇ ○ **6** Klärt im Tandem unbekannte Wörter mithilfe eines Lexikons oder des Internets.

Internetrecherche
⤷ Seite 195

● **7** Stelle dir vor, du sollst für eine Jugend-
zeitschrift einen Artikel darüber schreiben,
wie Hunde den Menschen helfen.
Gehe dabei so vor:
- Notiere die drei besonderen Fähigkeiten
von Hunden, die im Text genannt werden.
- Notiere Beispiele aus dem Text, die zeigen,
wie Hunde mit diesen Fähigkeiten
Menschen helfen können.
- Schreibe jetzt den Text.
Du kannst z.B. so beginnen: *Hunde haben
besondere Fähigkeiten, dazu gehören ...*

⚇ ○ **8** Überprüft eure Artikel in der Gruppe. Wählt
zwei bis drei Artikel zum Vorlesen vor der Klasse aus. Übt das Vorlesen.

Tierisch gefährlich

Einen Sachtext verstehen und Informationen daraus wiedergeben

A21 ◁)) ○ **1** Sieh dir das Bild und die Textüberschrift an. Worum könnte es gehen? Lies dann den Text.

DANIEL WIBERNY

Erst angeschafft, dann ausgesetzt

Die Mitarbeiter des Duisburger Tierheims müssen immer häufiger wegen exotischer Tiere anrücken. 50 bis 60 Reptilien werden jedes Jahr in Duisburg ausgesetzt. In den meisten Fällen handelt es sich dabei um Schlangen. [...] Die Fälle mit exotischen Tieren häufen sich. „Vor rund sieben Jahren fing es nur langsam an. Da hat-
5 ten wir vereinzelt mal eine Schlange", sagt Markus Pikowszky (37), Leiter der Kleintierabteilung und Reptilienstation. „Aber mittlerweile haben wir pro Jahr 50, 60 und mehr Reptilien. Wir haben deshalb vor zwei Jahren extra einen Reptilien-
container eingerichtet."
Ein Grund: Immer mehr Menschen in Duisburg erliegen offenbar dem Reiz des
10 Exotischen, schaffen sich ein entsprechendes Tier an – mitunter ohne die Folgen zu bedenken. „Wir hatten mal einen Anrufer, der eine Landschildkröte hatte, die ihm plötzlich zu groß wurde", erzählt Markus Pikowszky.
Es ist allerdings nicht die Regel, dass Tierhalter selber anrufen. Vielmehr sind Pikowszky und Co. dann gefragt, wenn Tiere aus schlechter Haltung geholt werden
15 müssen oder plötzlich in Gärten oder Kellern auftauchen.
„Es sind hauptsächlich Schlangen, die entweder ausgebüxt oder ausgesetzt worden sind", erklärt der 37-Jährige. „Vor allem in der warmen Jahreszeit häufen sich die Anrufe, wenn die Schlangen aus ihren Verstecken kommen."

. Über einige spektakuläre Fälle mit exotischen Tieren weiß Markus Pikowszky zu
20 berichten. „Vor einigen Jahren sind wir von der Polizei wegen einem fünfeinhalb
. Meter großen und gefährlichen Tigerpython gerufen worden. Der hatte sich über
. die A 59 in Richtung Dinslaken geschlängelt. Die Schlange war sehr angriffslustig,
. wir konnten sie am Ende aber doch fangen." [...]
. Das Tierheim behält solche Exoten nicht länger als zwei Tage, sondern übergibt sie
25 dank einer erfolgreichen Kooperation in der Regel dem Terrazoo in Rheinberg. [...]
. Und im Krefelder Tierpark fand eine 40 bis 45 Kilogramm schwere Schnappschild-
. kröte ein neues Zuhause. Das sehr aggressive Exemplar war mitten auf einer Stra-
. ße in Buchholz unterwegs. Die Polizei hielt die Schildkröte vor zweieinhalb Jahren
. mitten auf einer Straße in Schach, bevor Mitarbeiter des Tierheims zur Hilfe
30 kamen.
. Die haben aufgrund des gestiegenen Bedarfs regelmäßig Lehrgänge im Rheinber-
. ger Terrazoo, um auf den Umgang mit exotischen Tieren vorbereitet zu sein. „Wir
. müssen ja zum Beispiel wissen, woran wir erkennen, welches Tier giftig ist und
. welches nicht", so Pikowszky. „Wir sind mittlerweile auf alles gefasst." [...]

2 Lies den Text ein weiteres Mal. Teile ihn in Sinnabschnitte ein.

3 Notiere zu jedem Abschnitt Stichworte zu den wichtigsten Informationen aus dem Text.

4 Notiere für jeden Abschnitt eine passende Überschrift.

MK **5** Kläre unbekannte Wörter mithilfe eines Lexikons oder des Internets.

Internetrecherche
→ Seite 195

Lerninsel
→ Seite 274

6 Wähle Teilaufgabe **A** oder **B**:

A Stelle dir folgende Situation vor: Ein Verwandter findet Schlangen ganz toll. Deine Eltern wollen ihm zu Weihnachten eine Schlange schenken. Sie fragen dich, wie du darüber denkst. Schreibe nun einige Stichworte dazu auf, was du deinen Eltern zu dem Thema sagen würdest. Orientiere dich an folgenden Fragen:
  • Warum möchten manche Menschen exotische Tiere haben?
  • Was kann passieren, wenn man eine Schlange zu Hause hat?
  • Was muss man beachten, wenn man exotische Tiere hält?
  • Probiere das, was du deinen Eltern sagen würdest, mit einer Partnerin oder einem Partner aus und lass dir eine Rückmeldung dazu geben, ob du überzeugend warst.

B Suche dir ein exotisches Tier aus, das dich interessiert. Stelle das Tier selbst sowie die wichtigsten Informationen über eine artgerechte Haltung und über mögliche Gefahren vor.

MK **7** Gestaltet mithilfe eurer Ergebnisse aus Aufgabe 6 ein Plakat mit Regeln zur artgerechten Tierhaltung. Nutzt den PC.

Plakat
→ Seite 296

8 Bereitet euch in der Gruppe auf eine Diskussion zum Thema „Haltung von exotischen Tieren" vor.

Präsentiert eure Ergebnisse

Ihr habt zu verschiedenen Tieren Sachtexte mithilfe des Leseschlüssels gelesen und verstanden. Ihr habt weitere Informationen recherchiert und in unterschiedlicher Art zu Papier gebracht. Jetzt könnt ihr über eure Ergebnisse informieren.

1. Information

Informiert die Klasse über den Inhalt eures Sachtextes und die gestellte Aufgabe.

2. Präsentation

Präsentiert der Klasse eure Arbeitsergebnisse:
A Zeigt eure Steckbriefe über Spinnen in einem Rundgang.
B Lest ein oder zwei Artikel über Hunde in der Klasse vor.
C Informiert mithilfe eures Plakats über die Regeln zur artgerechten Haltung von exotischen Tieren.

3. Fragerunde

Stellt Fragen zur Präsentation und lasst sie euch von der jeweiligen Gruppe beantworten, z. B.
A Welche Erfahrungen habt ihr mit Spinnen gemacht?
B Kennt ihr weitere Beispiele, wie Hunde den Menschen helfen?
C Welche Tiere gelten als „exotisch"?

4. Diskussion

Besprecht und diskutiert gemeinsam weitere Fragestellungen.
A Was muss man beachten, wenn man eine Spinne als Haustier hält?
B Welche Hunderassen sind geeignet die Menschen zu unterstützen?
C Sollte die Haltung von exotischen Tieren verboten werden?

5. Feedback

Wertet die Präsentationen gemeinsam aus. Gebt einander ein Feedback. Orientiert euch an folgenden Fragen:
☑ Habt ihr die Informationen über die Tiere gut verstanden?
☑ Waren die Informationen ausreichend oder haben euch wichtige Informationen gefehlt?
☑ Wurden eure Fragen gut beantwortet?
☑ Wurde gut präsentiert? (laut, deutlich, zusammenhängend gesprochen, Blickkontakt …)

Überprüfe dich selbst

○ **1** Texte verstehen mit dem Leseschlüssel: Ordne die Bilder und Aussagen einander zu und bringe sie in die richtige Reihenfolge. Schreibe die Schritte in der richtigen Reihenfolge auf.

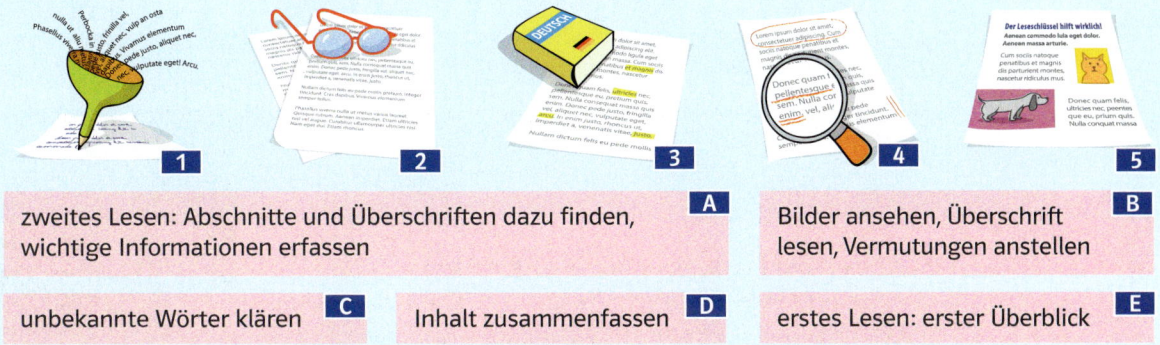

A zweites Lesen: Abschnitte und Überschriften dazu finden, wichtige Informationen erfassen	**B** Bilder ansehen, Überschrift lesen, Vermutungen anstellen

C unbekannte Wörter klären	**D** Inhalt zusammenfassen	**E** erstes Lesen: erster Überblick

○ **2** Stelle dir vor, du möchtest ein Chinchilla als Haustier. Informiere dich über diese Tiere mithilfe des folgenden Sachtextes. Nutze den Leseschlüssel.

Das Chinchilla

Chinchillas sind Nagetiere. Ein Chinchilla hat ein weiches, graues oder graubraunes Fell und einen buschigen Schwanz. Ihr Körper wird zwischen 23 cm und 38 cm groß, dazu kommen zwischen 8 und
5 15 cm Schwanz. (Kurzschwänziges Chinchilla: *Chinchilla brevidaudata*), Langschwanz-Chinchilla (*Chinchilla lanigera*). Chinchillas wiegen zwischen 500 und 800 Gramm. Sie leben in Halbwüsten und felsigen Berghängen im Südwesten Südamerikas.
10 In der Natur sind sie selten geworden und im Bestand gefährdet. Chinchillas werden in großer Zahl als Haustiere oder in Pelzfarmen zur Gewinnung ihres weichen Pelzes gehalten. Früher nannte man Chinchillas auch Wollmäuse, dieser Name ist irreführend, denn mit den Mäusen sind sie nicht näher verwandt. Zu ihrer Lieblingsnahrung gehören Knollen, Moose und Wurzeln.

○ **3** Notiere in Stichworten die wichtigsten Informationen zum Chinchilla aus dem Text.

MK ◔ **4** Stelle dir vor, du warst mit deinen Großeltern im Zoo und hast Chinchillas gesehen. Sie haben dir sehr gefallen und du möchtest ein Chinchilla als Haustier. Schreibe deinen Eltern in einer E-Mail alles, was du über diese Tiere erfahren hast.

🌐 **Lösungen**
us3e2a

Das kannst du jetzt:
• Sachtexte genau lesen und verstehen
• Informationen aus Sachtexten zusammenfassen
• Informationen aus einem Sachtext wiedergeben

14

MK

www – Willkommen in der weiten Welt

Medien und Medienverhalten untersuchen und bewerten

1 Seht euch die Bilder **A–D** an. Welche digitalen Medien nutzt ihr im Alltag? Wofür nutzt ihr diese Medien? Tauscht euch darüber aus.

2 Welches digitale Gerät hättet ihr gern? Nennt Gründe, warum es gerade dieses sein soll.

3 Lest die englischen Medienbegriffe in **E** und übersetzt sie ins Deutsche.

A

Mithilfe von Medien könnt ihr euch informieren und unterhalten lassen, mit anderen Menschen in Kontakt treten und euch austauschen.

Das lernt ihr jetzt:
- digitale Medien nennen und beschreiben
- euren eigenen Umgang mit Medien beschreiben
- eure Mediennutzung begründen
- Gefahren im Internet erkennen und euch schützen

B

C

D

das Headset
die Cloud
das Ranking
der Download
die Website
das Keyword

E

F

Diese Medien nutze ich			
oft	manchmal	selten	gar nicht
Handy	...	...	*Laptop*
...	...	...	...

G

3 Übernehmt die Tabelle **F** und füllt sie aus.

4 Sucht aus jeder Spalte der Tabelle **F** ein Beispiel aus. Bildet jeweils einen Satz, in dem ihr begründet, wozu ihr dieses digitale Medium nutzt.

5 Schreibt eine Liebeserklärung an euren Computer, euer Tablet, Smartphone oder eure Spielkonsole.

Deine Medienuhr

Umgang mit digitalen Medien beschreiben

1 digitale Medien: elektronische Medien, die mit digitalen Codes arbeiten, z.B. Computer, Handy, Internet

Nun habt ihr euch schon über verschiedene Medien ausgetauscht und du weißt, welche Medien deine Mitschülerinnen und Mitschüler nutzen. Aber weißt du auch, wie viel Zeit du täglich mit digitalen Medien[1] verbringst?

○ **1** Stelle dir einen ganz normalen Wochentag vor. Schätze ein, wie viel Zeit du insgesamt an diesem Tag mit folgenden Geräten verbringst: Computer, Smartphone, Laptop oder Tablet, Spielkonsole. Notiere die Stundenzahl.

○ **2** Untersuche jetzt genauer, was du wann, wozu und wie lange nutzt. Übernimm die Tabelle und fülle sie aus, z.B.

Wie lange? (in Stunden)		Gerät 1: *Spielkonsole* wozu: *Zocken*	Gerät 2: … wozu: …
Vormittag (7 bis 11 Uhr)		0	…
Mittag (11 bis 14 Uhr)		0	…
Nachmittag (14 bis 18 Uhr)		2	…
Abend (18 bis 21 Uhr)		0	…

○ **3** Wie lange beschäftigst du dich nun tatsächlich mit den Geräten? Zähle die Stunden in deiner Tabelle zusammen und schreibe sie auf. Vergleiche sie mit deinem Ergebnis aus Aufgabe 1.

○ **4** Besprecht jetzt im Tandem eure Ergebnisse aus der Tabelle.

○ **5** Vergleicht eure Ergebnisse in der Klasse. Stellt fest, wer die höchste und wer die niedrigste Stundenzahl aufgeschrieben hat.

○ **6** Tauscht euch in der Klasse über die Ergebnisse aus. Was hat euch überrascht oder verwundert?

Frag doch mal nach!

Funktion von digitalen Medien untersuchen

Wenn man von mehreren Personen Informationen zu einem Thema erhalten möchte, kann man eine Umfrage durchführen. Diese sollte gut vorbereitet werden, damit man aussagekräftige Antworten erhält.

1 Führt in eurer Klasse eine Umfrage zum Thema „Was machst du im Internet?" durch. Geht so vor:
- Überlegt, was ihr erfragen wollt.
- Formuliert Fragen dazu, z.B. *Siehst du dir Videos auf Youtube an?*
- Bildet Gruppen: Fragende und Befragte. Tauscht später auch die Rollen.
- Bereitet die Umfrage vor, indem ihr eine Strichliste oder Tabelle anlegt.
- Führt die Umfrage durch. Listet die Antworten in der linken Spalte auf. Notiert in der rechten Spalte die Häufigkeit.

Was?	Wer?/Wie viele? (Auswertung)
Videos anschauen	ⵗⵗ ⵏ = 7
chatten	ⵏ = 3
...	

2 Wertet jetzt eure Umfrage aus. Fasst die Ergebnisse aller Fragenden zusammen. Stellt fest, wie häufig in eurer Klasse die verschiedenen Angebote des Internets genutzt werden.

3 Stellt nun die Ergebnisse der Umfrage vor. Nutzt diese Formulierungen.

Sprachtipp

Zusammenfassung Umfrage
- Die Übersicht zeigt, dass die meisten Personen das Internet für … nutzen.
- An zweiter Stelle steht …
- Viele Personen …
- Nur wenige Personen nutzen das Internet um …

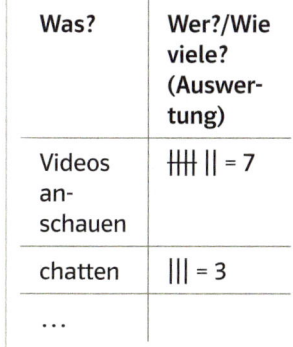

⚙ **Arbeitstechnik**

Eine Umfrage durchführen

Vorbereitung
- Formuliere das **Thema** der Umfrage (→ Was machst du im Internet?).
- Überlege, wer befragt werden soll.
- Nutze
  - **Entscheidungsfragen**, wenn du eindeutige Ja-/Nein-Antworten erwartest (→ Nutzt du das Internet jeden Tag?).
  - **W-Fragen**, wenn du ausführliche Antworten benötigst (→ Welche Medien nutzt du in deiner Freizeit?).

Durchführung und Auswertung
- Mache dir zu jeder Antwort kurze **Notizen** oder führe eine **Strichliste**.
- Verschaffe dir einen Überblick über die Ergebnisse der Umfrage. Stelle sie in einer **Übersicht** dar.
- **Fasse** die Ergebnisse in wenigen Sätzen **zusammen**.

💡 **Tipp**
Bedenke, dass jeder selbst entscheiden darf, ob er eine Frage beantworten möchte.

Daumen hoch – Daumen runter

Umgang mit digitalen Medien untersuchen

1 Lies die folgenden Situationsbeschreibungen durch.

„Statt vom Computerzeitalter zu sprechen, sollte man lieber vom Passwortzeitalter sprechen", stöhnt **Jasmin** beim Lesen ihrer E-Mails. „Ich verwende immer das gleiche: Nicolo – so heißt mein Meerschweinchen." **A**

Anna hat von **Kiara** ein blödes Bild gepostet. Kiara möchte das nicht. Kiara kann das Bild selber nicht löschen, das kann nur Anna. Die will aber nicht. **B**

Paula hat eine tolle Internetseite gefunden. „Klasse Spiele" heißt es auf der Seite. „Super! Mega! Hyper! Melde dich!" Und weil Paula alleine zu Hause ist, klickt sie weiter zur Anmeldung. Sie wird nach ihrem Namen, ihrem Alter und ihrer Telefonnummer gefragt. Sie gibt alles ein. **C**

Tom fährt mit seiner Klasse ins Schullandheim ins Allgäu. Damit auch alle die gleichen Informationen haben, eröffnet er eine eigene Gruppe im Internet dafür. So kann jeder bei Unklarheiten Fragen stellen und alle werden informiert. **D**

2 Wie würdet ihr euch verhalten? Ordnet die folgenden Aussagen den Situationen in Aufgabe 1 zu. Tauscht euch im Tandem über eure Gründe aus.

👍 Das würde ich auch machen. 👎 Das ist nicht korrekt.

3 Lest den Merkekasten durch und besprecht im Tandem, ob ihr euch in Aufgabe 2 richtig entschieden habt.

> ❗ **Merke**
>
> **Im Umgang mit dem Internet sollte man Folgendes beachten:**
>
>
>
> - **Recht am eigenen Bild**
>   Niemand darf Fotos oder Videos von Personen ins Internet stellen, ohne diese um Erlaubnis zu fragen.
>
> - **Schutz der Privatsphäre**
>   Vollständiger Name, Adresse und Telefonnummern sollten auf keinen Fall im Internet angegeben werden.
>
> - **Top Secret – Passwörter**
>   Passwörter niemals weitergeben und sie ab und zu ändern.
>
> - **Grundsätzlich gilt:**
>   Das Internet vergisst nie! Was einmal dort steht, bleibt!

Suchen und finden
Digitalen Medien Informationen entnehmen

Luca ist ein Fußballfan und möchte immer alles über sein Lieblingsthema wissen. Am liebsten informiert er sich darüber im Internet. Das Internet steckt voller Informationen. Aber die sind weder sortiert noch aufgeräumt.

1 Was habt ihr zuletzt im Internet recherchiert[1]? Tauscht euch im Tandem dazu aus.

2 Welche Suchmaschinen kennt ihr bereits? Nennt sie.

3 Wonach möchtest du im Internet suchen? Formuliere einen Satz dazu, z. B. *Ich möchte wissen, wo die nächste Fußball-Europameisterschaft stattfindet.*

4 Entscheidet euch im Tandem für eine Suchmaschine. Gebt einen einzelnen Suchbegriff ein und schaut euch die Suchergebnisse gemeinsam an, z. B. *Fußball-EM 2024.*

5 Verfeinert euren Suchbegriff und seht euch wieder die Ergebnisse dazu an, z. B. *Fußball-EM 2024, Stadien EM 2024, …*
Vergleicht anschließend die Ergebnisse in der Klasse.

6 Erstellt Suchaufgaben, tauscht sie untereinander aus und löst sie mithilfe einer Suchmaschine, z. B. *Wann war Deutschland zuletzt Austragungsort einer EM? …*

1 recherchieren
(frz.: **nachforschen**):
Informationen von
z. B. verschiedenen
Internetseiten
sammeln

Tipp
Suchmaschinen
sind einfach zu
bedienen. Sie
kosten zwar kein
Geld, aber die
Betreiber
verdienen Geld,
indem sie
Informationen
über ihre Nutzer
sammeln,
auswerten und
diese Daten
verkaufen.

⚙ Arbeitstechnik

V08 🔊
V09 🔊

Internetrecherche

Im **Internet** findest du eine unüberschaubare Menge an Informationen zu allen möglichen Themen.
Die Suche im Internet wird **Recherche** genannt.
Eine große Hilfe sind dabei **Suchmaschinen**. Um dich zu orientieren und das zu finden, was du suchst, gibt es einiges zu beachten.

1. Überlege dir einen oder mehrere **Suchbegriffe**.
2. Wähle eine **Suchmaschine** (→ Blinde Kuh, fragFINN, kiddle, Helles Köpfchen) aus.
3. Gib einen möglichst **konkreten Suchbegriff** ins Suchfeld ein. Verwende dabei Stichworte und keine ganzen Sätze.
4. Sieh dir die Suchergebnisse in der Übersicht an und entscheide, welcher Titel und welche Beschreibung **am nützlichsten** erscheinen.
5. Wenn du zu viele Treffer erhältst, dann **grenze** deine Suche **ein**. Ergänze noch weitere Suchbegriffe.
6. **Prüfe die** gefundenen **Informationen** noch einmal auf einer anderen Seite.

Lerninsel
↪ Seite 272

START **Drei Wege – ein Ziel!** Finde deinen Weg mit diesem Einschätzungstest: 3293gc

A
B
C

Spaß am Zocken

Digitale Medien und Medienverhalten untersuchen

Computerspiele machen Spaß, man kann eigene Welten erstellen und dabei auch etwas lernen.

1 Ordne die Computerspiele den jeweiligen Spielinformationen zu.

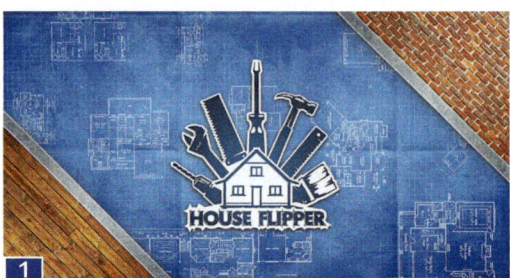

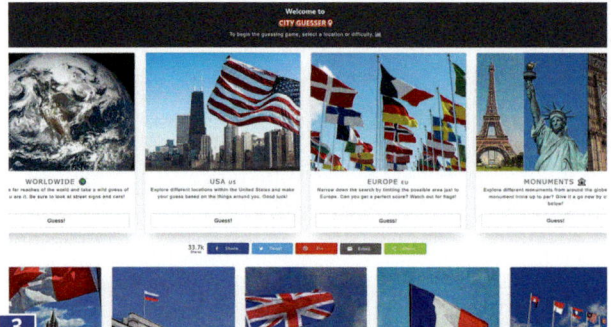

Darum geht's: Ratespaß weltweit mit Sightseeing-Faktor und Lerneffekt. In diesem Browserspiel siehst du dir Videos von Städten und Landschaften an und sollst dann erraten, wo sich der gezeigte Ort befindet. Das geht auch mit mehreren Spielern zusammen und lässt Urlaubsgefühle aufkommen.

A

Darum geht's: Häuser renovieren, einrichten, verkaufen? In diesem Simulator-spiel kein Problem, aber erst, wenn du das Geld dazu hast! Das verdienst du dir durch Arbeiten: Zuerst werden die Häuser anderer repariert, renoviert und aus-gestattet. Wenn du genug Geld verdient hast, kannst du eigene Projekte nach deinen Interessen verwirklichen: Wohnungen und Häuser einrichten, Umbauten wie ein Ingenieur planen oder mit Werkzeugen und Bauteilen selbst Hand anlegen. Das Budget liegt in deiner Hand und du kannst dir ein eigenes Unternehmen aufbauen.

B

Darum geht's: In diesem Jump-'n'-Run-Spiel schlüpfst du in die Rolle einer Figur, die sich automatisch vorwärts bewegt. Du lenkst sie durch Berührung des Touchscreens. Dabei kann sie tolle Sprünge und Drehungen vollführen. Sie springt über Lücken, überwindet kleine und große Hindernisse und sammelt dabei Münzen ein.

C

Darum geht's: Die Besatzung bereitet das Raumschiff für den Start vor. Sie würde gern starten, aber da sind Verräter an Bord. In diesem Spiel können vier bis fünfzehn Personen mitspielen. Der Zufall entscheidet, ob sie zur Besatzung des Raumschiffs gehören oder Verräter sind. Die Besatzungsmitglieder müssen Aufgaben auf dem Schiff erledigen, um zu gewinnen. Das wollen die Verräter verhindern, indem sie für Chaos sorgen.

D

2 Ordnet im Tandem die Spiele aus Aufgabe 1 folgenden Begriffen zu. Überlegt, worum es in den Spielen hauptsächlich geht.

Kreaktivität   Geschicklichkeit   Lernen   Strategie

3 Mathe üben und Vokabeln lernen am Tablet oder Handy? Nennt in der Gruppe Lernspiele oder Lern-Software, die ihr kennt.
- Beschreibt ihre Funktionen.
- Erklärt, ob ihr damit gut lernen könnt.

4 Gibt es Spiele, die Jungen lieber mögen als Mädchen? Begründet kurz eure Meinung.

5 Trage deine drei liebsten Spiele zusammen und schreibe sie in einer Rangfolge auf.

6 Spielt ihr lieber allein oder mit Freunden am Computer? Führt dazu eine Umfrage in der Klasse durch. Geht dabei so vor:
- Legt eine Tabelle an der Tafel an. Notiert beide Möglichkeiten (mit Freunden; allein).
- Jeder darf eine Stimme abgeben und macht in der entsprechenden Tabellenspalte einen Strich.
- Zählt die Striche und fasst anschließend das Ergebnis zusammen.
- Tauscht euch über das Ergebnis aus.

Umfrage
→ Seite 193

mit Freunden	allein
⊪⊪⊪ ⊪⊪⊪ ⊪⊪⊪ ‖ = 17	⊪⊪⊪ ⊪⊪⊪ ‖ = 12

7 Wenn ihr die Wahl hättet, MyBoo[1] zu spielen oder einen echten Hamster zu besitzen, Fußball am Computer zu spielen oder doch lieber auf dem Fußballplatz, was würdet ihr dann tun? Diskutiert in der Gruppe darüber.

1 MyBoo: Spiel für das Smartphone, bei dem ein virtuelles (künstliches) Haustier versorgt werden muss

8 Mache dir jetzt Notizen zu deinem Lieblingsspiel. Beantworte dabei die Fragen:
- Worum geht es in dem Spiel?
- In welcher Umgebung befindet man sich?
- Was für Figuren treten auf?
- Kannst du das Spiel mit anderen zusammen spielen?
- Warum gefällt es dir?

9 Bereitet in der Gruppe eure Präsentation vor. Wählt dann eine Person aus, die eure Ergebnisse präsentiert und ihr Lieblingsspiel vorstellt.

hi milli, lust auf schreiben? :-)

Digitale Medien und Medienverhalten untersuchen und bewerten

Egal wo ihr seid, egal wie spät es ist, egal ob am Schreibtisch oder auf der Couch – chatten kann man immer und überall und auch, mit wem man will. Einige Regeln sollte man aber beachten, sonst macht es keinen Spaß oder es kann sogar gefährlich werden.

○ **1** Lies den Chat zwischen **vampirgeist** und **Princess04**.

> **vampirgeist:** hey, wie fandest die aktion mit pete? 🙈
>
> **Princess04:** voll daneben!! das checken die doch locker dass das einer aus der klasse war. und so viele bleiben da nicht 😢
>
> **vampirgeist:** chill mal, wird schon nich rauskommen. den denkzettel hat er mal gebraucht.
>
> **frankie99:** ey, klingt voll spannend – was ging da? erzählt mal!
>
> **vampirgeist:** geht dich nix an
>
> **Princess04:** muss los, is schon voll spät. kommst morgen mit in den park? 5. Stunde fällt aus.
>
> **Princess04:** wollen chillen 😉

○ **2** Worum geht es in dem Chat? Tauscht euch im Tandem aus.

○ **3** Wann, womit und mit wem schreibst du? Und worum geht es? Beantworte stichpunktartig die Fragen.

Wann und wie lange? Womit? Wo? Mit wem? Themen?

4 Chatten Mädchen anders als Jungen? Führt in der Gruppe eine Umfrage zu diesem Thema durch. Geht so vor:

* Formuliert Fragen, z. B. *Wie lange schreibt ihr an einem Tag? Mit wem schreibt ihr? Über welche Themen schreibt ihr? Welche App[1] nutzt ihr?*
* Teilt euch in Gruppen auf. Erst befragen die Jungen die Mädchen, dann befragen die Mädchen die Jungen.
* Bereitet nun die Umfrage vor, indem ihr eine Strichliste oder Tabelle für die ganze Gruppe anlegt, z. B.

Umfrage
→ Seite 193

Wie lange?		Mit wem?		...	
1 Stunde	Mädchen: ‖‖‖	Freund	Mädchen: ‖‖‖	...	...
	Jungen: ‖‖		Jungen: ‖‖‖ ‖‖‖ ‖‖‖	...	...
2 Stunden	Mädchen: ...	Freundin	Mädchen: ...	...	...
	Jungen: ...		Jungen: ...	...	...
...	...	...	...	...	...

* Führt die Umfrage durch. Stellt eurer Gesprächspartnerin oder eurem Gesprächspartner die Fragen und listet die Antworten auf.

1 App (engl. application): kleines Programm für Handy oder Tablet

 5 Wertet eure Umfrage nun aus. Geht so vor:

* Schreibt die Ergebnisse der Fragenden in die Tabelle. Notiert die Antworten der Befragten und jeweils die Häufigkeit. Unterscheidet in Jungen und Mädchen.
* Fasst jetzt eure Ergebnisse zusammen, indem ihr zu jeder gestellten Frage Aussagen formuliert, z. B. *Die meisten Mädchen bei uns chatten 3 Stunden am Tag, während die meisten Jungen nur 2 Stunden am Tag chatten.*

6 Beim Chatten sollten einige Regeln eingehalten werden. Sammle stichwortartig in deinem Heft, welche Regeln das sein könnten.

7 Recherchiere die Regeln im Internet und vergleiche sie mit deinen Stichworten aus Aufgabe 6. Z. B.:

Regel 1
wir sprechen höflich und freundlich miteinander.

Regel 2
Wir beleidigen niemanden.

Internetrecherche
→ Seite 195

💡 **Tipp**
Diese Regeln heißen im Internet Netiquette oder auch Chatiquette.

8 Ist es euch beim Chatten schon einmal passiert, dass sich jemand nicht an die Regeln gehalten hat? Stellt im Tandem Tipps zusammen, wie man sich in so einer Situation verhalten kann.

9 In welcher Situation hat dir Chatten wirklich geholfen? Schreibe darüber einen kurzen Text, einen Rap oder zeichne dazu einen Comic. Stelle deine Meinung kurz in der Gruppe vor.

10 Wählt einen Text, Rap oder Comic aus und bereitet die Präsentation in der Klasse vor.

Unendliches Internet

Digitale Medien und Medienverhalten untersuchen und bewerten

1 Sieh dir die Internetseiten genau an. Ordne sie den Bereichen Wissen, Unterhaltung und Freizeit zu.

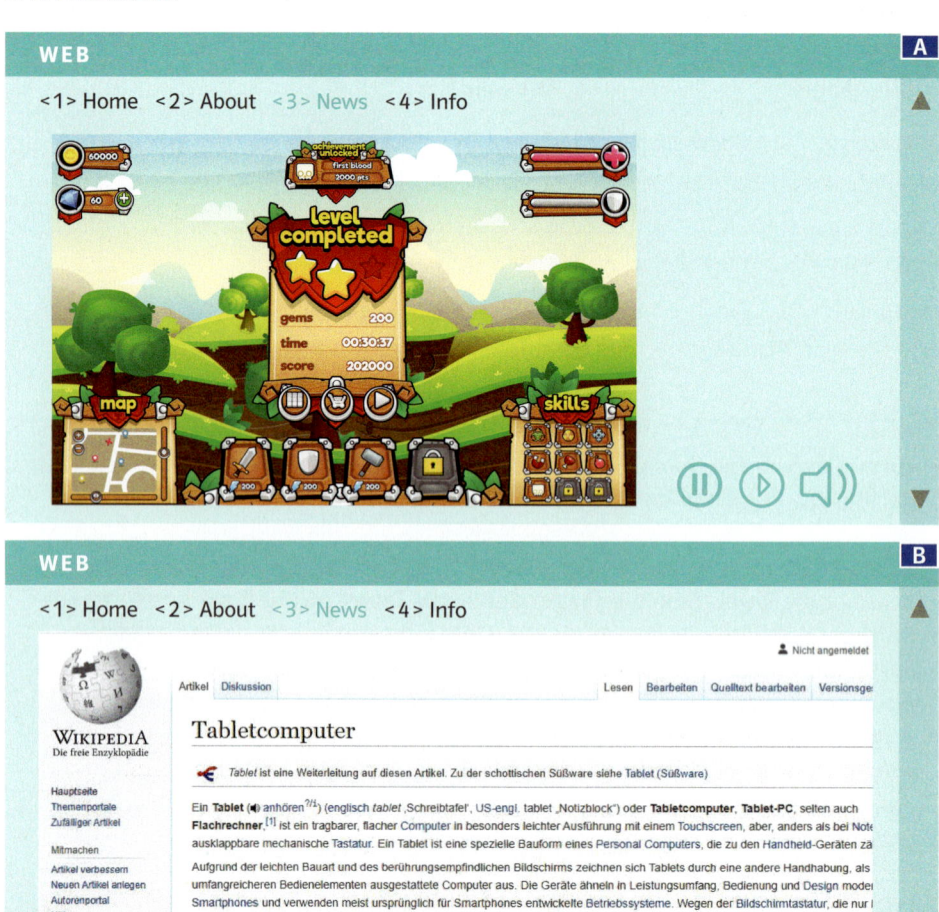

2 Überlege, welcher der drei Bereiche Wissen, Unterhaltung und Freizeit im Internet dir am wichtigsten ist. Begründe deine Meinung.

3 Sammelt im Tandem eure Lieblingsseiten zu den Bereichen Wissen, Unterhaltung und Freizeit. Tauscht euch darüber aus.

4 Führt eine Umfrage zum Thema „Nutzung der Bereiche Wissen, Unterhaltung und Freizeit im Internet" durch.
Geht so vor:
- Formuliert Fragen, z.B. *Welcher Bereich (Wissen, Unterhaltung, Freizeit) ist für dich wichtig? Welcher Bereich ist für dich nicht so wichtig?*
- Bereitet dann die Umfrage vor, indem ihr eine Strichliste oder Tabelle für alle Schülerinnen und Schüler anlegt, z.B.

Umfrage
→ Seite 193

Bewertung	Wissen	Unterhaltung	Freizeit / Hobby
sehr wichtig	IIII	IIII IIII	...
wichtig	IIII I	...	...
nicht so wichtig	...	...	...
gar nicht wichtig	...	...	...
Empfehlungen	*www.helles-koepfchen.de* ...	...	*www.besser basteln.de* ...

- Befragt mindestens zehn Schülerinnen und Schüler der Parallelklassen und mindestens zehn Schülerinnen und Schüler aus der 6. Klasse.
- Stellt euren Gesprächspartnerinnen und Gesprächspartnern die Fragen und erstellt eine Tabelle. Lasst euch besonders gute Internetadressen zu allen drei Bereichen nennen und notiert sie in der Tabelle.

5 Wertet eure Umfrage nun aus.
- Fasst eure Ergebnisse zusammen.
- Formuliert zu jedem Bereich eine Aussage, z.B. *Den meisten Schülerinnen und Schülern ist der Bereich Unterhaltung im Internet sehr wichtig.*

6 Gestaltet im Tandem ein Infoblatt „Mein Internet – die besten Seiten für Wissen, Unterhaltung und Freizeit." Geht so vor:
- Listet die Empfehlungen aus Aufgabe 4 auf.
- Schaut euch im Internet die Seiten an. Macht euch Notizen zum Inhalt der Seiten.
- Ergänzt diese Informationen in eurer Liste.
- Gestaltet das Infoblatt mit Schrift und Bildern.

Internetrecherche
→ Seite 195

7 Stellt eure Infoblätter aus Aufgabe 6 in der Gruppe vor und lasst euch ein Feedback geben.

8 Bereitet die Präsentation eurer Infoblätter als Rundgang vor.

Rundgang
→ Seite 296

Präsentiert eure Ergebnisse

Ihr habt euch mit Online-Formaten beschäftigt, eine Umfrage erstellt und aus-
gewertet sowie die verschiedene Nutzung von digitalen Medien untersucht. Zeigt
nun der Klasse, was ihr herausgefunden habt.

1. Information

Informiert die Klasse über das Thema, mit dem ihr euch beschäftigt habt.

2. Präsentation

Präsentiert eure Arbeitsergebnisse.
- **A** Berichtet von den Ergebnissen eurer Umfrage.
  Stellt anschließend ein Lieblingsspiel vor.
- **B** Berichtet von den Ergebnissen eurer Umfrage. Tragt anschließend
  einen Text und einen Rap vor und zeigt die Comics in einem Rundgang.
- **C** Berichtet von den Ergebnissen eurer Umfrage. Zeigt anschließend eure
  Infoblätter in einem Rundgang.

3. Fragerunde

Stellt Fragen zur Präsentation und lasst sie euch von der jeweiligen Gruppe
beantworten, z. B.
- **A** Was sind die wichtigsten drei Fakten, die man über ein unbekanntes
  Computerspiel wissen muss?
- **B** Wie drückt man beim Chatten seine Gefühle am besten aus?
- **C** Welche Internetseiten würdet ihr für Schulthemen empfehlen und warum?

4. Diskussion

Besprecht und diskutiert gemeinsam weitere Fragestellungen.
- **A** Wie muss ein Computerspiel sein, damit es nie langweilig wird?
- **B** Manchmal kann man sich beim Chatten ganz schön missverstehen. Was könnt
  ihr tun, damit das nicht passiert?
- **C** Worauf sollte man bei einer Internetseite immer achten?

5. Feedback

Wertet die Präsentationen gemeinsam aus. Gebt einander ein Feedback. Orientiert
euch an folgenden Fragen:
- ☑ War alles verständlich erklärt und konntet ihr gut folgen?
- ☑ Wurden alle wichtigen Informationen genannt? Haben Informationen gefehlt?
- ☑ Wurden eure Fragen gut beantwortet? Hattet ihr spannende Diskussionen?
- ☑ Wurde gut präsentiert? (laut, deutlich, zusammenhängend gesprochen/
  Blickkontakt …)

MK
Überprüfe dich selbst

○ **1** Ordne die untenstehenden Fragen richtig in die Tabelle ein

Entscheidungsfragen	W-Fragen (Ergänzungsfragen)
…	…

> Wo machst du am liebsten Urlaub? **A**

> Welchen Messenger-Dienst nutzt du? **B**

> Benutzt du Telegram? **C**

> Bist du täglich online? **D**

> Hast du ein eigenes Handy? **E**

> Wie suchst du nach Informationen? **F**

○ **2** Erläutere den Unterschied zwischen Entscheidungsfragen und W-Fragen.

○ **3** Nenne mindestens zwei Suchmaschinen, die für Kinder gut geeignet sind.

○ **4** Du möchtest in deiner Nachbarschaft eine Umfrage durchführen. Formuliere das Thema der Umfrage. Formuliere außerdem drei Fragen, die dich interessieren.

○ **5** Die Umfrage ist folgendermaßen ausgegangen. Werte sie aus. Schreibe dazu mindestens drei Sätze auf.

Was?	dagegen	dafür	unentschieden
Frage 1	‖‖‖ ‖‖‖ ‖ = 12	‖‖‖ ‖‖‖ ‖‖‖ = 15	0
Frage 2	‖‖‖ ‖‖‖ ‖‖ = 13	‖‖‖ ‖ = 7	‖‖‖ ‖ = 7
Frage 3	‖‖ = 4	‖‖ = 3	‖‖‖ ‖‖‖ ‖‖‖ ‖‖‖ = 20

🌐 **Lösungen**
3293gc

Das kannst du jetzt:
- deine Mediennutzung beschreiben
- Regeln für den Umgang im Internet beachten
- im Internet recherchieren

15 Grammatik

Wortarten und Satzglieder kennen und verwenden

A

B

C

D

Was wäre unsere Sprache ohne Regeln? Wir könnten uns nicht richtig ausdrücken, würden Texte nicht verstehen oder schreiben können. Zum Beispiel wüssten wir nicht, ob eine oder mehrere Personen etwas tun, wenn wir keine Singular- oder Pluralformen hätten. Es ist wichtig, die Wortarten und ihre Formen, aber auch die Satzglieder und ihre Funktionen zu kennen.

Das lernt ihr jetzt:
- die Wortarten Nomen, Artikel, Adjektiv, Pronomen, Präposition und Verb unterscheiden und verwenden
- die Satzglieder und ihre Funktionen untersuchen
- die Satzarten erkennen und die Satzzeichen setzen
- die Zeichensetzung in der wörtlichen Rede verwenden

1 Seht euch die Bilder **A–D** an. Bildet zu jedem Bild drei Sätze. Vergleicht die Wörter in den Sätzen. Wiederholt, was ihr über die verschiedenen Wortarten wisst.

2 Kennt ihr die grammatischen Begriffe? Löst das Rätsel mithilfe der Silben.

| Ad | Ar | ben | jek | kel | men | men |
| No | no | ti | ti | ve | Ver | Pro |

a Diese Wörter sagen, was man tun kann.
b Diese Wörter sind „der", „die" und „das".
c Diese Wörter schreibt man groß.
d Diese Wörter geben auf die Frage „Wie ist etwas?" eine Antwort.
e Diese Wörter ersetzen Nomen oder bestimmen diese näher.

3 Übernehmt die Tabelle an die Tafel. Tragt die folgenden Wörter richtig ein.

the school lernen die Schule la escuela учить to learn

красивый estudiar schön bello школа beautiful

Wortart	Deutsch	Englisch	Spanisch	Russisch
Verb	…	…	…	…
Nomen mit Artikel	…	…	…	…
Adjektiv	…	…	…	…

4 Erweitert eure Tabelle und ergänzt Wortbeispiele aus anderen Sprachen.

5 Vergleicht nun die Wörter aus den verschiedenen Sprachen. Untersucht:

Groß- und Kleinschreibung – Aussprache – Wortbestandteile – Artikel

6 Tauscht euch über die Merkmale der verschiedenen Sprachen aus.

Passt zusammen

Nomen und Artikel erkennen und verwenden

Ihr kennt Nomen bereits, vielleicht als Namenwörter, Dingwörter oder auch Substantive. Sie bezeichnen Lebewesen, Dinge, Gefühle, Gedanken und Zustände. Sie werden großgeschrieben und von Artikeln oder Adjektiven begleitet.

1 Lest im Tandem die folgenden Sätze. Nennt die Wortart der markierten Wörter. Besprecht, was ihr über diese Wortart wisst.

> Seit drei Wochen scheint die Sonne, kein Wölkchen am Himmel. Die Kinder sitzen den ganzen Tag am See, angeln, baden, lesen oder trödeln vor sich hin. Der Sommer dehnt sich wie Kaugummi. Zum Glück hat die Eisdiele geöffnet. Dort treffen sich die Kinder und Jugendlichen jeden Nachmittag.

2 Schreibe zu den Bildern die passenden Nomen mit dem bestimmten Artikel auf. Nenne dann die drei Artikel, die vorkommen.

3 Lies die folgenden Begriffe und ordne sie zu. Notiere sie mit dem **bestimmten** und dem **unbestimmten** Artikel.

> Fisch – Traum – Schwester – Kalender – Zahnbürste – Freude – Landkarte – Koralle – Seemann – Schiff – Angst

- Lebewesen: *der Fisch – ein Fisch, ...*
- Dinge: ...
- Gedanken, Gefühle, Zustände: ...

4 Bildet im Tandem mit den Begriffen aus Aufgabe 3 ganze Sätze.

5 Lies den Text. Schreibe alle markierten Nomen auf und notiere jeweils den bestimmten Artikel, z.B. *das Trinkglas, ...*

Beerentanz

Fülle ein hohes Trinkglas mit sprudelndem Mineralwasser und lege eine oder mehrere Weintrauben hinein. Die Beeren sinken zuerst zum Boden des Glases, beginnen aber sogleich auf und ab zu tanzen und sich zu drehen.

5 Das Gas, das im Mineralwasser gelöst ist und im Glas sprudelnd entweicht, ist Kohlendioxid. Es sammelt sich in zahlreichen Bläschen auf den Beeren, bis diese genügend Auftrieb haben und aufsteigen. An der Wasseroberfläche zerplatzen die Gasbläschen, die Beeren sinken hinab, und der Beerentanz beginnt von neuem.

6 Übernehmt die Tabelle und tragt im Tandem die Nomen aus Aufgabe 5 ein.

männlich (maskulin)	**weiblich** (feminin)	**sächlich** (neutral)
…	…	…

Tipp
Beachtet, dass ihr einige Nomen in den Singular (die Einzahl) setzen müsst.

7 Die folgenden Nomen haben zwei grammatische Geschlechter. Schreibe sie mit dem jeweils passenden Artikel auf und bestimme das Geschlecht.

See   Leiter   Kiefer   Tau   Teil   Taube

8 Seht euch die die folgende Tabelle in der Gruppe an. Untersucht die Artikel. Beantwortet die Fragen:
- In welchen Sprachen gibt es Artikel?
- Wie viele Artikel gibt es?
- Welcher Artikel steht für welches Geschlecht?

Tipp
Unterscheidet in drei oder zwei Geschlechter (Genera), ein oder kein Geschlecht (Genus).

Deutsch	Englisch	Türkisch	Französisch
der Tisch	the table	masa	la table
die Wand	the wall	duvar	le mur
das Fenster	the window	pencere	la fenêtre

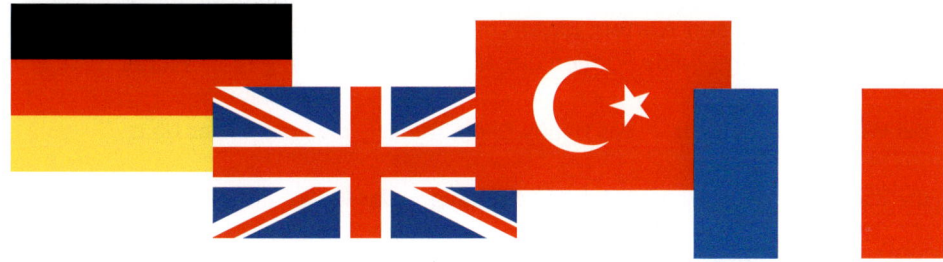

9 Kennt ihr noch andere Sprachen? Tauscht euch in der Klasse über die Artikel in weiteren Sprachen aus.

10 Besprecht nun in der Klasse, was ihr über Nomen wisst. Erklärt, was Nomen ausdrücken und woran man sie erkennt. Erläutert auch, was ihr über das grammatische Geschlecht erfahren habt.

> **! Merke**
>
> **Nomen**
>
> - Mit Nomen werden **Lebewesen** (→ Menschen, Tiere, Pflanzen), **Dinge** (→ Stift), **Gedanken**, **Gefühle** und **Zustände** (→ Freiheit) bezeichnet.
> - Sie können im Text einen **Begleiter** haben, den bestimmten (→ der, die, das) oder unbestimmten (→ ein, eine) Artikel.
> - Nomen schreibt man immer **groß**.

Lerninsel
Seite 284

Der Herbst, der Wind, die Wolken

Nomen im Singular und Plural verwenden / Nominativ und Akkusativ erkennen

○ **1** Lies das Herbstgedicht.

GÜNTER ULLMANN
Herbstwind
. Erst spielt der Wind nur Fußball
. mit Vaters bestem Hut,
. dann schüttelt er die Bäume,
. die Blätter riechen gut,

5 und lässt die Drachen leben
. und wringt die Wolken aus.
. Der Herbstwind lässt uns beben,
. wir gehen nicht nach Haus.

○ **2** In welcher Form (Zahl) stehen die markierten Nomen im Gedicht? Tauscht euch im Tandem darüber aus, nennt die Gemeinsamkeiten.

○ **3** Notiere zu den markierten Wörtern jeweils die Form im **Singular** (Einzahl). Benenne dann das grammatische Geschlecht.

◔ **4** Bilde zu den folgenden Wörtern jeweils die Form im **Plural** (Mehrzahl). Übernimm die Tabelle und trage beide Formen ein. Markiere die Endungen im Plural.

der Wolf	der Sommer	das Handy	die Truhe	die Frau	das Haus
die Blume	die Burg	der Mann	der Käfig	das Radio	der Teller	der Wald
das Schiff	die Luft	das Gesicht	der Vogel	die Pfütze	das Geheimnis

Singular (Einzahl)	Plural (Mehrzahl)
der Wolf, …	*die Wölfe, …*

◔ **5** Wähle fünf Nomen aus Aufgabe 4 aus. Denke dir einen Satz mit dem Nomen im Singular und einen mit dem Nomen im Plural aus. Schreibe die zehn Sätze auf.

◔ **6** Nennt in der Gruppe die verschiedenen Pluralformen, die ihr gebildet habt. Erklärt dann, wie der Plural gebildet wird.

◔ **7** Folgende Nomen kommen nur im Singular oder nur im Plural vor. Entscheidet im Tandem zu welcher Gruppe die folgenden Nomen gehören.

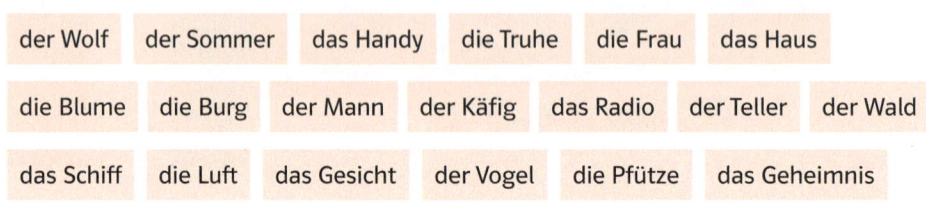

Ferien Eltern Gesundheit Glück Obst Leute

○ **8** Lies den folgenden Wetterbericht.

. Morgen wird es ungemütlich. Der November bringt den ersten leichten Frost.
. Die tiefsten Temperaturen des Jahres werden in Deutschland erreicht. Der milden
. Witterung des vergangenen Monats folgen jetzt winterliche Temperaturen.
. Verantwortlich ist der Rand eines Tiefdruckgebiets, das uns das nasskalte Wetter
5 beschert. Die Ausläufer dieses Tiefs bringen auch kräftige Schauer. Die nächsten
. Tage bleiben dem eher trüben Wetter vorbehalten. Dazu erwarten wir einen
. kräftigen Wind aus Nordwest.

○ **9** Schreibe alle markierten Wörter aus dem Text in Aufgabe 8 mit dem bestimmten
Artikel auf. Bestimme dann jeweils Genus (Geschlecht) und Numerus (Zahl),
z. B. *der November – männlich, Singular, …*

○ **10** Fragt im Tandem abwechselnd nach den markierten Nomen mit den Fragewörtern
Wer oder was? und **Wen oder was?**. Beantwortet die Fragen, z. B.
Frage: *Wer oder was bringt den ersten leichten Frost?* Antwort: *der November.*
Frage: *Wen oder was bringt der November?* Antwort: *den Frost.*

○ **11** Ordnet im Tandem die Nomen aus dem Text den Fällen Nominativ und Akkusativ zu.

> Nominativ: Wer oder was? – Akkusativ: Wen oder was?

○ **12** Findet im Tandem die beiden Nomen im Text von Aufgabe 8, die im Fall Dativ
stehen. Man fragt mit **Wem?**. Beantwortet dazu die beiden Fragen:

> Wem folgen die winterlichen Temperaturen?

> Wem bleiben die nächsten Tage vorbehalten?

! **Merke**

Nomen: Genus, Numerus und Kasus

Lerninsel
→ Seite 284

Nomen können in verschiedenen Formen auftreten. Man unterscheidet:

• das **Genus** (das grammatische Geschlecht)
Nomen sind **männlich** (maskulin), **weiblich** (feminin) oder **sächlich** (neutral). Man
erkennt das Geschlecht am Artikel. → der Wind (m), die Sonne (w), das Land (s)
• das **Numerus** (die Zahl)
Nomen stehen im **Singular** (Einzahl) oder im **Plural** (Mehrzahl) → das Pferd – die
Pferde
• der **Kasus** (der Fall)
Nomen stehen im Satz in einem bestimmten Fall. Den Fall kann man erfragen:
– **Nominativ** (1. Fall): Wer oder was? → Der Wind weht stark? → Wer oder was
weht stark?
– **Dativ** (3. Fall): Wem? → Ich helfe dem Freund. → Wem helfe ich?
– **Akkusativ**: Wen oder was? → Er sieht den Himmel. → Wen oder was sieht er?

Nomen verwenden

○ **1** Finde die Nomen in der Wortschlange. Gehe so vor:
- Suche zunächst die Wortgrenzen.
- Entscheide, bei welchen Wörtern es sich um Nomen handelt.
- Schreibe die Wörter heraus und ergänze jeweils den bestimmten Artikel.

AUTOSCHNELLFAHRENUNFALLSTÜRZENFAHRRADVERLETZTNOTARZTVERSORGENKRANKENHAUSGEBROCHENARM

○ **2** Schreibe die Sätze ab und ergänze jeweils den bestimmten oder den unbestimmten Artikel.
- a Unter dem Auto schläft ▪▪ Katze. – ▪▪ Katze ist schon sehr alt.
- b Ich bestelle ▪▪ Pizza. – ▪▪ Pizza schmeckt mir gut.
- c Die Party findet in ▪▪ Sporthalle statt. – In ▪▪ Sporthalle ist es dunkel.
- d Ich bekam ▪▪ Schreck, als es laut knallte. – ▪▪ Schreck ließ mich erstarren.

○ **3** Schreibe die folgenden Reime in richtiger Groß- und Kleinschreibung auf.
- a tal und berg – riese und zwerg
- b schatz und macht – tag und nacht
- c fluss und see – hexe und fee
- d frosch und kater – mutter und vater
- e thron und krone – erbse und bohne
- f märchen und traum – wiese und baum
- g schwert und ritter – graben und gitter

○ **4** Wähle acht Nomen aus Aufgabe 3 aus. Notiere sie mit dem bestimmten und dem unbestimmten Artikel, z. B. *die Hexe – eine Hexe, …*

👥👥 ○ **5** Bildet nun im Tandem zu den Wörtern in Aufgabe 3 jeweils den Plural,
z. B. *a Täler und Berge – Riesen und Zwerge …*

○ **6** Schreibe die abgebildeten Dinge im Singular und im Plural auf. Füge jeweils den Artikel hinzu.

○○ ◐ **7** Beschreibt einander im Tandem, was sich bei den Nomen in Aufgabe 6 im Plural verändert.

○ **8** Lies das Gedicht. Bestimme das grammatische Geschlecht der markierten Wörter.

Hans Manz
Winter

. Über den Bergrücken
. läuft eine Gänsehaut.

. Die Bergnase
. schnupft den Rotz hoch.

5 Der Hügelfuß
. zieht sich die Stiefel über.

. Der Flussarm
. schlüpft in die wollenen Ärmel.

. Nur die Landzunge
10 kümmert sich nicht um die Kälte
. und leckt das Eis vom gefrorenen See.

◐ **9** Prüfe mithilfe von Fragen, welche der markierten Nomen im Nominativ und welche im Akkusativ stehen. Schreibe die Fragen und Antworten auf.

Anna hat sich ein neues Buch gekauft. Dieses Buch wollte das Mädchen schon lange lesen. Es ist ein spannender Roman und er verspricht gute Unterhaltung.

Kannst du es genauer beschreiben?

Adjektive erkennen und verwenden

Stellt euch vor, im Skiraum ist ein großes Durcheinander, etwa 50 Paar Ski stehen wild herum. Adrian ruft: „Das dort sind meine!". Die anderen fragen: „Welche meinst du denn?" Jetzt würden Adjektive, die ihr vielleicht als Eigenschafts- oder Wie-Wörter kennt, helfen.

1 Lies die beiden Texte aufmerksam durch.

> *Die Ski sind von einer Marke. An der Vorderseite tragen die Ski ein Zickzackmuster und den Markennamen in Schrift. Die Bindung lässt sich gut schließen und öffnen. Die Laufsohle hat eine Oberfläche.*

> *Die Ski sind von einer bekannten Marke. An der Vorderseite tragen die kurzen und breiten Ski ein rot-blaues Zickzackmuster und den Markennamen in weißer Schrift. Die einfache Bindung lässt sich gut schließen und öffnen. Die hellblaue Laufsohle hat eine geriffelte Oberfläche.*

Tipp
Achtet darauf, in welchem Verhältnis Adjektive zu Nomen stehen.

2 Vergleicht im Tandem die beiden Texte. Beantwortet die Fragen.
• Welcher Text beschreibt den Gegenstand besser?
• Warum ist der Gegenstand besser beschrieben?

3 Wörter, wie **groß**, **eckig**, **rot** nennt man Adjektive. Tauscht euch in der Gruppe über die Funktion von Adjektiven aus. Nutzt die folgenden Stichworte.

> unterscheiden   beschreiben   charakterisieren

4 Verbessere jetzt den oberen Text aus Aufgabe 1, indem du die folgenden Adjektive in der richtigen Form einsetzt.

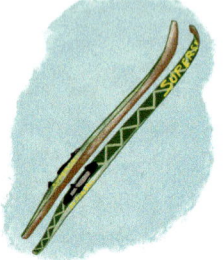

> hellgrün   schmal   braun   unbekannt
>
> lang   gelb   bequem   glatt

Die Ski sind von einer ▬▬▬ Marke. An der Vorderseite tragen die ▬▬▬ und ▬▬ Ski ein ▬▬▬ Zickzackmuster und den Markennamen in ▬▬▬ Schrift. Die ▬▬▬ Bindung lässt sich gut schließen und öffnen. Die ▬▬▬ Laufsohle hat eine ▬▬▬ Oberfläche.

Lerninsel
Seite 285

V10 ▷

⚙ Arbeitstechnik

Tests zum Erkennen von Adjektiven

1. Kombiniere das Wort mit **sein.** → Der Ball ist gelb.
2. **Steigere** das Wort. → klein → kleiner → am kleinsten
3. Setze das Wort **zwischen** einen **Artikel** und ein **Nomen**. Dabei musst du eine Endung anfügen. → klein + der Ball → der kleine Ball, ein kleiner Ball

5 Wende die Tests auf die Adjektive aus Aufgabe 4 an, z. B.

unbekannt → Test Nr. 1: *Sie sind unbekannt.*

→ Test Nr. 2: *Sie sind unbekannter als …*

→ Test Nr. 3: *ein unbekanntes Buch*

6 Welche der folgenden Wörter sind Adjektive, welche nicht? Wende die Tests zum Erkennen von Adjektiven an, z. B.

schwer → Test Nr. 1: *Er ist schwer.*

→ Test Nr. 2: *Der Rucksack ist schwer. Der Koffer ist noch schwerer …*

→ Test Nr. 3: *…*

SCHWER	FROH	TRÄGT	LIEBE	HELL	MUT	SCHMAL	SICHER

GLÄNZT	UNGEWÖHNLICH	BESTEHT	LEDER	ECKIG	SELTSAM

7 Seht euch die Steigerung des Adjektivs **jung** in den verschiedenen Sprachen an. Benennt in der Gruppe Ähnlichkeiten.

Deutsch	jung	jünger	am jüngsten
Englisch	young	younger	the youngest
Spanisch	joven	más joven	el más joven
Französisch	jeune	plus jeune	le plus jeune

8 Bildet in der Gruppe zu den Adjektiven aus Aufgabe 7 Wortgruppen in einer anderen Sprache. Schreibt sie auf, erklärt und übersetzt sie, z. B. *the youngest teacher – der jüngste Lehrer*

9 Ergänze die erste und zweite Vergleichsstufe des Adjektivs. Schreibe die Sätze ab.

a Die Jacke ist dünn, der Pullover ist ▬▬▬, das Hemd ist ▬▬▬

b Das Fahrrad ist schnell, das Moped ist ▬▬▬, das Auto ist ▬▬▬

c Der Handball ist klein, der Tennisball ist ▬▬▬, der Golfball ist ▬▬▬

10 Besprecht in der Klasse, warum man **gelb**, **total**, **rund** und **tot** nicht steigern kann.

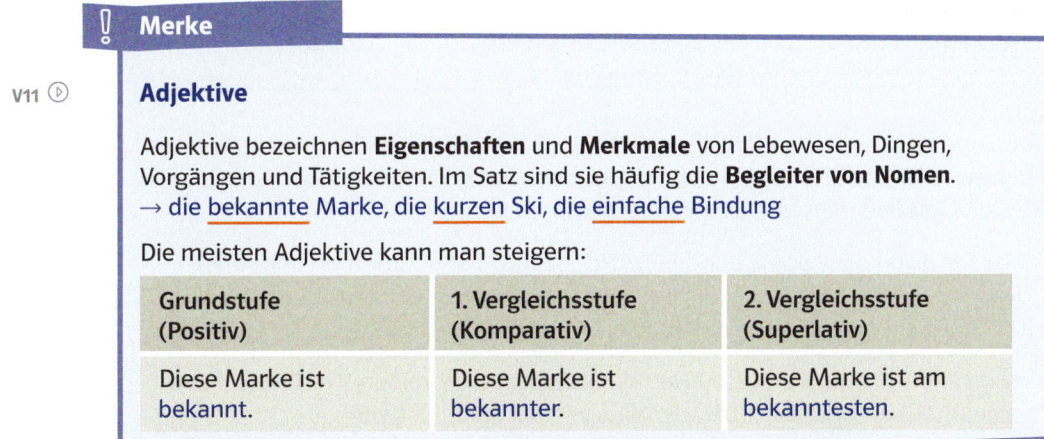

> ⚠ **Merke**
>
> V11 ⏵
>
> **Adjektive**
>
> Adjektive bezeichnen **Eigenschaften** und **Merkmale** von Lebewesen, Dingen, Vorgängen und Tätigkeiten. Im Satz sind sie häufig die **Begleiter von Nomen**.
> → die bekannte Marke, die kurzen Ski, die einfache Bindung
>
> Die meisten Adjektive kann man steigern:
>
> | Grundstufe (Positiv) | 1. Vergleichsstufe (Komparativ) | 2. Vergleichsstufe (Superlativ) |
> |---|---|---|
> | Diese Marke ist bekannt. | Diese Marke ist bekannter. | Diese Marke ist am bekanntesten. |

Lerninsel
⤷ Seite 285

Mein Brief, deine E-Mail

Personal- und Possessivpronomen erkennen und verwenden

Personalpronomen sind die Stellvertreter von Nomen, sie können diese ersetzen oder auf sie verweisen. Mit ihnen gelingt es, Wiederholungen zu vermeiden und Texte abwechslungsreich zu formulieren.

MK ○ **1** Lies die E-Mail von Tuba an ihre Freundin.

> **E-MAIL** ✕
>
> Hallo Tanja,
>
> habe ich dir eigentlich von der Sponsoren-Aktion in meiner neuen Schule erzählt? Erinnerst du dich noch, wir haben einen Brief an die Firma Freudich geschrieben und sie um Spiele für die Schule gebeten. Das solltet ihr auch mal machen. Die Mitarbeiter waren sehr nett. Sie haben uns mehrere Spiele für die Pause geschickt. Wir werden ihnen noch einen Dankesbrief schreiben. Er wird freundlich. Ich fand das Puzzle am besten. Als ich es ausgepackt hatte, dachte ich sofort an uns beide. Wir puzzeln doch so gerne. Mich interessiert noch, wie es euch so geht. Schreibst du mir bald? Soll ich Jonas grüßen? Du magst ihn doch, oder? Deine Tuba

○ **2** Übernimm die Tabelle. Trage die unterstrichenen Personalpronomen aus der E-Mail an der richtigen Stelle ein.

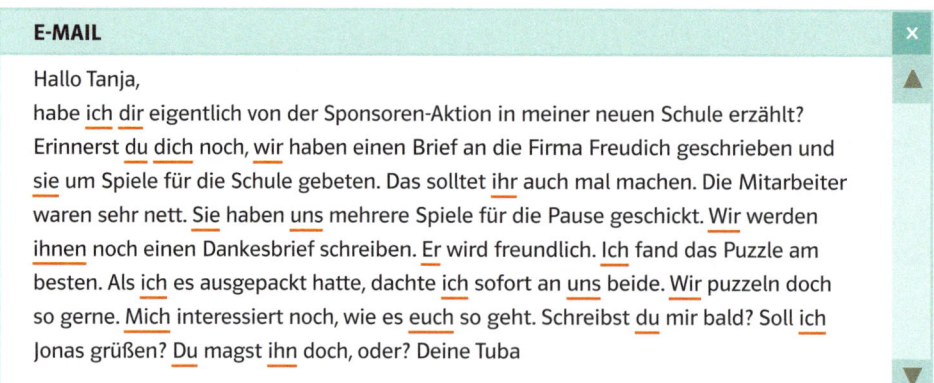

	Singular				
	1. Person	2. Person	3. Person		
Wer? Was?	...	du	...	sie	es
Wem?	mir	...	ihm	ihr	ihm
Wen? Was?	...	dich	...	sie	es
	Plural				
	1. Person	2. Person	3. Person		
Wer? Was?	...	ihr	...		
Wem?	...	...	ihren		
Wen? Was?	uns	euch	...		

💡 **Tipp**
Beachte, dass du die Sätze manchmal umstellen musst.

○ **3** Wenn immer die gleichen Begriffe genannt werden, wirkt das langweilig. Ersetze die unterstrichenen Nomen in den Folgesätzen durch Personalpronomen. Schreibe die Sätze auf und markiere die ersetzten Wörter farbig.

a Hat Farid von dem Brieffreunde-Projekt erzählt? Farid nimmt an dem Brieffreunde-Projekt teil. Das Brieffreunde-Projekt interessiert Farid sehr.
Er nimmt an dem Brieffreunde-Projekt teil. Es interessiert ihn sehr.

b Alina und Farid sind Brieffreunde. Alina und Farid schreiben sich Briefe. Farid schreibt Alina sogar auf Türkisch. Alina will die Sprache lernen.

○ **4** Schreibe den folgenden Brief ab. Setze dabei die passenden Wörter in die Lücken ein. Es handelt sich um Possessivpronomen.

> deinen ihrem unsere meine seinem

Lieber Ümit, hast du gestern auch einen Brief vom Sportbund bekommen? ▬▬▬ Handballmannschaft war so gut, dass wir zur Sportlerehrung eingeladen wurden. Ich habe ▬▬▬ Mutter schon gefragt, ob sie uns mit ▬▬▬ Auto bringen kann. Fragst du ▬▬▬ Vater, ob er uns dann mit ▬▬▬ Wagen wieder abholen kann?

[MK] ♙♙ ⬤ **5** In der E-Mail fehlen Personalpronomen und Possessivpronomen. Lest im Tandem abwechselnd je einen Satz der E-Mail vor. Ergänzt die fehlenden Pronomen.

☌ **Tipp**
Achtet darauf, die Anredepronomen großzuschreiben.

E-MAIL	✕

Sehr geehrter Herr Evers,
hiermit darf ich *Ihnen* mitteilen, dass ▬▬▬ der Gewinner des Preisausschreibens „Fly away" sind. ▬▬▬ sind zwei Wochen lang Gast in einem ▬▬▬ schönsten Hotels auf Gran Canaria. Natürlich stehen ▬▬▬ nicht nur ▬▬▬ schönsten Zimmer zur Verfügung, ▬▬▬ können auch alle Freizeitangebote kostenlos nutzen. Bitte teilen ▬▬▬ uns vier Wochen vor Beginn ▬▬▬ Reiseantritts mit, wie viele Zimmer ▬▬▬ benötigen. Im Namen ▬▬▬ Teams möchte ich ▬▬▬ zu diesem Preis gratulieren und hoffe, ▬▬▬ und ▬▬▬ Freunde oder Familie bald auf Gran Canaria begrüßen zu dürfen.
Mit freundlichen Grüßen
Cornelia Baldus, Serviceteamleiterin

🔅 ⬤ **6** Tauscht euch in der Klasse über Pronomen aus. Ergänzt die Satzanfänge:

Personalpronomen können Nomen …
Anredepronomen schreibt man groß, wenn … und klein, wenn …
Possessivpronomen … Nomen. Possessivpronomen zeigen an …

❗ Merke

V12 ▷

Personalpronomen und Possessivpronomen

Lerninsel
↗ Seite 285

Personalpronomen stehen im Text **stellvertretend** für **Nomen**.

Singular		Plural	
1. Person	ich	1. Person	wir
2. Person	du	2. Person	ihr
3. Person	er/sie/es	3. Person	sie

Anredepronomen in der Höflichkeitsform (→ Sie, Ihnen …) schreibt man **groß**.

Possessivpronomen sind wie Artikel **Begleiter** von **Nomen**. Sie zeigen den **Besitz** und die **Zugehörigkeit** von etwas an.

Singular	Plural
mein, dein, sein/ihr/sein	unser, euer, ihr

Auf, an und durch

Präpositionen erkennen und verwenden

„Der Kater sitzt dem Tisch." – der Satz klingt merkwürdig, weil die Präposition fehlt. Der Kater könnte auf, unter, vor oder hinter dem Tisch sitzen. Präpositionen kennzeichnen die Beziehungen zwischen Personen, Dingen und Erscheinungen.

☼ **Tipp**
Prüfe mithilfe des Stadtplans.

○ **1** Lies die Wegbeschreibung und setze die folgenden Präpositionen so ein, dass der Weg richtig beschrieben wird, z. B. *Wenn Sie aus dem Bahnhof kommen, …*

zur	aus	über	auf	am	zum	auf	über	bis zur	in

Wenn Sie ▬▬ dem Bahnhof kommen, gehen Sie geradeaus ▬▬ den Bahnhofsvorplatz; dann durch die Bahnhofstraße ▬▬ Marktplatz. ▬▬ dem Marktplatz biegen Sie rechts ▬▬ die Schillerstraße. Hinter der Ampel gehen Sie halblinks ▬▬ die Kölner Allee ▬▬ Kaiserstraße. In der Kaiserstraße gehen Sie ▬▬ Dom vorbei ▬▬ Goethestraße. Das Haus Nummer 5 befindet sich ▬▬ der linken Seite.

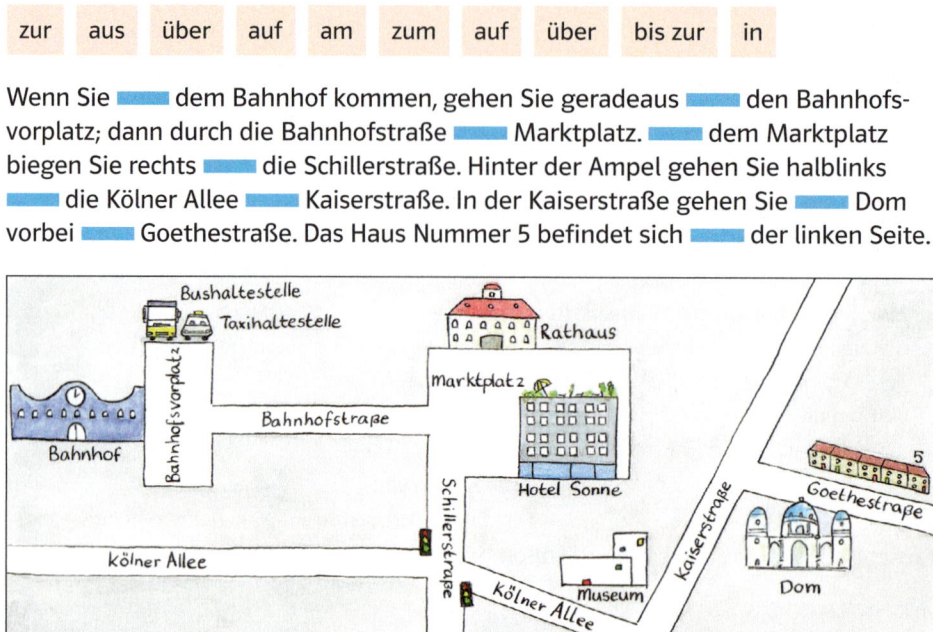

⚮ ● **2** Besprecht in der Gruppe, welche Aufgabe die Präpositionen im Text haben.

Lerninsel
↪ Seite 286

> ❗ **Merke**
>
> **Präpositionen**
>
> Wörter wie **an**, **auf**, **aus**, **bei**, **durch**, **gegen**, **hinter**, **vor**, **in**, **nach**, **über**, **zu**, **zwischen** sind Präpositionen (Verhältniswörter).
>
> Sie können angeben:
> einen **Ort** → am Bahnhof (Wo? Wohin? Woher?)
> eine **Zeit** → gegen Abend (Wann?)
> einen **Grund** → wegen der Verspätung (Warum? Weshalb?)
> die **Art und Weise** → mit dem Bus (Wie? Auf welche Weise?)
>
> Präpositionen verlangen einen bestimmten **Fall** (Kasus):
> • Auf die Frage **Wo?** folgt diesen Wörtern der **Dativ**.
> • Auf die Frage **Wohin?** folgt diesen Wörtern der **Akkusativ**.
>
> Manchmal verschmelzen **Präpositionen** mit dem **Artikel**:
> an + dem → am; in + das → ins; zu + dem → zum; von + dem → vom

3 Seht euch im Tandem die Abbildung an. Fordert euch abwechselnd zur Lagebeschreibung eines Gebäudes auf. Nutzt die Präpositionen, z.B. *Wo liegt das Kino? Das Kino befindet sich neben der Apotheke, auf der Poststraße.*

hinter   bei   von   neben   zwischen   vor

gegenüber   in   nach   über   auf   zu   an

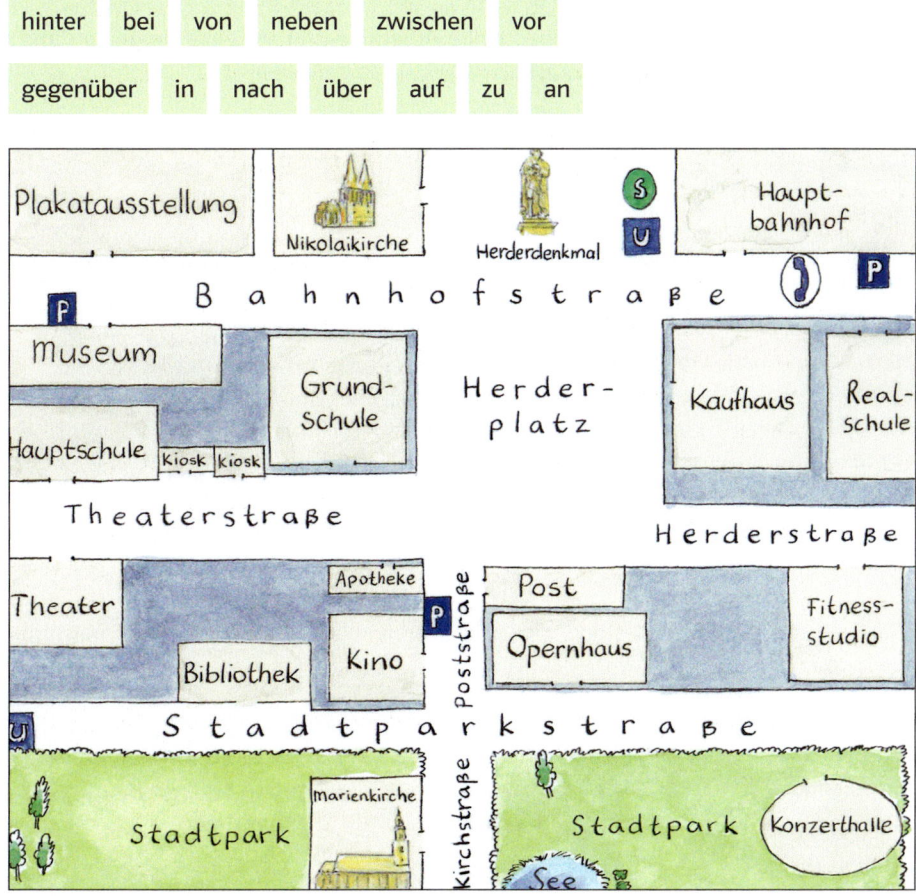

4 Erfragt im Tandem die unterstrichenen Angaben. Markiert die Präpositionen und notiert, was sie angeben. z.B. *a Wohin schwimmen wir? Ans Ufer. = Ort*

Wo? Wohin? Woher? → Ort   Wann → Zeit   Warum? → Grund

Wie? → Art und Weise

a Wir schwimmen ans Ufer.
b Das Museum ist während der Sommerferien geöffnet.
c Im Fahrplan stehen die Abfahrtszeiten des Busses.
d Das Auto fuhr mit großer Geschwindigkeit auf uns zu.
e Der Stadtrundgang war nach der Besichtigung der Kirche beendet.
f Ich ging wegen der Hitze heim.
g Die Musik drang aus der Konzerthalle.
h Sie gingen ohne die anderen zu beachten weiter.
i Wir gingen alle gemeinsam über den Platz.
j Ich ging trotz des schönen Wetters nicht raus.

Adjektive, Pronomen und Präpositionen verwenden

○ **1** Sieh dir die Zeichnungen an. Finde passende Adjektive und steigere sie. Bilde dann Sätze mit den Steigerungsformen, z. B. *Willi Wiesel ist schneller als …*

○ **2** Übernimm die Tabelle. Ordne die folgenden Adjektive in die jeweils richtige Spalte ein.

| höher | besser | am weitesten | kleiner | groß | am schönsten | am meisten |

| stark | breiter | fröhlicher | lustiger | ängstlich |

Grundstufe (Positiv)	1. Vergleichsstufe (Komparativ)	2. Vergleichsstufe (Superlativ)
…	*höher*	…

○ **3** Ergänze die noch fehlenden Steigerungsformen in deiner Tabelle.

👥 ○ **4** Schreibt die Sätze in den Sprechblasen ab und setzt dabei die fehlenden Personalpronomen ein. Nennt im Tandem die Personen, für die sie stellvertretend stehen könnten.

Also … besorge die Wasserflasche und den Holzstab, … besorgst die anderen Sachen.

Gut. … habe alles zu Hause außer Filzstifte. Meine Mutter geht heute einkaufen. … kann die Stifte mitbringen.

Uli

Irem

Wollen … später ins Schwimmbad gehen? Kommt … mit?

Mal sehen. Vielleicht sind … dann noch mit Basteln beschäftigt.

Deniz

Steffi

5 Lest im Tandem die Sätze abwechselnd vor und setzt dabei die passenden Personalpronomen und Possessivpronomen ein.

Am Sonntag gibt es bei ▬▬ zu Hause immer das gleiche Theater. ▬▬ soll ▬▬ Zimmer aufräumen. Dazu habe ▬▬ aber keine Lust.
„In ▬▬ Zimmer sieht es aus, wie in einem Saustall. ▬▬ räumen doch auch ▬▬ Sachen weg. Das kannst ▬▬ auch. Los jetzt", schimpft Vater.
„Aber es ist doch ▬▬ Zimmer und nicht ▬▬!", entgegne ▬▬ wütend.
„Das spielt doch gar keine Rolle, jeder ist verpflichtet, ▬▬ Zimmer aufzuräumen", war die Antwort.
Wütend gehe ▬▬ in ▬▬ Zimmer.

6 Lege eine Tabelle mit den Spalten Personalpronomen und Possessivpronomen an. Trage die eingesetzten Pronomen aus Aufgabe 5 ein.

7 Sieh dir die Abbildung an und vervollständige die folgenden Sätze. Nutze die Präpositionen, z. B. *a Die Pizzeria befindet sich* <u>*zwischen*</u> *der Sparkasse und der Kirche.*

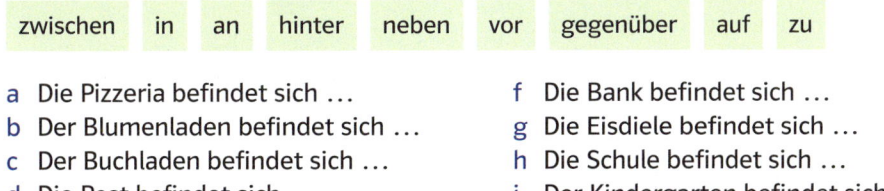

| zwischen | in | an | hinter | neben | vor | gegenüber | auf | zu |

a Die Pizzeria befindet sich ...
b Der Blumenladen befindet sich ...
c Der Buchladen befindet sich ...
d Die Post befindet sich ...
e Das Kino befindet sich ...

f Die Bank befindet sich ...
g Die Eisdiele befindet sich ...
h Die Schule befindet sich ...
i Der Kindergarten befindet sich ...
j Das Kaufhaus befindet sich ...

Ich frage, du fragst ...

Verben erkennen und verwenden

Verben habt ihr bereits als Tunwörter kennengelernt. Ihr wisst, dass sie eine Grundform und eine Personalform haben. Hier lernt ihr weitere Merkmale des Verbs kennen.

1 Lies den folgenden Text.

. Dass Henry auch dieses Jahr in den Ur-
. laub fährt, steht schon länger fest. Doch
. dieses Jahr fahren seine Eltern nicht wie
. sonst mit ihm in den Schwarzwald.
5 Henrys Mutter sagt ihm: „Du fährst in den
. Sommerferien mit Oma und Opa weg. Ihr
. fahrt an die Nordsee. Papa und ich, wir
. fahren dieses Jahr nicht weg. Ich fahre nur
. ein Wochenende zu deiner Tante nach
10 Berlin."
. „Oh ja! Ich erkunde dort den Strand", ruft
. Henry voller Vorfreude. „Du erkundest
. aber nichts allein!", mahnt ihn seine Mut-
. ter. „Es ist an manchen Stellen sogar ver-
15 boten, die Tier- und Pflanzenwelt zu stören. Wenn deine Großeltern zustimmen,
. erkundet ihr den Strand gemeinsam mit einem Reiseführer vom Naturschutz-
. bund. Ich bin mir sicher, sie erkunden die Natur der Nordsee genauso gern wie du.
. Wir erkunden dann im nächsten Jahr gemeinsam mit Papa wieder den Schwarz-
. wald. Besonders die Dörfer erkundet dein Papa ja sehr gern.

2 Übernimm die Tabelle und trage die grün markierten Personalformen der Verben aus dem Text ein. Unterstreiche dann deren Endungen.

		fahren	erkunden
1. Person Singular	ich	...	...
2. Person Singular	du	...	...
3. Person Singular	er/sie/es	fährt	...
1. Person Plural	wir	...	...
2. Person Plural	ihr	...	...
3. Person Plural	sie	...	...

3 Alle Verbformen in der Tabelle stehen im Präsens. Erklärt einander im Tandem, wie die einzelnen Formen gebildet werden. Achtet auf die Endung und den Vokal im Wortstamm.

4 Schreibt die orange markierten Verbformen aus dem Text von Seite 220 auf. Bestimmt im Tandem jeweils die Personalform und bildet den Infinitiv (die Grundform), z.B. *sie sagt → 3. Person Singular → sagen, ...*

5 Die orangen Verbformen stehen im Präsens. Nenne die Zeitstufe, die sie ausdrücken.

6 Konjugiert jetzt die folgenden Verben abwechselnd im Tandem. Orientiert euch an der Tabelle aus Aufgabe 2 und notiert die Ergebnisse.

> laufen   kaufen   fangen   fragen   stoßen   kochen   wissen   essen

7 Vergleicht in der Gruppe eure Verbformen aus Aufgabe 6. Benennt die Unterschiede der konjugierten Formen. Achtet auf den Stammvokal.

8 Schreibe die folgenden Fragen ab. Setze dabei das passende Verb in der richtigen Personalform in die Lücke ein, z.B. *a Wohin gehst du?*

> gehen   kennen   laufen   verfolgen   beginnen   schleichen

a Wohin ▬▬ du?
b Welche Spur ▬▬ ihr?
c Wann ▬▬ wir mit der Wattwanderung?
d ▬▬ ihr verschiedene Meerestiere?
e Die Stranderkundung ▬▬ noch bis zum frühen Abend.
f Ich ▬▬ mich an, um den Möwen ganz nahe zu kommen.

Tipp
Zeitstufen sind Vergangenheit, Gegenwart und Zukunft.

> ⚠ **Merke**

V13
V14

Verben

Verben sind **Tätigkeitswörter**, sie geben an
• was jemand tut → er schreibt
• was geschieht → es regnet
• in welchem Zustand etwas oder jemand ist → er bleibt

Man unterscheidet:
1. **Infinitiv** (Grundform) → laufen, lesen
2. **Personalform**, die sich danach richtet, wer oder was etwas tut. Es handelt sich um die konjugierte (gebeugte) Verbform.

	Singular	Plural
1. Person	ich laufe	wir laufen
2. Person	du läufst	ihr lauft
3. Person	er/sie/es läuft	sie laufen

Das Verb ist die einzige **konjugierbare Wortart**. Sie lässt sich durch **Person**, **Numerus** und **Zeitform** verändern.

Die Gegenwartsform, das **Präsens**, verwendet man, wenn man etwas erzählt, das gerade geschieht (→ sie geht, er sieht) oder das immer gilt (→ ich heiße).

Lerninsel
→ Seite 286

... hat geschrieben, ... bin gewesen, ... ist gesprungen

Die Zeitform Perfekt verwenden

Wollt ihr etwas erzählen, was sich in der Vergangenheit ereignet hat, dann könnt ihr die Zeitform Perfekt verwenden. Man nutzt das Perfekt vor allem in mündlichen Erzählungen.

1 Lies den folgenden Text.

Ein Besuch im Zoo

. Heute war ein ganz besonderer Schultag.
. Unsere Klassenlehrerin Frau Lang ist zu-
. sammen mit uns in den Zoo gegangen.
. Wir haben uns alle um 8:30 Uhr am
5 Haupteingang getroffen. Im Zoo ange-
. kommen, haben wir uns zuerst die klei-
. nen, süßen Erdmännchen angesehen. Sie
. sind ganz schnell in ihrem Gehege[1] her-
. umgelaufen und haben dann neugierig
10 aus ihren Verstecken geschaut.

2 Die markierten Verben stehen im Perfekt. Schreibt die markieren Verbformen aus dem Text ab und tauscht euch im Tandem darüber aus, wie sie gebildet werden.

3 Übernimm die Tabelle. Trage die markierten Verbformen aus Aufgabe 1 ein. Ergänze anschließend auch die Präsensformen und den Infinitiv (Grundform).

Präsens	Perfekt	Infinitiv (Grundform)
(sie) geht	(sie) ist gegangen	gehen
(wir) ...	(wir) haben getroffen	...
...	...	...

4 Lies den folgenden Text.

In der Steilwand

. Ich habe schon mit acht Jahren angefangen zu klettern. Mein Vater hat mich im-
. mer mitgenommen, wenn er sich mit seinen Freunden in der Kletterhalle oder
. draußen an einer Kletterwand getroffen hat. Bevor es losging, hat jeder seine Klet-
. terausrüstung angezogen. Sie besteht aus einem Gurt, speziellen Kletterschuhen
5 und einem Helm. Jeder hat seine eigene Ausrüstung. Erst wenn alle ihre Gurte,
. Seile und Karabinerhaken[2] überprüft haben, geht es an die Wand. Immer, wenn
. einer klettert, ist ein anderer Kletterer am Boden, der ihn sichert. Natürlich habe
. ich mich am Anfang vor der Höhe gefürchtet, aber irgendwann war ich daran ge-
. wöhnt. Dann ist es mir von Mal zu Mal leichter gefallen und ich bin immer höher
10 geklettert. Zum Klettern braucht man viel Kraft in den Händen und den Armen.

1 Gehege: eingezäunter Bereich für Tiere

2 Karabinerhaken: Haken mit einem Schnappverschluss

. Deshalb habe ich zusätzlich zum Klettern mit Krafttraining angefangen. Mittler-
. weile bin ich schon ganz gut geworden, hat mein Vater gesagt. Deshalb planen wir
. dieses Jahr auch zusammen mit anderen Familien einen Kletterurlaub.

5 Schreibe alle Perfektformen aus dem Text heraus, z. B. *(ich) habe angefangen, (er)*
hat mitgenommen …

6 Bildet jetzt im Tandem zu allen Perfektformen aus Aufgabe 5 neue Sätze, z. B. *ich*
habe angefangen → *Ich habe angefangen, meine Aufgaben zu erledigen.*

7 Wandle die folgenden Sätze in Lawinensätze um, z. B.
Ich habe erzählt.
Ich habe eine Geschichte erzählt.
Ich habe eine Geschichte über meinen Urlaub erzählt.
Ich habe meiner Freundin eine Geschichte über meinen Urlaub erzählt.

a Ich habe ▬▬ erzählt.
b Du hast ▬▬ beobachtet.
c Sie hat ▬▬ gesagt.

d Wir haben ▬▬ gesehen.
e Ihr seid ▬▬ geflogen.
f Sie sind ▬▬ gekommen.

8 Sieh dir das Bild an und formuliere dazu eine Erzählung im Perfekt.

9 Erzählt eure Geschichten in der Gruppe.

> **! Merke**
>
> **Zeitform des Verbs: Perfekt**
>
> Man verwendet das Perfekt meist, wenn man **mündlich** von etwas **Vergangenem**
> erzählt.
> Das Perfekt wird mit den Formen von **haben** oder **sein** und dem **Partizip II** eines
> Verbs gebildet → ich habe gelacht, ich bin gelaufen.

V15 ▷

Lerninsel
⤶ Seite 286/287

Es war einmal ...

Die Zeitform Präteritum verwenden

Ähnlich dem Perfekt, bringt auch das Präteritum Vergangenes zum Ausdruck. Während man das Perfekt verwendet, wenn man mündlich erzählt, wird das Präteritum in geschriebenen Texten und vor allem in Erzählungen genutzt.

○ **1** Lies den folgenden Anfang eines Märchens. Um welches handelt es sich?

. Es *war* einmal mitten im Winter, und die Schneeflocken *fielen* wie Federn vom
. Himmel herab, da *saß* eine Königin an einem Fenster, das einen Rahmen von
. schwarzem Ebenholz *hatte*, und *nähte*. Und wie sie so nähte und nach dem Schnee
. *blickte*, *stach* sie sich mit der Nadel in den Finger, und es fielen drei Tropfen Blut in
5 den Schnee. Und weil das Rote im weißen Schnee so schön *aussah*, *dachte* sie bei
. sich: Hätte ich doch ein Kind, so weiß wie Schnee, so rot wie Blut und so schwarz
. wie das Holz an dem Rahmen.

○ **2** Schreibe alle markierten Verbformen aus dem Text heraus. Ergänze die Personalpronomen und bilde den Infinitiv, z. B. *es war* → *sein, ...*

◐ **3** Übernimm die Tabelle und notiere zu den Verbformen aus Aufgabe 2 auch die
Präsens- und die Perfektform.

Präteritum	Präsens	Perfekt
es war	*es ist*	*es ist gewesen*
...	...	...

● **4** Seht euch in der Gruppe die verschiedenen Formen an und tauscht euch über die
Bildung der verschiedenen Zeitformen aus.

○ **5** Bildet im Tandem zu den folgenden Verbformen aus dem Text alle Personalformen
im Präteritum. Schreibt sie jeweils untereinander auf.

| sie fielen | sie nähte | sie blickte | sie dachte |

● **6** Im Deutschen gibt es – wie in allen germanischen Sprachen – starke und schwache
Verben. Seht die Tabelle mit den Stammformen[1] an und erklärt die Unterschiede.

1 Stammformen:
Infinitiv – Präteritum
– Partizip II

Sprache	starke Konjugation	schwache Konjugation
Niederländisch	zingen – zong – gezongen	dans – danste – gedanst
Englisch	to sing – sang – sung	to dance – danced – danced

◐ **7** Entscheidet im Tandem, welche der Verben aus Aufgabe 5 schwach und welche
stark sind. Benennt die Unterschiede.

○ **8** Lies die beiden Märchennacherzählungen von Leila und Robert.

Robert schrieb:

Ein alter Esel flieht vom Hof seines Herren und macht sich auf den Weg nach Bremen. Auf seinem Weg begegnet er einem Hund. Dieser will ihn begleiten. Hund und Esel ziehen nun gemeinsam in Richtung Bremen. So gehen sie einige Zeit zusammen. Da sitzt plötzlich eine Katze …

Leila schrieb:

Ein alter Esel floh vom Hof seines Herren und machte sich auf den Weg nach Bremen, um dort Stadtmusikant zu werden. Auf seinem Weg begegnete er einem Hund. Dieser wollte ihn begleiten. Hund und Esel zogen nun gemeinsam in Richtung Bremen. So gingen sie einige Zeit zusammen. Da saß plötzlich eine Katze …

○ **9** Beantwortet im Tandem die folgenden Fragen:
- Um welches Märchen handelt es sich?
- Welche Zeitform hat Robert und welche hat Leila genutzt.

○ **10** Suche die passenden Verbpaare aus den Texten aus Aufgabe 8 und notiere sie in einer Tabelle. Notiere außerdem die Infinitive.

Robert	Leila	Infinitiv
flieht	*floh*	*fliehen*
…	…	…

○ **11** Schreibe nun Leilas Märchentext weiter. Nutze das Präteritum.

○ **12** Tauscht im Tandem eure Fortsetzungen aus. Prüft die Präteritumsformen.

○ **13** Führt das folgende **Quiz** in der Klasse durch:
- Zwei von euch stellen sich vor die Klasse. Die anderen rufen ihnen Infinitive (Grundformen) von Verben zu.
- Wer von den beiden kann die Ich-Form im Präsens und im Präteritum sofort nennen? Z.B. *liegen: ich liege – ich lag …*
- Jetzt wird es schwieriger: Fragt die beiden nach der Du-Form.
- Verwendet auch die anderen Personalformen: er/sie/es, wir, ihr, sie.

> ⚠ **Merke**
>
> V16 ▷
>
> **Zeitform des Verbs: Präteritum**
>
> Die einfache **Vergangenheitsform**, das Präteritum, verwendet man, wenn man **schriftlich** über etwas **Vergangenes** erzählt (→ sie ging, er sah).
> Das Präteritum wird besonders in **Geschichten** und **Erzählungen** verwendet.
>
> Man unterscheidet **starke** und **schwache** Verben:
> **Schwache** Verben bilden das Präteritum durch die **Endung -te** (rennen → rannte).
> **Starke** Verben bilden das Präteritum durch die **Änderung des Verbstamms** (tragen → trug).

Lerninsel
⤷ Seite 286/287

Verben verwenden

1 Seht euch die Bilder an. In welchen Situationen befinden sich die dargestellten Figuren? Tauscht euch im Tandem aus.

2 Schreibe die Sätze ab und setze die Verbformen in der Gegenwartsform Präsens ein.

   a Niklas *fährt* (fahren) auf dem Fußweg.
   b Luisa ▬▬▬ (schwimmen) im Freibad.
   c Der Torwart ▬▬▬ (fangen) den Ball.
   d Nele und Karina ▬▬▬ (lachen) über die Grimassen der Affen.

3 Schreibe jetzt die Sätze aus Aufgabe 2 in der Vergangenheitsform Präteritum auf, z. B. *a Niklas fuhr auf dem Fußweg.*

4 Wählt ein Bild aus und schreibt im Tandem eine kurze Geschichte dazu. Nutzt das Präteritum.

5 Notiere drei Verben zum Wortfeld laufen. Konjugiere diese drei Verben im Präsens und im Präteritum.

○ **6** Lies, was Emil über das Fußballspiel gegen die Mannschaft aus der Parallelklasse erzählt hat.

. Das haben wir bei unserem letzten Fußballspiel erlebt:
. Es hat schon ganz furchtbar begonnen. Ausgerechnet am Tag des großen Spiels ist
. Milos, unser Linksaußen, krank geworden. Nachdem wir lange in der Mannschaft
. beraten haben, entschieden wir uns für Luis als Ersatzmann. Aber Luis kam erst in
5 der allerletzten Minute zum Spiel. Er hat ja nichts von seinem Einsatz gewusst.
. Dann das Spiel. Einen guten Start haben wir nicht gerade gehabt: Erst ein Fehlpass
. unserer Mannschaft, dann hat Murat an die Latte geschossen. Nach zehn Minuten
. hat es den Platzverweis für Luis wegen Fouls gegeben. In der 24. Minute hat Ben
. auch noch ein Tor für die anderen geschossen.

○ **7** Übernimm die Tabelle. Schreibe die Perfektformen aus dem Text heraus. Ergänze die anderen Verbformen wie im Beispiel.

Perfekt	Präsens	Präteritum	Infinitiv
es hat begonnen	*es beginnt*	*es begann*	*beginnen*
...	...	...	...

○ **8** Schreibe die Sätze ab und setze dabei die passenden Verbformen ein.

> habe … gebrochen   bin … gerutscht   haben … unternommen

> hinweggeflogen … gelandet bin   haben … entdeckt   bin … gewesen

> bin … geklettert   haben … gesessen   hat … gefeiert

Ich ▬▬ heute nicht in der Schule ▬▬. Gestern ▬▬ meine Schwester ihren Geburtstag ▬▬. Wir ▬▬ einen Ausflug in den Tierpark ▬▬. Gleich am Eingang ▬▬ wir einen tollen Kletterspielplatz ▬▬. Ich ▬▬ gleich auf den großen Kletterbaum ▬▬. Von dort aus ▬▬ ich durch die dunkle Rutsche wieder bis ganz nach unten ▬▬. An ihrem Ende ▬▬ einige Kinder ▬▬, sodass ich mit Schwung über sie ▬▬ und im Sand ▬▬. Dabei ▬▬ ich mir leider den Arm ▬▬.

○ **9** Bilde zu den folgenden Infinitiven die passenden Formen im Perfekt.

a trinken – ich habe getrunken
b sprechen – sie …
c springen – er …
d bitten – wir …
e zeichnen – ich …
f laufen – du …

g sitzen – du …
h denken – wir …
i bleiben – ich …
j frieren – er …
k warten – sie …
l lesen – ihr …

○ **10** Stellt im Tandem abwechselnd Fragen und beantwortet sie. Nutzt die Verbformen aus Aufgabe 9.

Partnerin/Partner 1:   *Was hast du getrunken?*
Partnerin/Partner 2:   *Ich habe ein Glas Saft getrunken.*

Sätze zaubern

Satzglieder erkennen

Ihr bildet Sätze mit Nomen, Verben usw. Aber was sind Satzglieder? Satzglieder bestehen aus Wörtern und Wortgruppen, die eine Einheit im Satz bilden.

○ **1** Bilde mit den Wörtern, die dieselbe Farbe haben, jeweils einen Satz. Beginne mit den grünen Wörtern. Schreibe die Sätze auf.

💡 **Tipp**
Achtet auf die Reihenfolge der Wörter.

👥 ◑ **2** Vergleicht im Tandem eure Sätze. Was fällt euch auf?

👥 ○ **3** Untersucht in der Klasse einen Satz aus Aufgabe 1 genauer.
- Wählt einen Satz aus und schreibt die Wörter dieses Satzes einzeln mit einem dicken Stift auf je ein großes Blatt Papier.
- Einige von euch nehmen die Blätter mit den Wörtern. Die anderen sagen, wie sie sich aufstellen sollten, damit ein sinnvoller Satz entsteht.
- Schreibt diesen Satz an die Tafel.
- Stellt nun die Personen mit den Blättern so um, dass sich weitere sinnvolle Sätze ergeben. Notiert die umgestellten Sätze an der Tafel.

⊖ **4** Vergleicht in der Klasse die Sätze an der Tafel. Beantwortet die Fragen.
   • Welche Wörter und Wortgruppen bleiben zusammen?
   • Die Wörter und Wortgruppen, die beim Umstellen immer zusammen bleiben sind
     Satzglieder. Wie viele Satzglieder haben die Sätze?

○ **5** Markiert die Satzglieder in jedem Satz mit verschiedenen Farben.

! Merke

V17 ▷

Satzglieder

Sätze bestehen aus **Satzgliedern**.
Ein Satzglied kann aus **einem Wort** oder **einer Wortgruppe** bestehen und lässt sich
innerhalb eines Satzes **verschieben**.

Mit der **Umstellprobe** kann man die Satzglieder und ihre Anzahl ermitteln.
Wörter und Wortgruppen, die bei der Umstellung des Satzes zusammenbleiben,
sind **Satzglieder**.

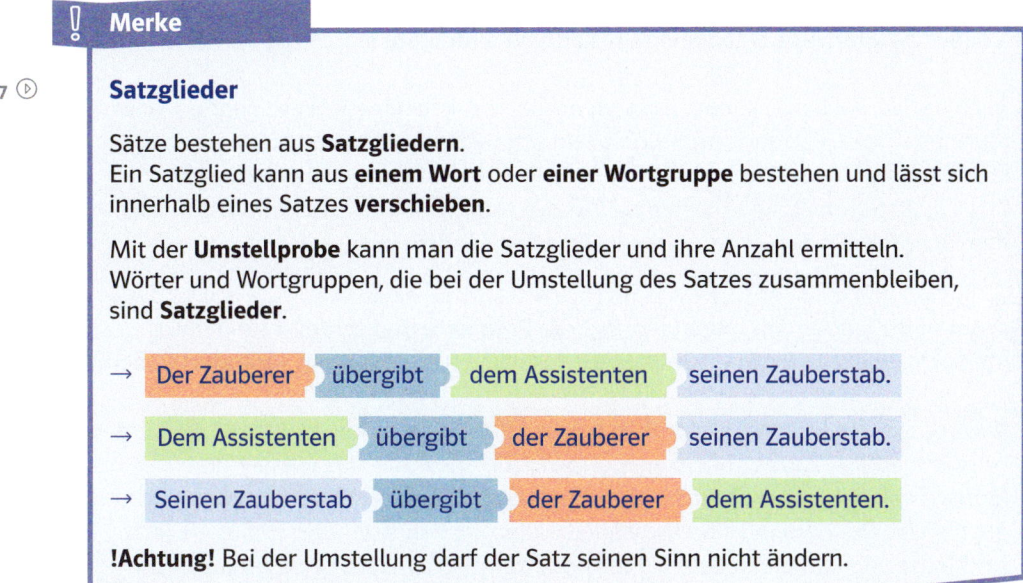

→ Der Zauberer | übergibt | dem Assistenten | seinen Zauberstab.

→ Dem Assistenten | übergibt | der Zauberer | seinen Zauberstab.

→ Seinen Zauberstab | übergibt | der Zauberer | dem Assistenten.

!Achtung! Bei der Umstellung darf der Satz seinen Sinn nicht ändern.

Lerninsel
↗ Seite 288

○ **6** Schreibe die folgenden Sätze ab. Markiere das Wort oder die Wörter mit blauer
   Farbe, die angeben, was der Zauberer tut. Diese Wörter heißen **Prädikate**,
   z. B. a Anschließend zaubert Zabarek mit seinem Schirm.
   a Anschließend zaubert Zabarek mit seinem Schirm.
   b Dazu spricht er leise einen Zauberspruch.
   c Der Schirm öffnet sich ganz von allein.
   d Über dem Zauberer regnet es dicke Tropfen.
   e Plötzlich verschwindet er unter seinem großen Umhang.
   f Das Publikum klatscht begeistert Beifall.
   g Dann ruft ein Junge nach dem Zauberer.

💡 **Tipp**
Frage nach dem
Prädikat mit
„Was tut er/sie/es?"

○ **7** Erfrage in den Sätzen aus Aufgabe 6 mit der Frage
   „Wer oder was tut etwas?" **das Subjekt**.
   Markiere diese Satzglieder mit roter Farbe.

*Wer zaubert
anschließend mit
seinem Schirm?*

 ● **8** Seht euch die Prädikate und Subjekte in den Sätzen an. Besprecht in der Klasse,
   welche Beziehung die beiden Satzglieder Subjekt und Prädikat zueinander haben.

Was der Zauberer noch kann

Subjekt, Prädikat und Objekt erkennen

Neben den Satzgliedern Subjekt und Prädikat, die ihr schon auf der vorherigen Seite untersucht habt, lernt ihr hier noch das Satzglied Objekt kennen.

○ **1** Schreibe die Sätze ab. Finde mithilfe der Umstellprobe die Satzglieder heraus und markiere sie. Markiere die **Subjekte** rot und die **Prädikate** blau.

> Nach der Vorstellung zaubert Zabarek in seiner Küche eine leckere Suppe. Leise murmelt er eine Zauberformel. Von allein schneidet das Messer die Möhren in kleine Stücke. Dann schwebt der Topf mit Wasser auf den Herd. Die Nudeln fliegen blitzschnell in das kochende Wasser. Jetzt springen Teller und Löffel aus dem Schrank auf den Tisch. Zabarek schmeckt seine Suppe.

○ **2** Bestimmt im Tandem im folgenden Text die **Prädikate** und schreibt sie heraus. Untersucht, wie sie sich die Prädikate im Vergleich zum Text oben verändert haben.

> Nach der Vorstellung hat Zabarek in seiner Küche eine leckere Suppe gezaubert. Leise hat er eine Zauberformel gemurmelt. Von allein hat das Messer die Möhren in kleine Stücke geschnitten. Dann ist der Topf mit Wasser auf den Herd geschwebt. Die Nudeln sind blitzschnell in das kochende Wasser geflogen. Jetzt sind Teller und Löffel aus dem Schrank auf den Tisch gesprungen. Zabarek hat seine Suppe geschmeckt.

○ **3** Bestimmt in der Gruppe, woraus sich die zweiteiligen Prädikate in Aufgabe 2 zusammensetzen. Nennt die Zeitform.

Tipp
Ermittle die Prädikate mithilfe der Umstellprobe.

○ **4** Übernimm die Tabelle und notiere die **Prädikate** aus den Sätzen.
a Das schmutzige Geschirr lässt Zabarek auf dem Tisch stehen.
b Er murmelt einen kurzen Zauberspruch.
c In wenigen Sekunden ist das Geschirr abgewaschen.
d Doch will Zabarek das saubere Geschirr selbst in den Schrank einräumen?
e Nein – auch hierfür fällt dem Zauberer der passende Zauberspruch ein.

Satz	Prädikat	einteilig	mehrteilig
a	*lässt stehen*		x
...	...	...	...

○ **5** Objekte im Satz lassen sich auch erfragen. Findet im Tandem mit der Frage „Wen oder was?" in den Sätzen das **Akkusativobjekt**. Schreibt es ab und markiert es violett, z. B. *Wen oder was dressiert Zabarek?* → *weiße Kaninchen*
a Zabarek dressiert weiße Kaninchen.
b Alle Zuschauer loben die Zaubershow.
c Für die nächsten Vorstellungen will er eine Assistentin einstellen.
d Die Assistentin soll den Zauberer bei seinen Kunststücken unterstützen.

○ **6** Wer macht was in der Zaubervorstellung? Ergänze die folgenden Satzanfänge mit dem passenden **Prädikat** und dem passenden **Akkusativobjekt**,
z. B. *a Zabarek verzaubert ein weißes Kaninchen.*

bewundern	die Spezialeffekte	a Zabarek …
verzaubert	die Vorstellung	b Der Kameramann …
filmt	ein weißes Kaninchen	c Der Bühnentechniker …
einstellen	die Kunststücke	d Die Zuschauer …

👥 ○ **7** Schreibt die Sätze ab. Findet im Tandem das **Dativobjekt**, nach dem ihr mit „Wem?"
fragt. Markiert es grün, z. B. *Wem begegnet Zabarek nach der Vorstellung? → einem Fan*
a Nach der Vorstellung begegnet Zabarek einem Fan.
b Der Fan dankt Zabarek für die tolle Vorstellung.
c Der Zauberer schenkt ihm zwei Autogrammkarten.
d Die zweite Autogrammkarte will der Fan seinem Sohn geben.

◒ **8** Übernimm die Tabelle und notiere alle Satzglieder der folgenden Sätze. Ermittle sie mithilfe der Umstellprobe und der Fragewörter.
a Zabarek trifft seinen Freund.
b Der Freund schenkt ihm eine Zitronenlimonade.
c Er schüttet dem Kollegen die grüne Limonade ein.
d Dann ruft er das Wort „rot".
e Der Zauberer hat der Limonade die neue Farbe gegeben.

Satz	Subjekt (Wer oder was?)	Prädikat	Objekt im Akkusativ (Wen oder was?)	Objekt im Dativ (Wem?)
a	Zabarek	trifft	seinen Freund.	–
…	…	…	…	…

> ⚠ **Merke**
>
> V17 ⊳
>
> **Die Satzglieder Subjekt, Prädikat und Objekt**
>
> Das **Subjekt** gibt an, wer oder was etwas tut. Man erfragt es mit „Wer oder was?".
> → Unser Zauberer hat eine Idee.
>
> Das **Prädikat** gibt an, was geschieht oder was jemand tut. Es kann aus einem oder mehreren Verben bestehen. → Er kocht seine Suppe. → Er will seine Suppe kochen.
>
> Das **Prädikat** (oder ein Prädikatteil) steht in einem **Aussagesatz** immer an **zweiter Stelle** und kann nicht verschoben werden.
>
> Das **Objekt ergänzt** einen Satz durch **Informationen**.
> → Er sagt uns die Zauberformel.
> Es gibt das **Akkusativobjekt**. Man erfragt es mit **Wen oder was?**
> Es gibt das **Dativobjekt**. Man erfragt es mit **Wem?**

Lerninsel
⤷ Seite 288

Von Frage, Ausruf und Punkt

Satzarten und Satzfunktionen untersuchen

Ihr wisst, dass es verschiedene Satzarten gibt. Oft hört man schon, ob es sich um eine Frage oder eine Aufforderung handelt.

MK ○ **1** Lies die folgende E-Mail.

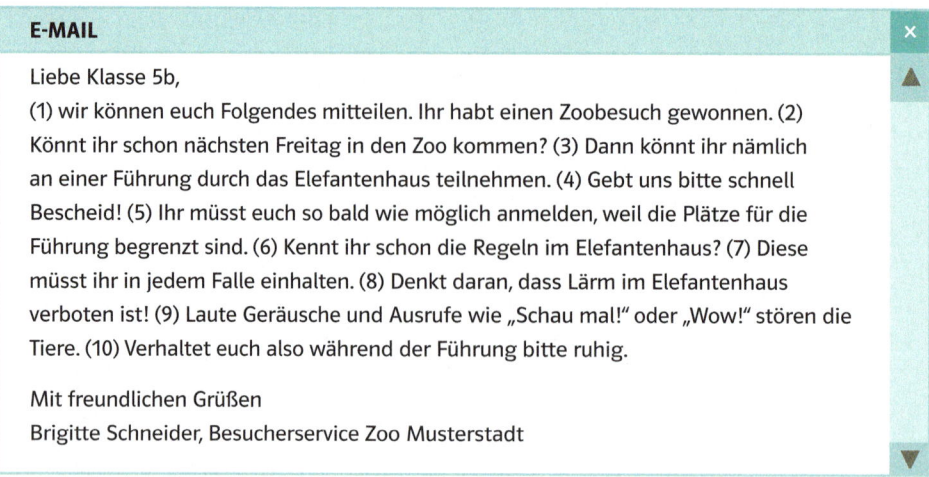

E-MAIL   ✕

Liebe Klasse 5b,

(1) wir können euch Folgendes mitteilen. Ihr habt einen Zoobesuch gewonnen. (2) Könnt ihr schon nächsten Freitag in den Zoo kommen? (3) Dann könnt ihr nämlich an einer Führung durch das Elefantenhaus teilnehmen. (4) Gebt uns bitte schnell Bescheid! (5) Ihr müsst euch so bald wie möglich anmelden, weil die Plätze für die Führung begrenzt sind. (6) Kennt ihr schon die Regeln im Elefantenhaus? (7) Diese müsst ihr in jedem Falle einhalten. (8) Denkt daran, dass Lärm im Elefantenhaus verboten ist! (9) Laute Geräusche und Ausrufe wie „Schau mal!" oder „Wow!" stören die Tiere. (10) Verhaltet euch also während der Führung bitte ruhig.

Mit freundlichen Grüßen
Brigitte Schneider, Besucherservice Zoo Musterstadt

👥👥 ○ **2** Schreibt die Sätze 1 bis 5 aus der E-Mail ab. Markiert im Tandem in jedem Satz die konjugierte Verbform, z. B. *(1) Wir können euch Folgendes mitteilen.*

💡 **Tipp**
Achtet auf die Verben, die am Ende eines Nebensatzes stehen.

👥👥 ⊖ **3** Man unterscheidet die Satzarten nach Stellung der konjugierten Verbform. Sie kann an erster, zweiter oder letzter Stelle stehen. Ordnet im Tandem die Sätze aus Aufgabe 2 zu, z. B. *(1) „können" steht an zweiter Stelle im Satz: Verbzweitsatz*

| Verberstsatz | Verbzweitsatz | Verbletztsatz |

○ **4** Markiere und nenne in den Sätzen aus Aufgabe 2 die Satzschlusszeichen.

○ **5** Übernimm die Tabelle. Trage die Satznummern aus Aufgabe 2 richtig ein.

Aussagesatz	Fragesatz	Aufforderung
1, …	…	…

○ **6** Sieh dir nun die Sätze 6 bis 10 in der E-Mail an. Schreibe sie ab und markiere die konjugierten Verbformen sowie die Satzschlusszeichen.

👥👥 ● **7** Tauscht euch im Tandem über die Sätze 6 bis 10 aus. Beantwortet dabei die folgenden Fragen:
- Um welche Satzart handelt es sich jeweils?
- Welche Absicht drückt der Satz jeweils aus? | Frage | Aufforderung | Aussage |
- Woran habt ihr das erkannt?

8 Seht euch in der Klasse die beiden Ausrufe in Satz 9 in der E-Mail an. Benennt Satzart, Satzschlusszeichen und Funktion des Satzes.

9 Satzzeichen können unterschiedlich wirken. Vergleicht in der Klasse die folgenden Sätze und erklärt den Unterschied.

> Würdest du mir bitte deine Adresse schicken?
> Würdest du mir bitte deine Adresse schicken!
> Würdest du mir deine Adresse schicken.

10 Korrigiert die Postkarte von Manouk. Erklärt ihr im Tandem, welche Satzzeichen sie verwenden sollte.

Lieber Nils,
du wirst nicht glauben, was wir gestern erlebt haben!!!
Weißt du, wo wir waren!!! Im Zoo!!! Da war ein Känguru
ausgebrochen! Das ist überall herumgehüpft! Das war
viel größer, als ich gedacht habe!!! Als es direkt auf mich
zugesprungen ist, hatte ich schon ein bisschen Angst!!!
Hast du schon mal ein echtes Känguru gesehen!!!
Viele Grüße, deine Manouk

11 Denke dir ein Gespräch von zwei Kindern nach einem Zoobesuch aus und schreibe es auf. Verwende dabei alle Satzarten, die du kennengelernt hast.

❗ Merke

Satzarten und ihre Funktionen

Lerninsel
→ Seite 289

Man unterscheidet nach der **Stellung der konjugierten Verbform** im Satz:
Verberstsatz:
Das konjugierte Verb steht an **erster Stelle**. → Gehen wir in den Zoo?
Verbzweitsatz:
Das konjugierte Verb steht an **zweiter Stelle**. → Wir gehen in den Zoo.
Verbletztsatz:
Das konjugierte Verb steht im Nebensatz und dort an **letzter Stelle**. → Wir gehen in den Zoo, weil wir ein Ticket haben.

Sätze haben **verschiedene Funktionen**, je nach dem, was man ausdrücken möchte. Die Satzfunktion entscheidet über das **Satzschlusszeichen**:

- wenn man etwas **feststellt** oder **aussagt** → **Aussagesatz**, endet mit **Punkt**
  → Wir haben ein Zooticket gewonnen.
- wenn man **Gefühle** und **Wünsche** ausdrückt → **Aussagesatz** endet mit **Punkt**
  → Wir freuen uns auf den Zoobesuch.
- wenn man **etwas wissen** möchte → **Fragesatz** endet mit **Fragezeichen**
  → Haben wir einen Zooticket gewonnen?
- wenn man zu etwas **auffordert** oder etwas **ausruft** → **Ausrufesatz – oder Aufforderungssatz** endet mit **Ausrufezeichen** → Lasst uns in den Zoo gehen!
  → Schau her!

Aus zwei mach eins

Satzverknüpfungen und Zeichensetzung erkennen und verwenden

Was kann passieren, wenn wir Kommas nicht richtig setzen? Das: Wir essen jetzt Opa. Das war aber gar nicht unsere Absicht. Deshalb setzen wir schnell ein Komma und machen aus der Aussage eine Aufforderung und schon haben wir Opa gerettet: Wir essen jetzt, Opa!

Komma bei Aufzählungen

1 Untersucht im Tandem die Sätze. Erklärt, wann Kommas gesetzt werden.

> Ich lese gern Abenteuerromane, Comics, Sachbücher, Zeitschriften.
> Ich lese gern Abenteuerromane, Comics, Sachbücher und Zeitschriften.

2 Schreibe die Sätze ab und setze die fehlenden Kommas.
  a Liebesgeschichten Kochbücher und Mangas interessieren mich nicht.
  b Ich mache es mir zum Lesen im Sessel auf dem Bett oder auf dem Sofa bequem.
  c Ich leihe mir Bücher von Freunden Verwandten und aus der Bibliothek aus.

Satzverknüpfungen mit Konjunktionen (Bindewörtern)

Tipp
Beachte, dass Konjunktionen auch am Satzanfang stehen können.

3 Lies die Sätze. Nenne die Konjunktionen, die die Sätze verbinden, z. B. *a aber*
  a Ich lese gerne Comics, aber nicht gerne Zeitschriften.
  b Obwohl wir eine Bibliothek im Ort haben, war ich noch nie dort.
  c Peter hört immer laute Musik, während er liest.
  d Hannas Vater sagt, dass sie häufiger Bücher lesen soll.
  e Wenn ich es mir aussuchen kann, nehme ich lieber das Hörbuch.

4 Setzt im Tandem die richtigen Konjunktionen ein. Achtet auf den Sinn der Sätze.

und	weil	wenn	als	dass	ob

  a Sergej und Johanna sind in die Bibliothek gegangen, ▓▓▓ sie das richtige Buch für ihre Buchvorstellung aussuchen wollen.
  b Johanna erzählt: „Ich habe ein sehr lustiges Buch gelesen, ▓▓▓ wir neulich im Urlaub waren."
  c „Die wilden Hühner auf Klassenfahrt hieß das. Die wilden Hühner sind vier Mädchen ▓▓▓ die werden auf der Klassenfahrt ständig von den Jungen genervt. Lustig! Kannst du dir das vorstellen, Sergej?"
  d „Es ist aber auch unerträglich, ▓▓▓ man mit Mädchen Stress hat", meint Sergej.
  e „Denkst du, ▓▓▓ man dieses Buch in der Klasse vorstellen kann?"
  f „Sicher. Du kannst ja im Computer nachschauen, ▓▓▓ sie das Buch hier haben. Ich gehe mal zu den Sachbüchern.

5 Häufig werden Sätze mit der Konjunktion **dass** verknüpft. Verbinde die Sätze miteinander und schreibe sie auf.

🔆 Tipp
Du musst die Sätze auf den Kärtchen umstellen.

a   Ich weiß, dass ▬▬.   Wir finden das Buch in der Bibliothek.

b   Wir hoffen, dass ▬▬.   Im Buch kommt ein Hund vor.

c   Glaubst du, dass ▬▬?   Es handelt sich um ein Abenteuerbuch.

> **! Merke**
>
> **Konjunktionen (Bindewörter)**
>
> **Konjunktionen** wie **und, wenn, weil, ob, während, dass, als, aber, oder, obwohl, da** verbinden Sätze oder Teilsätze miteinander zu **Satzverknüpfungen**. → Ich lese das Buch, weil es spannend ist.
>
> Vor den meisten Konjunktionen steht ein **Komma**.

Lerninsel
→ Seite 289

wörtliche Rede

6 Aylin will sich von Jan einen neuen Fantasyroman ausleihen. Ordne den beiden die passenden Sprechblasen zu. Schreibe dann das Gespräch auf.

a   Aylin ruft: „Hallo, wart mal!"
b   Jan fragt: „▬▬?"
c   Aylin fragt: „▬▬?"
d   Jan antwortet: „▬▬."

🔆 Tipp
Achte auf die Satzschlusszeichen und auf die Anführungszeichen.

Ja, ich habe ihn gestern ausgelesen

Kannst du mir heute den neuen Band ausleihen

Hallo, wart mal

Was gibt's

7 Schreibe die folgenden Sätze ab. Ergänze die fehlenden Satzzeichen und die Zeichen der wörtlichen Rede.

a   Sami fragt: Was macht ihr heute Nachmittag
b   Anna antwortet: Ich habe noch nichts vor
c   Jan meint: Ich habe eigentlich Fußballtraining
d   Anna ruft: Bei dem Sauwetter
e   Sami fordert: Dann lass es doch mal ausfallen
f   Jan erwidert: Das geht nicht, wir haben am Wochenende ein Pokalspiel

8 Unterstreiche in den Sätzen aus Aufgabe 7 alle Stellen, die die wörtliche Rede einleiten. Sie heißen Begleitsätze.

> **! Merke**
>
> **Wörtliche Rede**
>
> Die **wörtliche Rede** gibt wieder, was eine Person sagt. Sie steht in **Anführungszeichen**. Der Satz, der die wörtliche Rede einleitet, heißt **Begleitsatz**.
> → Tamara meint: „Ich möchte auch mitspielen."

V18 ▷

Lerninsel
→ Seite 289

Satzglieder erkennen, Sätze bilden und Zeichensetzung verwenden

○ **1** Ergänze die folgenden Satzanfänge mit den Dativ- oder Akkusativobjekten rechts.

a Lydia kauft …

b Salih begegnet im Zirkus …

c Der Zauberer fängt …

d Der Doppelsalto gelingt …

> dem Artisten – das weiße Kaninchen – ein Ticket – einem Clown

○ **2** **Subjekt**, **Prädikat**, **Akkusativobjekt** oder **Dativobjekt**? Bestimme die unterstrichenen Satzglieder.

a Die Klasse will eine Theateraufführung vorbereiten.

b Die Vorbereitungen und Proben werden sehr anstrengend.

c Ein Teil der Klasse ist für die Kostüme verantwortlich.

d Den Eltern wird die Aufführung bestimmt gut gefallen.

○ **3** Bilde zu jedem Bild einen Satz mit **Subjekt**, **Prädikat** und **Akkusativobjekt** oder **Dativobjekt**. Markiere die Satzglieder farbig. Verwende die Bausteine.

> den Tänzern   Sarah   die Zuschauer   das Publikum   spendet
>
> begrüßt   Beifall

◔ **4** Schreibe die folgenden Sätze ab und setze die passenden Satzschlusszeichen. Begründe deine Entscheidung.

a Holst du mir bitte die Autoschlüssel ▬▬▬

b Hol mir sofort die Autoschlüssel ▬▬▬

c Ich hole dir die Autoschlüssel ▬▬▬

◔ **5** Forme die folgenden Aussagesätze in Fragesätze und Aufforderungssätze um. Setze dabei die richtigen Satzschlusszeichen, z. B.

a Karim schreibt jeden Tag einen Brief an Miriam.

  → *Schreibst du jeden Tag einen Brief an Miriam, Karim?*

  → *Karim, schreib jeden Tag einen Brief an Miriam!*

b Tim soll zu seiner Mutter kommen.

c Du bereitest dich auf die nächste Klassenarbeit gut vor.

d Ihr begleitet den blinden Mann über die Straße.

6 Verbindet im Tandem die Sätze mit der passenden Konjunktion. Lest einander die vollständigen Satzverknüpfungen vor.

💡 **Tipp**
Ihr müsst einige Sätze umstellen.

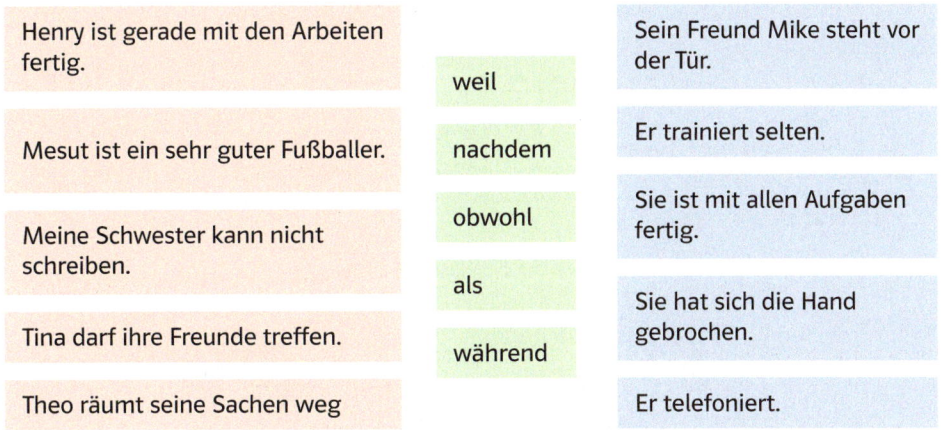

Henry ist gerade mit den Arbeiten fertig.	weil	Sein Freund Mike steht vor der Tür.
Mesut ist ein sehr guter Fußballer.	nachdem	Er trainiert selten.
Meine Schwester kann nicht schreiben.	obwohl	Sie ist mit allen Aufgaben fertig.
	als	Sie hat sich die Hand gebrochen.
Tina darf ihre Freunde treffen.	während	
Theo räumt seine Sachen weg		Er telefoniert.

7 Schreibe die Sätze ab und setze die Verben in der richtigen Form in die Begleitsätze ein.
   a Laura ▬▬▬ (sagen): „Bitte wiederhole den Satz noch einmal."
   b Andi ▬▬▬ (fragen): „Warum hast du den denn nicht verstanden?"
   c Laura ▬▬▬ (erklären): „Weil ich gerade nicht zugehört habe."
   d Andi ▬▬▬ (schimpfen): „Pass doch mal besser auf!"

8 Übernehmt das Cluster. Notiert im Tandem alle Wörter zum Wortfeld sprechen, die euch einfallen.

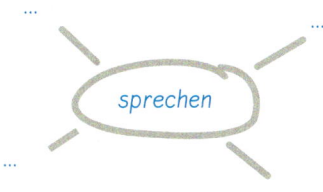

9 Notiere zu allen Wörtern aus Aufgabe 8 Redebegleitsätze. Verwende die verschiedenen Zeitformen der Verben, z. B. *Tami spricht, er sprach, …*

10 Schreibe die folgenden Sätze ab. Ergänze die Satzschlusszeichen und die Zeichen der wörtlichen Rede.
   a Marie fragt: ▬▬▬ Wo ist mein Handy ▬▬▬
   b Lara sagt: ▬▬▬ Sicher dort, wo du es zuletzt hingelegt hast ▬▬▬
   c Caro behauptet: ▬▬▬ Es lag doch vorhin noch auf dem Fensterbrett ▬▬▬
   d José ruft: ▬▬▬ Nein, hier liegt es nicht mehr ▬▬▬
   e Marie jammert: ▬▬▬ Auweia, ich habe es verloren ▬▬▬
   f Lara erkundigt sich: ▬▬▬ Wo könnte es denn sein ▬▬▬
   g José beruhigt: ▬▬▬ Du wirst es bestimmt bald wiederfinden ▬▬▬

Überprüfe dich selbst

Nomen ○ **1** Übernimm die Tabelle. Trage jeweils fünf Nomen mit passendem Artikel in jede Spalte ein.

männlich		weiblich		sächlich	
Singular	Plural	Singular	Plural	Singular	Plural
…	…	…	…	…	…

○ **2** Bestimme den Kasus der unterstrichenen Nomen in den folgenden Sätzen.

a Sie rief den Hund.
b Der Hund hörte nicht.
c Der Knochen gehört dem Hund.

◐ **3** Ergänze die folgenden Sätze.

Nomen können Begleiter, die ▬▬▬▬, haben. Nomen verfügen über ein ▬▬▬▬ und einen ▬▬▬▬, sie stehen in einem bestimmten ▬▬▬▬.

Adjektive ○ **4** Bestimme die Steigerungsstufen der folgenden Adjektive.

gründlich   am klügsten   glatt   krummer

am langsamsten   klein   höher   am weitesten

Pronomen ◐ **5** Schreibe den Satz ab und ergänze ihn dabei.

Pronomen können ▬▬▬▬ oder ▬▬▬▬ von Nomen sein.

○ **6** Ersetze die markierten Nomen durch Personalpronomen. Setze die fehlenden Possessivpronomen in die Lücken ein. Schreibe die Sätze auf.

Bevor Svenja morgens aus dem Haus geht, macht Svenja sich ▬▬▬▬ Frühstück. Danach kontrolliert Svenja ▬▬▬▬ Ranzen. Anschließend geht Svenja bei Mike, ▬▬▬▬ Freund, vorbei und holt Mike ab. ▬▬▬▬ Haus liegt auf dem Schulweg.

Präpositionen ○ **7** Lies die Sätze und erkläre die Unterschiede. Schreibe auf, z. B.
a Sie laufen ins Stadion. = Sie laufen ins Stadion hinein. (Wohin?)
Sie laufen im Stadion. = Sie laufen im Stadion einige Runden. (Wo?)

a Sie laufen ins Stadion. – Sie laufen im Stadion.
b Er rennt hinter die Kirche. – Er rennt hinter der Kirche.
c Sie schwimmt ans Ufer. – Sie schwimmt am Ufer.
d Geht nicht auf die Straße! – Geht nicht auf der Straße!

Verben ○ **8** Welche Antwort ist richtig? Die Grundform des Verbs heißt:

a induktiv   b Infusion   c Infinitiv   d interaktiv

○ **9** Konjugiere die Verben **haben**, **sein**, **fahren** und **sagen** in der 2. Person Singular in den Zeitformen Präsens, Perfekt und Präteritum.

◐ **10** Formuliere den folgenden Text einmal im Präteritum und einmal im Perfekt um.

> Ein Sturm zieht auf. Zuerst bewegen sich die Blätter, bald schwanken die ersten Äste. Der Wind wird stärker. Heftige Böen reißen Mülltonnen um. In einigen Teilen der Stadt werden sogar Gebäude beschädigt. Es gibt Schäden an Dächern, die herunterfallenden Dachziegel zerstören parkende Autos. Eine Stunde wütet der Sturm, dann herrscht wieder Ruhe. Der Schaden ist groß.

Satzglieder ○ **11** Stelle die Sätze so oft wie möglich um. Schreibe sie auf, markiere die Satzglieder mit verschiedenen Farben, z. B.
  a Die Kinder geben ihren Eltern eine Einladung. Ihren Eltern geben die Kinder eine Einladung. Eine Einladung geben die Kinder ihren Eltern.
  b Die Kinder zeigen den Zuschauern den Tanz.
  c Einige Jungen und Mädchen haben eine gespenstische Musik ausgesucht.

Sätze ○ **12** Setze die passenden Satzschlusszeichen.
  a „Das machst du sofort weg ▬▬▬▬", rief er laut.
  b „Warum sollte ich das tun ▬▬▬▬", entgegnete sie wütend.
  c Er antwortete: „Du hast doch den Dreck gemacht ▬▬▬▬"

○ **13** Verbinde die beiden Sätze mit einer der Konjunktionen **und**, **oder**, **aber**, **denn**.

> Herr Peters muss sich beeilen. Das Gewitter kommt immer näher.

◐ **14** Denke dir fünf Sätze aus, die du mit den folgenden Konjunktionen verbindest. Schreibe sie auf.   und   weil   oder   denn   dass

wörtliche ○ **15** Ergänze die Verben in den Begleitsätzen, die Satzschlusszeichen und die Zeichen
Rede   der wörtlichen Rede. Schreibe die vollständigen Sätze auf.
  a Herr Müller ▬▬▬ Bitte wartet dann morgen Früh vor der Schule ▬▬▬
  b Ahmad ▬▬▬ Wann sollen wir denn da sein ▬▬▬
  c Jessi ▬▬▬ Ich habe gehört, dass wir uns 9 Uhr treffen ▬▬▬

🌐 **Lösungen**
i26p33

Du kannst jetzt:
• Wortarten unterscheiden und verwenden
• Satzglieder und ihre Funktionen untersuchen
• Satzarten erkennen und Satzzeichen setzen
• Zeichen in der wörtlichen Rede setzen

16 Rechtschreibung

Regeln und Strategien der Rechtschreibung anwenden

A

B

C

D

Ihr wisst, dass die richtige Schreibung unserer Wörter festgelegt ist. Das ist in fast jeder Sprache der Welt so. Derjenige der schreibt, möchte ja, dass die Leserin oder der Leser das Geschriebene auch richtig versteht. In der Grundschule habt ihr schon einige Regeln und Strategien der Rechtschreibung erlernt, die könnt ihr jetzt mit dem Kater Fidibus wiederholen. Er wird euch auch noch weitere Regeln zeigen.

Das lernt ihr jetzt:
- Wörter in Silben zerlegen
- die Rechtschreibstrategien Schwingen, Ableiten und Verlängern festigen und anwenden
- die Schreibung von Merkwörtern einprägen
- die Großschreibung von Wörtern erkennen
- das Wörterbuch und die Rechtschreibprüfung nutzen

1 Stellt euch in einem Kreis auf. Sagt nun eure Namen Silbe für Silbe und schwingt dabei im Takt der Silben.

2 Zu welchem Bild **B–D** gehört welcher Begriff? Bildet aus den folgenden Silben sechs Wörter und schreibt sie an die Tafel. Ordnet sie dann den Bildern zu.

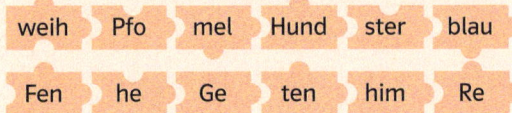

| weih | Pfo | mel | Hund | ster | blau |

| Fen | he | Ge | ten | him | Re |

3 Lest nun die Wörter aus Aufgabe 2 laut und deutlich vor. Untersucht jedes Wort und beantwortet die folgenden Fragen:
- Wie viele Buchstaben hat das Wort?
- Welche Konsonanten und welche Vokale hat das Wort?
- Wie viele Silben hat das Wort?

4 Lest das folgende Wort zuerst leise und dann laut, Silbe für Silbe. Aus wie vielen Silben besteht es?

Hamsterfutternapffirmenadresse

5 Erinnert euch an die Rechtschreibstrategien und Rechtschreibregeln. Seht euch die Symbole auf Bild **A** an und ordnet sie den folgenden Begriffen zu. Erläutert, wie die Strategien und Regeln funktionieren.

| Ableiten | Schwingen | Merken | Verlängern | Großschreibung |

6 Fasst gemeinsam zusammen:
- Was ist Rechtschreibung?
- Warum ist es wichtig, Wörter richtig zu schreiben?
- Welche Hilfen könnt ihr nutzen?

Sil-ben-kunst

Laute, Buchstaben und Silben untersuchen

Das O in offen klingt anders als in Ofen. Ein Buchstabe kann also mehrere Laute haben. Welcher Laut gesprochen wird, hängt von den nachfolgenden Buchstaben und den entstehenden Silben ab. Wenn ihr den Aufbau eines Wortes kennt, könnt ihr es richtig schreiben, auch wenn ihr das Wort nicht kennt.

Tipp
Achte auf die korrekte Großschreibung.

1 Lies die Sätze und schreibe die Wörter dann mit den richtigen Silben auf.
Omasch narch tims essel.
Pap aback tapf elkuch en.

2 Denkt euch nun im Tandem selbst solche Sätze wie in Aufgabe 1 aus. Schreibt sie auf und lasst sie von einem anderen Tandem auflösen.

3 Lest die folgenden Wörter zunächst leise, dann laut. Diktiert sie euch im Tandem. Kennzeichnet die Silben durch Silbenbögen.

> Wagen, Morgen, Hase, Mantel, Winter, Schafe, Kinder, Schule, Rose, Graben

4 Untersucht im Tandem die Wörter aus Aufgabe 3. Beantwortet die Fragen.
- Welche Silbe ist betont?
- Was haben alle zweiten Silben gemeinsam?
- Welche Buchstaben stehen am Ende der ersten Silbe?

5 Du hast bemerkt, dass am Ende der ersten Silbe Vokale (= **offene Silbe**) oder Konsonanten (= **geschlossene Silbe**) stehen können. Schreibe die Wortpaare ab und zeichne die Silbenbögen ein.

> Miete – Mitte   Hase – hassen   Ofen – offen   Hüte – Hütte

Lerninsel
Seite 293

6 Erläutert einander im Tandem den Unterschied zwischen offener und geschlossener Silbe. Nutzt die Wörter aus Aufgabe 5.

Tipp
Zu den Vokalen zählen auch au, äu, ai, ei, eu, ie, ui.

! Merke

Die Silbe ☺

Wörter bestehen aus **einer** oder **mehreren Silben**. Im Deutschen sind die meisten Grundwörter **zweisilbig**. → Ha|se, Rau|pe

Die **erste Silbe** wird immer betont, also laut gesprochen, und kann
- auf einen **Vokal** (a, e, i, o, u, ä, ö, ü) enden = **offene Silbe** → Rie|se, Ho|se
- auf einen **Konsonanten** (d, m, l, t …) enden = **geschlossene Silbe** → Bir|ke, hel|fen

In der **zweiten Silbe** ist immer ein **e** zu finden.
Die Stelle, an der zwei Silben aufeinandertreffen, heißt **Silbengrenze**.

7 Lest euch den folgenden Text im Tandem laut vor. Besprecht dann, wie es euch gelungen ist, die Fantasiewörter zu lesen. Was ist euch aufgefallen?

> Auf einmal bin ich in einen Fromach gekommen. Rund um mich riesige Stirzen und Frimpe, in denen die Murken gewimpst haben. Da seh ich in der Ferne ein kleines Stirriwink zwiegeln.

Tipp
Denkt vor dem Lesen nicht zu viel nach, sondern fangt einfach an.

8 Sieh dir die folgenden Wörter aus dem Text nun genauer an.
- Übertrage sie in dein Heft und zeichne die Silbenbögen ein.
- Markiere die offenen Silben grün und die geschlossenen gelb.

hubeln   Stirzen   zwiegeln   Murken   Frimpe   wimpsen

9 Warum konntest du die unbekannten Wörter vorlesen? Schreibe deine Vermutung dazu in einem Satz auf.

10 Beschreibt in der Klasse die folgenden Wörter in dem Haus-Garage-Modell.

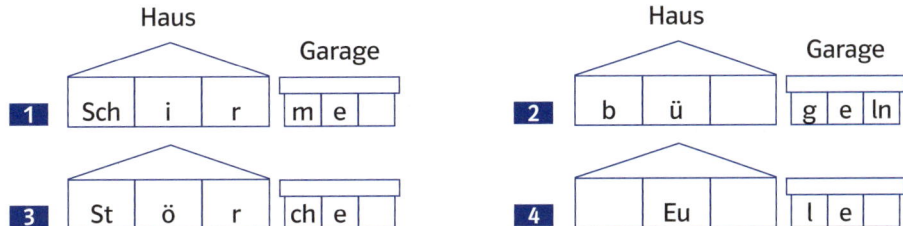

11 Bildet sechs Gruppen in der Klasse. Jede Gruppe ist für ein Zimmer im Haus zuständig. Beschreibt euer Zimmer, z.B. *1. Zimmer im Haus: Kann leer sein oder …*

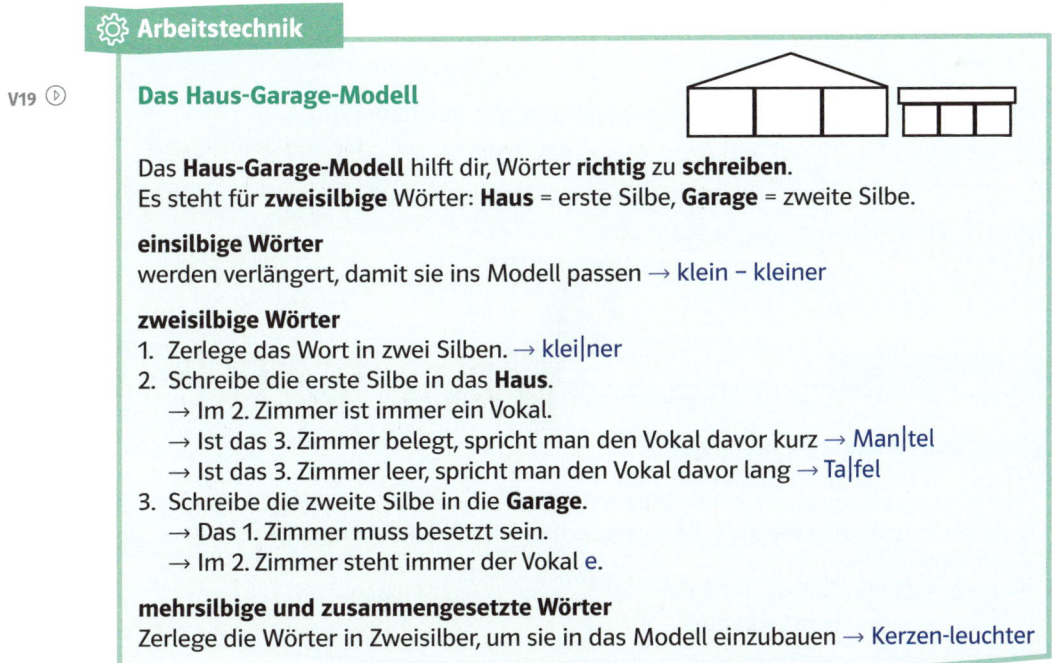

⚙ **Arbeitstechnik**

V19 ▷

Das Haus-Garage-Modell

Lerninsel
Seite 290

Das **Haus-Garage-Modell** hilft dir, Wörter **richtig zu schreiben**.
Es steht für **zweisilbige** Wörter: **Haus** = erste Silbe, **Garage** = zweite Silbe.

einsilbige Wörter
werden verlängert, damit sie ins Modell passen → klein – kleiner

zweisilbige Wörter
1. Zerlege das Wort in zwei Silben. → klei|ner
2. Schreibe die erste Silbe in das **Haus**.
   → Im 2. Zimmer ist immer ein Vokal.
   → Ist das 3. Zimmer belegt, spricht man den Vokal davor kurz → Man|tel
   → Ist das 3. Zimmer leer, spricht man den Vokal davor lang → Ta|fel
3. Schreibe die zweite Silbe in die **Garage**.
   → Das 1. Zimmer muss besetzt sein.
   → Im 2. Zimmer steht immer der Vokal e.

mehrsilbige und zusammengesetzte Wörter
Zerlege die Wörter in Zweisilber, um sie in das Modell einzubauen → Kerzen-leuchter

Kannst du verlängern?

↪ Die Rechtschreibstrategie Verlängern anwenden

1 Seht euch im Tandem die folgenden Wörter an. Nennt bei jedem Wort den letzten Buchstaben. Lest die Wörter jetzt laut vor. Besprecht, was euch auffällt.

> Tag   Gegend   fremd   Feld   er hob   sie schob   Flug   Bild   es lag

> Weg   Zug   gelb   Land   Abschied   Wald   Spielzeug   es flog

Nomen
↪ Seite 209

Adjektive
↪ Seite 213

Verben
↪ Seite 221

2 Suche zu allen Wörtern aus Aufgabe 1 eine Verlängerung. Gehe so vor:
- Nomen verlängerst du, indem du den Plural bildest, z. B. *der Tag → die Tage*
- Adjektive verlängerst du, indem du eine Steigerungsform bildest, z. B. *fremd → fremder*
- Um Verben zu verlängern, bildest du die wir-Form, z. B. *sie schob → wir schoben*

3 Vergleicht im Tandem eure Verlängerungswörter. Sprecht sie dazu laut und schwingt die Silben.

4 Welche Buchstaben fehlen bei diesen Wörtern? Nenne sie.
g oder k?   das Wer■, der Zwer■, we■, sie lo■
d oder t?   der Hun■, leich■, lau■, die Wan■
b oder p?   das Lo■, er ga■, der Rau■, das Kal■, der Ty■

5 Mit **h** oder ohne **h**? Verlängere die Wörter und schreibe sie richtig auf.
das Re■ →   sie zie■t →   ihr ge■t →
es blü■t →   du fle■st →   der Ze■ →

6 Bei diesen Wörtern ist es etwas schwieriger, den richtigen Buchstaben herauszufinden. Warum? Wie könnt ihr euch helfen?

Lerninsel
↪ Seite 293

Schla■zeile, Han■werker, Lan■wirtschaft, Hal■jahr, Ra■haus, Ra■weg

Sprecht die Schritte beim Verlängern mit, z. B.
Schlagzeile: „Schlag" lässt sich verlängern zu „Schläge", also mit g.
Schreibt so: *Schlagzeile → g → Schlä ge*

Lerninsel
↪ Seite 290

V20 ⊙

> **! Merke**
>
> **Rechtschreibstrategie Verlängern** ↪
>
> Will man wissen, ob ein Wort **am Ende** mit **g** oder **k**, **b** oder **p**, **d** oder **t** geschrieben wird, muss man es **verlängern**. Beim deutlichen Sprechen kann man die richtige Schreibweise hören.
> → Berg → Berge / Gelenk → Gelenke, gib → geben / Typ → Typen, wild → wilder / bunt → bunter

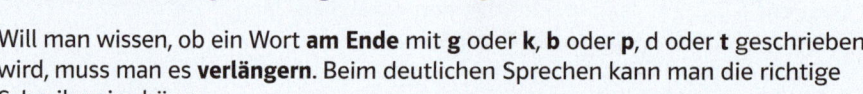

Kannst du ableiten?

⚡ Die Rechtschreibstrategie Ableiten anwenden

1 Sucht in der Gruppe zu den folgenden Wörtern verwandte Wörter mit **a** oder **ä** sowie **au** oder **äu**, z.B. *Kamm – Kämme, …*

| Kamm | lang | Käufer | Sätze | Tag | Häuser | Mann | Gläser | Schaden |

2 Sieh dir die Abbildung an. Schreibe dann die Wörter in die erste oder zweite Tabellenspalte. Ergänze in der dritten Spalte ein Ableitungswort.

e oder eu	ä oder äu	Ableitung
	bärtig	…
Eltern		–
…	…	…

3 **ä-äu-Wettbewerb**: Wer findet die meisten Wörter mit **ä** und **äu** zu folgenden Beispielen? Schreibt sie auf und vergleicht.

| Land | Wald | Garten | Angst | Anfang | Ball | Dach | Stadt | Mantel | Hals |
| schlafen | Schrank | Kraft | tragen | fallen | waschen | laufen | Kraut |

4 Wie schreibt man die Wörter? Schreibe sie ab und setze die Buchstaben ein.
a Bei R■(ä/e)gen und K■(ä/e)lte ist es zu Hause gemütlich.
b Wenn es w■(ä/e)rmer wird, dann l■(äu/eu)ft er in den Garten und l■(ä/e)gt sich unter die B■(eu/äu)me.

ℹ **Merke**

V21 ▷

Rechtschreibstrategie Ableiten ⚡

Will man wissen, ob ein Wort mit **e** oder **ä**, **eu** oder **äu** geschrieben wird, muss man **ableiten**. Findet man verwandte Wörter mit **a** oder **au**, dann schreibt man **ä** oder **äu**.
→ Wärme – warm, Träume – Traum

Lerninsel
⤴ Seite 291

Hilfreiche Häuser

Wörter mit Doppelkonsonanten, silbentrennendem h, s-Laut und i/ie

1 Versucht, einander im Tandem den folgenden Text vorzulesen. Tauscht euch anschließend darüber aus, was hier schiefgelaufen ist.

> Es ist ein stiler Sontagvormittag am Waldrand. Nur die Rasenmäer zieen in weiter Ferne ihre Bahnen durch das nase Gras. Ein paar Kräen flatern umher, Humeln umschwiren die blüende Wiese und eine kleine Drosel singt froe Lieder. Weit und breit ist kein Mensch zu seen. Sogar drei Ree näern sich der Wiese und fresen dann gemütlich das alerlei Kräutlein, die sie erspäen. So eine Rue wie hier könnte imer sein.

2 Finde in dem Text aus Aufgabe 1 die falsch geschriebenen Wörter und korrigiere sie. Übernimm die Tabelle und ordne richtig zu.

Doppelkonsonanten	silbentrennendes h
stiller, ...	*Rasenmäher, ...*

Lerninsel
→ Seite 293

3 Nutzt das Haus-Garage-Modell. Tragt im Tandem vier Wörter aus jeder Spalte von Aufgabe 2 in die Modelle ein. Benennt das Baumuster, z.B.

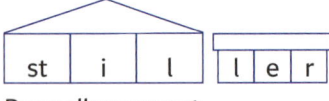

Doppelkonsonant

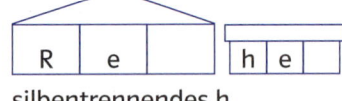

silbentrennendes h

☀ Tipp
Probiere
Reimwörter aus.

4 Schreibe weitere Zweisilber mit Doppelkonsonanten auf, z.B. *Suppe.*

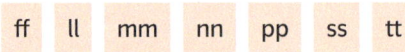

Lerninsel
→ Seite 290

🖊 **Merke**

Doppelkonsonanten und silbentrennendes h

Die folgenden zwei Baumuster von deutschen **Zweisilbern** können das Lesen erleichtern und beim Schreiben helfen:

Baumuster silbentrennendes h
Die erste Silbe **endet auf einen Vokal**. Damit dieser nicht auf das **e** in der zweiten Silbe trifft, steht ein **h** dazwischen. → Schu|he, dre|hen, ho|he, Rei|he

☀ Tipp
Verwechsle das
silbentrennende h
nicht mit dem
Dehnungs-h.
→ Seite 250

Baumuster Doppelkonsonanten
Nach einem **kurzen Vokal** in der ersten Silbe, wird der **Konsonant verdoppelt**, wenn kein weiterer Konsonant zu hören ist. → Klas|se, schwim|men, net|te

Wörter, bei denen nach einem kurzen Vokal nur ein **z** oder nur ein **k** zu hören ist, bilden den Doppelkonsonanten mit **tz** oder **ck**. → Kat|ze, De|cke

○ **5** Bilde aus den folgenden einsilbigen Wörtern verwandte Zweisilber und trage sie in das Haus-Garage-Modell ein.

Schuh   (es) geht   (sie) dreht   Zeh   (er) sieht

● **6** Übe, Wörter in das Haus-Garage-Modell einziehen zu lassen. Suche dafür aus dem folgenden Text so viele Wörter wie möglich mit Doppelkonsonanten heraus. Manchmal musst du sie vorher verlängern oder zerlegen.

> Die Katzen wohnen in der ganzen Stadt. Sie lassen sich in Ecken und Winkeln sehen. Sie liegen neben den Koffern der Reisenden am Wasser. In der Hitze des Tages schlummern sie nur und kratzen sich hinterm Ohr. Sie putzen sich das glänzende Fell im grellen Sonnenlicht und lassen sich nicht stören. Sie ruhen in Kammern und nachts jagen sie Ratten. Um Mitternacht machen sie Katzenmusik.

🔆 **Tipp**
Die Silbengrenze bei Wörtern mit tz und ck liegt zwischen den besonderen Doppelkonsonanten: Tat|ze, Ec|ke.

○ **7** Trage die folgenden Wörter in Haus-Garage-Modelle ein.

eisern   Schlosser   Besen   Nüsse   fließen   schmusen   Straße

○ **8** Schreibe aus den folgenden Sätzen die Zweisilber heraus. Zeichne die Silbenbögen ein. Markiere den ersten Vokalbuchstaben rot.

> Sieben Kinder lieben Filme mit Ziegen und Riesen im Winter. Sie finden aber auch Bienen und Fliegen interessant.

🔆 **Tipp**
Das ie zählt als ein Vokal

👥 ○ **9** Ordnet im Tandem die Zweisilber aus Aufgabe 8 in die Tabelle ein.

Silbe
⤷ Seite 242

offene Silbe (lang gesprochener Vokal)		geschlossene Silbe (kurz gesprochener Vokal)	
sie	*ben*	Kin	der
...	...	...	...

❗ **Merke**

V22 ▷

Wörter mit dem s-Laut / Wörter mit i oder ie

Für die Wörter mit einem **s-Laut** gelten folgende Regeln:
- In den **meisten** Fällen steht ein **s**. → Hase
- Nach einem **kurzen Vokal** steht **ss** (s. Regel für Doppelkonsonanten). → Küsse
- Die wenigen Wörter mit **ß** muss man sich merken. Es gilt aber auch: **ß** steht nach einem langen Vokal. → Füße

Für die Wörter mit **i oder ie** gelten folgende Regeln:
- Ist die erste **Silbe geschlossen**, schreibt man **i**, denn der **Vokal** wird **kurz** gesprochen. → Kin|der
- Ist die erste **Silbe offen**, schreibt man **ie**, denn der **Vokal** wird **lang** gesprochen. → Rie|se

Lerninsel
⤷ Seite 292

Die Strategien Schwingen, Verlängern und Ableiten anwenden

Schwingen üben

○ **1** Es gibt Wörter mit offener Silbe und Wörter mit geschlossener Silbe.
- Zeichne sechs Haus-Garage-Modelle und trage die Wörter ein.
- Ordne die Wörter dann dem jeweiligen Baumuster zu: Wörter mit offener Silbe, Wörter mit geschlossener Silbe.

> Ziege   Zentner   zeigen   zanken   zögern   Zelte

○ **2** Verlängere die Wörter zu Zweisilbern. Prüfe, ob die erste Silbe offen oder geschlossen ist.

> kalt   Kind   Hut   klein   Zaun   stolz   Korb   Gruß

○ **3** Suche zu den markierten Befehlsformen die Infinitive (Grundformen) der Verben. Markiere anschließend die Silbengrenze und das silbentrennende **h**.

> Zieh dich an! Geh weg! Sieh nicht so viel fern! Dreh das Radio leiser!
> Näh mir bitte den Knopf an! Leih mir deinen Atlas!

○ **4** Verlängere die Wörter zu Zweisilbern und trage sie ins Haus-Garage-Modell ein.

> Schiff   Mann   Stück   Fluss   hell   Platz   Stamm   nass   glatt   Blick

Verlängern üben

○ **5** Schreibe die Tabelle ab. Entscheide, ob in die Lücken **g** oder **k**, **b** oder **p**, **d** oder **t** eingesetzt werden muss. Bilde dazu die 1. Person Plural (Wir-Form) und ergänze sie.

	1. Person Plural
Er trug den Koffer.	wir tragen
Die Maschine flo ■ über die Stadt.	...
Das Schiff san ■ auf den Meeresgrund.	...
Die Freundin blie ■ zu Hause.	...
Der Gast tran ■ das Glas aus.	...
Sie ga ■ ihm ein Geschenk.	...
Er verschwan ■ in der Menge.	...
Sie san ■ ein berühmtes Lied.	...
Ich schrie ■ eine Geschichte.	...

6 Bei diesen Wörtern ist es etwas schwieriger, sie zu verlängern. Du musst die Wortart wechseln. Schreibe die verlängerten Wörter auf.

Staub   Geduld   Mut

⚡ Ableiten üben

7 Übernimm die Tabelle. Fülle die leeren Spalten mit verwandten Wörtern. Unterstreiche jeweils den Wortstamm.

Nomen	Verb	Adjektiv
Gefahr	*fahren*	*gefährlich*
Träger	...	*erträglich*
...	*ängstigen*	...
...	*erklären*	...
...	*läuten*	...
...	...	*käuflich*
...	...	*geräumig*

8 Die Schreibung der folgenden Wörter musst du dir einprägen, bei ihnen lässt sich das **ä** nicht ableiten. Suche dir sieben Wörter aus und schreibe zu jedem einen vollständigen Satz in dein Heft, z.B. *März – Im März blühen die ersten Blumen.*

Bär – Gerät – Käfer – Käse –
Lärm – Mädchen – März –
rückwärts – sägen –
schräg – spät – Träne
vorwärts – während

9 Diktiert einander im Tandem abwechselnd den folgenden Text. Klärt Unsicherheiten in einem Rechtschreibgespräch. Geht so vor:
* Unterstreicht während des Diktats die Wörter, bei denen ihr unsicher seid.
* Überlegt gemeinsam, wie man die Wörter schreiben könnte.
* Findet eine Strategie oder Regel, die euch hilft, das Wort richtig zu schreiben.
* Schreibt das Wort richtig auf.

> Hasen rasen über Wiesen oder liegen hinter Bäumen. Ein Hase springt über den Weg und hoppelt auf den Berg. Gefährlich wird es, wenn ein Fuchs naht. Im Wald leben aber auch Rehe, Igel, Mäuse und Wildschweine. Hoch am Himmel fliegt der Bussard und dreht seine Runden.

Buchstaben merken

(M) Die Rechtschreibstrategie Merken anwenden

Bei manchen Wörtern gibt es eine zusätzliche Markierung des langen Vokals: Das Dehnungs-h. Hier hilft keine Strategie weiter, diese Wörter musst du dir merken.

○ **1** Die Schreibweise von Wörtern mit **Dehnungs-h** kannst du dir gut mit Reimwörtern merken. Übernimm die Tabelle und ergänze die Reimwörter in den drei Spalten.

-ahm	-ahn	-ahl
l...	B...	Pf...
n...	H...	Str...
R...	K...	k...
z...	Z...	Z...

○ **2** Übernimm die Wortfamiliencluster und ergänze mindestens drei verwandte Wörter.

vermehren

mehr

...

...

Fahrrad

...

fahren

...

...

...

fehlen

...

fehlerhaft

...

○ **3** Wähle aus jedem Cluster zwei Wörter aus. Schreibe jeweils einen Satz damit auf und unterstreiche das ausgewählte Wort mit dem **Dehnungs-h**, z. B. *Ich weiß, wie sich Muscheln vermehren.*

○ **4** Ergänze in den Wörtern die fehlenden Wortstämme mit **Dehnungs-h**. Schreibe die Sätze vollständig auf.

a Die Sonnen▆▆▆en wärmen mir den Rücken.

b Die Miet▆▆▆ung wird neu gestrichen.

c Bei Winterwetter helfen ▆▆▆enwärmer.

d Manchmal ist die ▆▆▆sucht nach fremden Ländern groß.

e Die Straßenwacht markiert die Ge▆▆▆enstelle.

Lerninsel
→ Seite 291

> ! **Merke**
>
> **Dehnungs-h**
>
> Ein Dehnungs-h kann **nach einem langen Vokal** und vor **l, m, n** und **r** stehen.
>
> **Das Dehnung-h** bleibt im **Wortstamm** bei allen Wörtern einer **Wortfamilie** erhalten.
>
> → Zahlen, zahlreich, aufzählen…

Einige deutsche Wörter werden mit **v/V** geschrieben, aber mit einem **f**-Laut gesprochen. Außerdem gibt es eingewanderte Wörter, die mit **v/V** geschrieben werden. Du erkennst sie daran, dass sie mit einem **w**-Laut gesprochen werden.

5 Die kleinen Wörter **voll**, **viel**, **vier** und die Wortbausteine **vor-** und **ver-** kommen häufig in anderen Wörtern vor. Finde so viele Wörter wie möglich, in denen diese Wortbausteine enthalten sind. Schreibe sie auf, z. B. *vervierfachen, völlig, vielleicht, …*

6 **Partnerdiktat:** Nehmt eure Wortliste aus Aufgabe 5 und diktiert euch die Wörter abwechselnd. Ergänzt anschließend mindestens fünf neue Wörter in eurer Liste.

7 Das sind echte Merkwörter! Schreibe einen Satz mit jedem Wort auf.

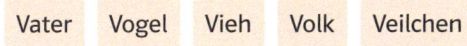

Vater Vogel Vieh Volk Veilchen

8 Wörter mit **v** statt **w**: Sie stammen aus Sprachen, in denen es das **W** nicht gibt. Sammelt solche Wörter. Findet heraus, aus welcher Sprache sie stammen. Arbeitet im Tandem mit einem Wörterbuch.

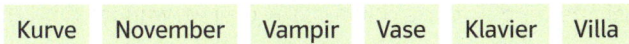

Kurve November Vampir Vase Klavier Villa

💡 **Tipp**
Ihr könnt auch im Internet unter Digitales Wörterbuch der deutschen Sprache nachschlagen.

Aufgepasst bei der Lautverbindung ks → Es gibt die Schreibweisen ks, x und chs.

9 In dem Gedicht findest du Wörter mit der Lautverbindung **ks**. Schreibe diese Wörter heraus und unterstreiche die Buchstaben, die die Verbindung **ks** wiedergeben.

Es gab ein Gespenst mal in Sachsen
das machte auch tagsüber Faxen
schmiss Texte herum
spuckte Kekse ringsrum
und wurde nie richtig erwachsen.

10 **Wortmalerei:** Einer nimmt ein Blatt und knickt es in der Mitte. Er wählt eines der folgenden Wörter aus und zeichnet den Gegenstand oder die Person. Der andere errät das Wort und schreibt es daneben. Prüft die Schreibweise.

💡 **Tipp**
Ihr könnt auch einen oder zwei Buchstaben vorgeben.

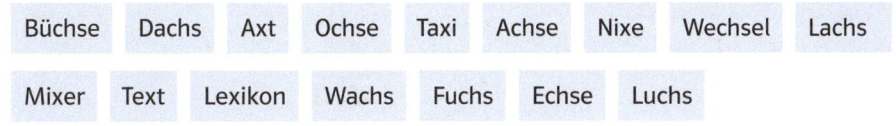

Büchse Dachs Axt Ochse Taxi Achse Nixe Wechsel Lachs

Mixer Text Lexikon Wachs Fuchs Echse Luchs

> ⚠ **Merke**
>
> **Rechtschreibstrategie Merken** Ⓜ
>
> Wörter, bei deren Schreibung Rechtschreibstrategien nicht helfen, muss man im **Wörterbuch nachschlagen** oder sich **merken**.
> **Hilfe: Wörter** aus einer Wortfamilie oder mit der gleichen Merkstelle **aufschreiben**.

Lerninsel
↪ Seite 291

Der Aal im Moor

(M) Wörter mit aa, ee, oo und Fremdwörter schreiben

**Wörter mit Doppelvokalen müsst ihr euch entweder merken oder sie nach-
schlagen. Zum Glück gibt es nur etwa 30 davon im Deutschen. Viele davon sind
übrigens aus dem Niederländischen eingewandert . . .**

○ **1** Was für ein Buchstabensalat! Setze die Buchstaben zu Wörtern mit **aa**, **ee** und **oo**
zusammen. Finde in jedem Bild mindestens vier Wörter. Schreibe sie auf.

○ **2** Übernimm die Tabelle. Ordne die Wörter aus Aufgabe 1 ein. Setze vor die Nomen
einen Artikel.

aa	ee	oo
der Aal	...	...
...	...	...

👥 ○ **3** **Wörter-Ping-Pong**: Diktiert einander im Tandem abwechselnd aus jeder Spalte
eurer Tabelle ein Wort. Kontrolliert dann die Rechtschreibung.

💡 Tipp

Wörter mit ai	Bedeu-tung
der Hai	ein Fisch
...	...

○ **4** **Wörter mit ai**: Nur wenige Wörter schreibt man mit **ai**. Schreibe die Wörter und ihre
Bedeutung in eine Tabelle.

der Hai   der Kai   der Mai   der Mais   die Saite   die Waise   der Kaiser

der Laie   der Laib   der Laich

Auch die richtige Schreibung von Fremdwörtern muss man sich merken. Aber es gibt ein paar Tricks, die dabei helfen.

○ **5** Bei den folgenden Wörtern ist jeweils ein Buchstabenpaar verloren gegangen. Setze das passende Paar ein und schreibe die Wörter auf. Ergänze weitere Wörter.

Ph /ph   Th/th   Ch/ch

▬or   ▬eorie   Trium▬   ▬aos   ▬ysik   Me▬ode

○ **6** **Partnerdiktat**: Die folgenden Wörter habt ihr sicher schon einmal gehört. Aber wisst ihr auch, wie sie geschrieben werden?
Geht so vor:
- Deckt die Spalte ab, die ihr nicht selbst vorlest.
- Diktiert euch die Wörter gegenseitig und abwechselnd.
- Wenn ihr noch Zeit habt: Lasst euch eigene Beispiele einfallen.

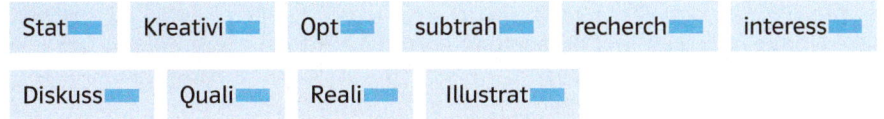

Journalistin	**Cou**sin	**Bus**iness	Garage	Genie
Charme	Ingeni**eur**	**E-Mail**	Balko**n**	**Cr**eme

○ **7** **-ion**, **ieren** oder **-tät**? Suche die passende Endung zu den Wortanfängen aus und schreibe die Wörter auf.

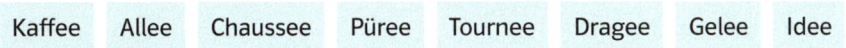

Stat▬   Kreativi▬   Opt▬   subtrah▬   recherch▬   interess▬

Diskuss▬   Quali▬   Reali▬   Illustrat▬

🔆 **Tipp**
Überlege, welcher Artikel vor den Nomen stehen müsste. Leite eine Regel dazu ab.

○ **8** Findest du zu den Wörtern aus Aufgabe 7 jeweils ein deutsches Wort, das ungefähr das Gleiche bedeutet? Schreibe es neben das Wort aus Aufgabe 7. Du kannst auch ein Wörterbuch nutzen.

○ **9** Es gibt auch Fremdwörter, die mit **ee** geschrieben werden. Schreibe einen Unsinnssatz, in dem du möglichst viele davon unterbringst.

Kaffee   Allee   Chaussee   Püree   Tournee   Dragee   Gelee   Idee

---

! **Merke**

Fremdwörter

Fremdwörter sind Wörter, die aus einer **anderen Sprache** übernommen wurden. Sie unterscheiden sich von deutschen Wörtern durch ihre **besondere Aussprache** oder **Schreibung**. Man muss sie sich **merken**.
Fremdwörter erkennt man an:
- **bestimmten Buchstabenfolgen** → z. B. Atmosphäre, Theorie, Chor
- bestimmten **Buchstaben, die anders gesprochen werden** → z. B. Jeans, Friseur, Niveau
- **bestimmten Endbausteinen** → z. B. transportieren, Information.

Lerninsel
🔲 Seite 291

Groß oder doch klein?

 Großschreibung von Wörtern erkennen

Das Deutsche ist die einzige Sprache auf der Welt, in der alle Nomen großgeschrieben werden. Das ist schwierig für die Schreibenden, aber eine Erleichterung beim Lesen.

1 Versucht einander im Tandem den Text vorzulesen.

... aberdaskleinemännchensprach:„nein,etwaslebendesistmirlieberalsalle schätzederwelt."dafingdieköniginsoanzujammernundzuweinen,dassdas dürremännchenmitleidmitihrhatte.„dreivolletagewillichdirzeitlassen", spraches.„wenndubisdahinmeinennamenweißt,sosollstdudeinkind behalten."nunbesannsichdiearmekönigindieganzenachtüberaufalle bekanntennamenundschickteeinenbotenüberland,dersolltesicherkundi genweitundbreit,wasessonstnochfürnamengäbe.alsamnächstentagdasdünn emännchenkam,sagtesieallenamen,diesiewusste,derreihenachher,aber beijedemsprachdasmännleinmitdiebischerfreude:„soheiß'ichnicht."

2 Sprecht darüber, wie es war, den Text zu lesen.
Formuliert gemeinsam einen Satz über Groß- und Klein-schreibung.

Nomen
⤢ Seite 207

3 Suche alle Nomen aus dem Text heraus und schreibe sie mit ihrem Artikel auf, z.B. *(das) Männchen ...*

4 Wie viele Nomen hast du aufgeschrieben? Vergleicht eure Ergebnisse im Tandem.

Lerninsel
⤢ Seite 293

5 Führt ein Rechtschreibgespräch. Überprüft mithilfe der folgenden Arbeitstechnik, ob ihr alle Nomen gefunden habt.

Lerninsel
⤢ Seite 291

V23 ▷

⚙ **Arbeitstechnik**

Tests zum Erkennen von Nomen Aa?

1. Kann man das Wort mit einem **Artikel/Pronomen** kombinieren? → der, die, das, eine, deine ...
2. Lässt sich direkt vor das Wort ein **Adjektiv** setzen, das dabei verändert wird? → schöne Frage
3. Endet das Wort auf **-keit, -nis, -schaft, -ung, -heit, -tum**? → Achtsamkeit, Spülung, Dummheit

Kannst du eine oder mehrere Fragen mit „Ja" beantworten, wird das Wort groß-geschrieben.

! Achtung! Am Satzanfang werden alle Wörter großgeschrieben.

💡 **Tipp**
Ein Artikel kann auch in einem Wort wie **am, ans, beim, durchs, fürs, im, zum** oder **zur** versteckt sein.

6 Sieh dir das folgende Gedicht an. Schreibe es ab und kreise die Nomen ein. Versuche nun, ein eigenes Gedicht nach dem gleichen Muster zu schreiben.

Meine Freundin,
meine liebe Freundin,
meine liebe, treue Freundin
hat mir
ein Buch geschenkt,
ein wunderschönes Buch.

7 Vergleicht eure Gedichte. Was fällt euch an den Nomen auf? Tauscht euch im Tandem darüber aus.

8 Wähle eine Wortgruppe aus und baue daraus eine Treppe. Dafür kannst du so viele Adjektive vor dem Nomen ergänzen, wie dir einfallen.

die Mütze   der Hund

ein Augenblick

dein Haar   im Auto

die Mütze
die warme Mütze
die warme, wollige Mütze
die warme, wollige, rote Mütze
die warme, wollige, rote, gestrickte Mütze

9 Macht einen Treppenwettbewerb. Wer hat die längste Treppe gebaut? Schreibt sie an die Tafel.

10 Probiert im Tandem aus, was passiert, wenn ihr eine Treppe mit den folgenden Wörtern baut. Tauscht euch darüber aus.

das Schwarze   das Versteck   das Geben   das Getue

⚙ **Arbeitstechnik**

Treppen bauen

Eine **Wortgruppe mit einem Nomen** als Kern kann durch **Adjektive** zu einer **Treppe** erweitert werden. Das **Nomen** rutscht dabei immer weiter **nach rechts**:

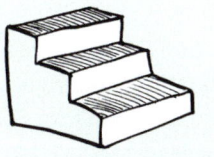

Lerninsel
⤷ Seite 291

der Schuh	mit Helm	deine Technik
der neue Schuh	mit neuem Helm	deine neue Technik
der coole, neue Schuh	mit coolem, neuem Helm	deine coole, neue Technik

Diese Technik kannst du anwenden, wenn du herausfinden willst, welches Wort ein Nomen ist: Es steht in der Wortgruppe immer ganz rechts.

Die Schreibung macht's

(Aa?) Großschreibung üben

1 **Gruppenwettbewerb**: Geht so vor:
- Bildet mit den folgenden Wortendungen in fünf Minuten so viele Nomen wie möglich, z. B. *Müdigkeit, Dunkelheit, Überraschung, Erlebnis …*

  -keit/-igkeit   -heit   -ung   -nis

- Führt eine Strichliste und macht jedes Mal einen Strich, wenn ihr ein Wort zu einer Endung gefunden habt.

2 Hier stimmt doch etwas nicht. Schreibe die Nomen mit den richtigen Endungen in dein Heft. Setze jeweils den Artikel dazu.

NEUKEIT   GEHEIMKEIT   ERLEBUNG   EINSAMNIS   EREIGNUNG

ÄNGSTLICHUNG   ERLAUBUNG   VERWIRRNIS   ERZÄHLKEIT   WAHRNIS

SPANNHEIT   SICHERNIS   KRANKUNG   EINLADNIS   SCHÖNUNG

ZEUGHEIT   GRAUSAMHEIT   VERANSTALTNIS

3 Stelle fest, welches Geschlecht die Wörter mit den Endungen **-heit**, **-keit** und **-ung** haben. Welches Geschlecht haben die Wörter mit **-nis**? Formuliere zwei Merksätze dazu.

4 Wähle fünf korrigierte Wörter aus Aufgabe 2 aus. Schreibe jeweils einen Satz dazu.

5 Warum heißt es „**das** Mädchen"? Wer neben Deutsch noch eine weitere Sprache spricht, wundert sich manchmal über den Artikel, der zu einem Nomen gehört. Tauscht euch in der Klasse über das Beispiel „Mädchen" aus. Was fällt euch auf?

💡 **Tipp**
Die Buchstaben C, Qu, X, Y könnt ihr auslassen.

6 Mit den Endungen **-er** und **-erin** kann man auch Nomen bilden, häufig sind das Berufsbezeichnungen. Schreibt im Tandem ein ABC der Berufe auf. Notiert abwechselnd die weibliche Form **-erin** und die männliche Form **-er**, z. B. *der Arbeiter, die Bäuerin, der Dachdecker, die Erzählerin, …*

7 In den folgenden Sätzen fehlen die Artikel **der, die, das**. Schreibe den Text ab. Ergänze dabei den richtigen Artikel und schreibe alle Nomen groß.

Nomen
Seite 207

> ▬▬ herbst hat begonnen und ▬▬ bunten blätter fliegen durch ▬▬ luft.
> Auch ▬▬ sonne lässt sich ab und zu blicken, sie wärmt ▬▬ erde und ▬▬ wasser.
> Hell glitzert ▬▬ klare see durch ▬▬ sonnenstrahlen.

8 Als Begleiter von Nomen können auch die Wörter **mein, dein, sein, ihr, unser, euer** auftreten, z. B. *unser Klassenbuch*. Kombiniere die folgenden Nomen mit den Possessivpronomen **mein, dein, sein, ihr, unser, euer**. Schreibe zu jedem Wort einen Satz.

Pronomen
Seite 215

| Fenster | Arbeitsheft | Füller | Federmappe | Bleistifte |

9 Lest die drei Sätze. Was fällt euch auf? Fällt euch eine Eselsbrücke zum Treppen-bauen ein? Schreibt sie auf.

Die weißen Wolken	fliegen	am blauen Himmel.
Die kleinen, weißen Wolken	fliegen	am sonnigen, blauen Himmel.
Die schnellen, kleinen, weißen Wolken	fliegen	am morgendlichen, sonnigen, blauen Himmel.

10 Lies den folgenden Satz. Bis auf den Satzanfang sind alle Wörter kleingeschrieben. Bestimme die Wörter, die großgeschrieben werden. Erweitere dazu die Wortgruppe mit zwei der folgenden Adjektive. Schreibe dann den erweiterten Satz auf.

> Durch die scheiben kann man die fischschwärme sehr gut erkennen.

| gereinigten | kleine | glasklaren | bewegliche |

11 Schreibe einen kleinen Text. Verwende dafür so viele Nomen wie möglich, die du auf den Seiten 254–257 findest. Achte auf die Großschreibung und die Begleiter. Baue ein paar Adjektiv-Treppen in deinen Text ein.

12 Führt ein Rechtschreibgespräch. Tauscht eure Texte im Tandem aus und prüft die Großschreibung. Erläutert einander die Regeln. Korrigiert eure Texte anschließend.

Lerninsel
Seite 293

⚠ Merke

Begleiter von Nomen

Als **Begleiter** von Nomen treten auf:
- die **bestimmten Artikel** → der, die, das; die
- die **unbestimmten Artikel** → ein, eine
- die **Possessivpronomen** → mein, dein, sein, ihr; unser, euer, ihr

Lerninsel
Seite 285

Merkwörter und Großschreibung üben

(M) Merkwörter üben

1 Finde in jeder Zeile das richtig geschriebene Wort. Schreibe es ab. Die markierten
Buchstaben der richtigen Wörter ergeben ein Lösungswort.

1.	nämlich	nähmlich	nehmlich
2.	ziehmlich	ziemlich	zimlich
3.	garnicht	ga nicht	gar nicht
4.	ein bisschen	ein bißchen	ein bischen
5.	jezt	jetst	jetzt
6.	nirgens	nirgends	nirgenz
7.	bereitz	bereiz	bereits
8.	allmälich	allmehlig	allmählich
9.	manchmal	manschmal	manch mal
10.	gefärlich	gefährlig	gefährlich
11.	vielleicht	vieleicht	villeicht

☐ ☐ ☐ ☐ ☐ ☐ ☐ ☐ ☐ ☐ ☐

2 Schreibe die folgenden Wörter alphabetisch geordnet auf. Markiere jeweils
aa, **ee** und **oo**.

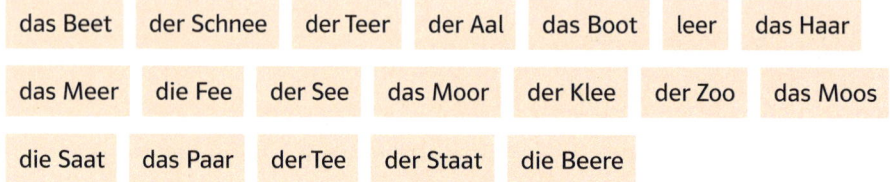

das Beet   der Schnee   der Teer   der Aal   das Boot   leer   das Haar

das Meer   die Fee   der See   das Moor   der Klee   der Zoo   das Moos

die Saat   das Paar   der Tee   der Staat   die Beere

3 Suche zu fünf Wörtern aus Aufgabe 2 verwandte Wörter, z. B.
Boot → Bootshaus, Bootsmann, ausbooten, Schlauchboot …

4 Setze bei den folgenden Wörtern **viel/Viel** oder **voll/Voll** ein.
Schreibe die Wörter auf.

a ▬▬falt   d ▬▬fraß   g ▬▬seitig
b ▬▬bart   e ▬▬packen   h ▬▬ständig
c ▬▬bad   f ▬▬mals

5 Schreibe zu jedem Wort einen Satz auf.

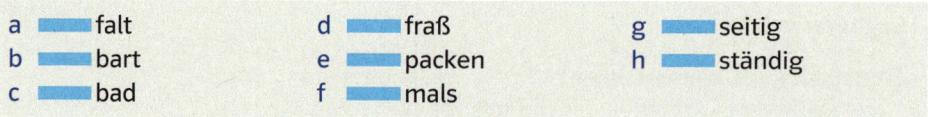

sie wuchsen   Hexe   wechseln   Taxi   Keks

6 Mit diesem Wortgenerator kannst du alle möglichen Wörter mit **Dehnungs-h** bilden. Probiere ihn aus. Schreibe mindestens zehn Wörter auf.

B   Dr/d
F/f   g   H   J
K/k   L/l   M/m
n   pr   R   S/s
St/st   Str
W/w   Z/z

a   e
o   u   ä
ö   ü

hl
hm   hn
hr

e   en
er   e   eln
end   Ø

Aa? Großschreibung üben

7 Welche Wörter werden großgeschrieben? Korrigiere den folgenden Text.

Ganz plötzlich schießen hässliche, braungefleckte muränen aus ihren versteckten felsnischen heraus. Die zahlreichen, kleinen fische sind wegen ihrer großen schnelligkeit nur kurz zu sehen.

8 Sieh dir das doppelte Treppengedicht an. Schreibe ein eigenes. Markiere anschließend alle Artikel grün, alle Adjektive blau und alle Nomen rot.

Das ist ein Hase.
Das ist ein grauer Hase.
Das ist ein grauer, kleiner Hase.
Das ist ein grauer, kleiner, verschmuster Hase.

Das ist ein süßer, grüner, junger Apfel.
Das ist ein süßer, grüner Apfel.
Das ist ein süßer Apfel.
Das ist ein Apfel.

9 Schreibe die Wortgruppen ab und ergänze einen passenden Artikel.

a ▬▬▬ große Schrank
b ▬▬▬ stark befahrene Kreuzung
c ▬▬▬ angenehmer Aufenthalt
d ▬▬▬ rote Feuerlöscher
e ▬▬▬ schwere Schicksal
f ▬▬▬ wichtige Hebel
g ▬▬▬ erholsamen Tage
h ▬▬▬ anstrengendes Training

10 Mit diesem Wortgenerator kannst du Nomen finden. Schreibe zu jeder Endung mindestens zwei Wörter mit dem richtigen Artikel auf.

-ung   -heit   -nis   -keit

Wag▬ Höflich▬ Gesund▬ Besonder▬ Währ▬ Bedürf▬ Flüssig▬
Entscheid▬ Finster▬ Wirklich▬ Gewohn▬ Hinder▬ Tapfer▬ Werb▬
Frei▬ Schwierig▬ Kennt▬ Zeit▬ Kind▬ Mein▬

11 Schreibe einen Text, in dem die folgenden **Fremdwörter** enthalten sind. Achte auf die Großschreibung der Nomen.

Apotheke   Uniform   Physik   Alphabet   diskutieren

Buchstabenordnung
Rechtschreibung mit Wörterbuch und Computer überprüfen

Nachdem ihr einen Text geschrieben habt, solltet ihr unbedingt die Rechtschreibung überprüfen. Dazu könnt ihr in einem Wörterbuch nachschlagen. Beim Nachschlagen geht jeder ein bisschen anders vor.

1 **Der ABC-Sprint**: Arbeitet im Tandem. Einer sagt einen Buchstaben, der andere soll dann möglichst schnell das Alphabet von dieser Stelle weiter aufsagen.

2 Ordne die Wörter nach dem Alphabet. Schreibe sie in der richtigen Reihenfolge auf.

| Tiger | Luchs | Biber | Zebra | Pfau | Spatz | Schaf | Löwe | Kater | Nilpferd |

| Wal | Krebs | Libelle | Karpfen | Giraffe | Panther | Krokodil | Grashüpfer |

3 Arbeitet jetzt im Tandem. Sucht abwechselnd die Wörter aus Aufgabe 2 in eurem Wörterbuch. Notiert, auf welcher Seite ihr sie gefunden habt.

4 Lest die folgenden Wörter. Schreibt sie in der richtigen Reihenfolge auf. Warum ist das nicht so einfach? Tauscht euch darüber im Tandem aus.

| Arzt | artig | adrett | Aal | Amulett | Affäre | Adler |

5 Sucht im Tandem diese Wörter im Wörterbuch. Unter welchem Wort müsst ihr nachschlagen?

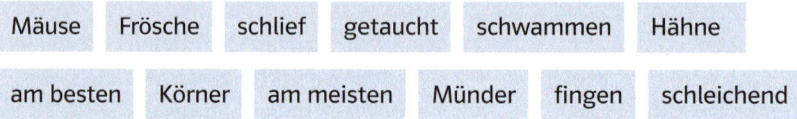

| Mäuse | Frösche | schlief | getaucht | schwammen | Hähne |

| am besten | Körner | am meisten | Münder | fingen | schleichend |

Lerninsel
⤴ Seite 292

V24 ▷

⚙ Arbeitstechnik

Arbeiten mit dem Wörterbuch

Die **Wörter** in einem Wörterbuch sind nach dem **Alphabet** geordnet. Wenn der **Anfangsbuchstabe gleich** ist, sind die Wörter nach dem **zweiten Buchstaben** geordnet, dann nach dem **dritten** usw.

Vor dem Nachschlagen musst du das gesuchte Wort manchmal noch **anpassen**, denn im Wörterbuch stehen nur **Grundwörter**.

- Du suchst ein **Verb**. → Bilde den **Infinitiv**. (flog → fliegen)
- Du suchst ein **Nomen**. → Bilde den **Singular**. (Wälder → Wald)
- Du suchst ein **Adjektiv**. → Bilde die **Grundstufe**. (höher → hoch)
- Du suchst ein **zusammengesetztes Wort**. → Finde die **Grundwört**er.
  (Kastenform → Kasten + Form)

Beim Überprüfen kann auch die Rechtschreibprüfung eures Schreibprogramms auf dem Computer helfen – sie macht euch auf Fehler aufmerksam. Aber Vorsicht: Man sollte sich nicht komplett auf die automatische Kontrolle verlassen.

6 Bei den folgenden Sätzen hat das Rechtschreibprogramm keine Fehler entdeckt. Trotzdem sind in jedem Satz zwei Fehler versteckt. Findet sie und schreibt die Sätze richtig ab. Tauscht euch darüber aus, warum das Programm sie nicht entdeckt hat.

> a Peter sagt: „Im echten leben muss Mann auch mal etwas wagen."
> b Dabei klinkt er Wild entschlossen.
> c Wer in kennt, versteht sofort: Er meint das genauso.

7 Schreibe einen kurzen Text am Computer über deine Lieblingsbeschäftigung. Stelle die Rechtschreibprüfung vorher aus. Wenn du fertig bist, stelle die Rechtschreibprüfung wieder an. Wie viele Fehler hast du übersehen?

Lerninsel
→ Seite 272

8 Bei der Worttrennung macht das Schreibprogramm manchmal Fehler. Lies den Text und stelle fest, welche Wörter das Computerprogramm falsch getrennt hat.

> So schrieb vor einiger Zeit eine Zeitung über Altbauer-haltung in einer großen deutschen Stadt und sprach in dem Zusammenhang von Staub-ecken sowie von dem Urin-stinkt der betroffenen Anwohner. In der Nähe hieß es weiter, befände sich eine Wachs-tube der Polizei.

9 Korrigiere die Fehler in Aufgabe 8. Schreibe die Wörter richtig getrennt auf.

10 Schreibe die folgenden Wörter ab und trenne sie wie in einem Wörterbuch mit einem senkrechten Strich, z. B. *Som|mer|ur|laub*

| Sommerurlaub | Rasenmäher | Flugzeugträger | Duschvorhang | Gummibärchen |

| Pferdeställe | Flaschenöffner | während | ihnen | kälter | abgehoben | verzagt |

⚠ Merke

Worttrennung am Zeilenende

Mehrsilbige Wörter trennt man nach Sprechsilben, die sich beim langsamen Sprechen von selbst ergeben → Sil-ben-tren-nung

Einzelne Buchstaben werden nicht abgetrennt → Über-see (nicht: Ü-bersee), Olym-pia-dorf (nicht O-lympia-dorf).

Zusammengesetzte Wörter werden nach ihren Bestandteilen getrennt → Schluss-szene, Glas-auge, Trenn-übung, See-elefant, Straußen-ei, Druck-erzeugnis.

!Achtung!
pf, tz und **st** werden getrennt.   **ch, ck, sch, ph** und **th** werden nicht getrennt.

Überprüfe dich selbst

1 Übertrage die folgenden Wörter in eine Tabelle. Zeichne dabei die Silbenbögen ein.

| Sterne | Flöhe | quasseln | gruseln | spuken | liefern | Himmel |

| schmeißen | Rinde | Eule | wehen | horchen |

offene Silbe	geschlossene Silbe
Flöhe, …	Sterne, …

2 Wähle aus Aufgabe 1 ein Beispielwort für das Baumuster **offene Silbe** und eins für das Baumuster **geschlossene Silbe**. Trage es in das Haus-Garage-Modell ein.

3 Suche aus Aufgabe 1 die Wörter mit **i/ie-** Schreibung heraus. Trage sie ebenfalls in das Haus-Garage-Modell ein.

4 Das Wort **Eule** ist eine Hilfe, wenn man sich drei wichtige Regeln für das Haus-Garage-Modell merken möchte. Übernimm das folgende Haus-Garage-Modell und notiere an den drei Zimmern die drei Regeln.

Eu | l | e

5 Schreibe den folgenden Satz ab. Zeichne bei allen Zweisilbern die Silbenbögen ein. Suche zwei Wörter aus, die du ins Haus-Garage-Modell einträgst.

> Bei Ebbe treffen die Krabben immer den flotten Hummer zum netten Essen.

6 Lies die folgenden Sätze und schreibe alle Zweisilber mit **ck** und **tz** heraus.

> Über eine Brücke laufen zwei Zecken mit Mützen. Sie tragen auf dem Rücken zwei dicke Säcke und stützen sich auf Krücken. Aber sie fallen und sitzen in einer Pfütze.

7 Wähle zwei Beispielwörter aus Aufgabe 6 aus und trage sie ins Haus-Garage-Modell ein. Vervollständige im Anschluss den folgenden Satz:

Wörter, bei denen nach einem ▬▬▬ Vokal nur ein ▬▬▬ oder nur ein ▬▬▬ zu hören ist, bilden den Doppelkonsonanten mit ▬▬▬ oder ▬▬▬.

8 Suche aus Aufgabe 1 diese Wörter heraus. Trage sie ins Haus-Garage-Modell ein.
- Wörter mit **silbentrennendem h**
- drei Wörter mit **s, ss** und **ß**

9 Es reimt sich! Erst ableiten – dann schreiben, z. B. *a Heute läuten Leute für die Bräute.*
- a Heute läuten Leute für die Br▬▬▬
- b Der Läufer gefällt dem K▬▬▬
- c Wie sie keuchen mit ihren dicken ▬▬▬!
- d Ob das Zelt Anja gef▬▬▬?

10 Finde zu den Reimwörtern mit **ä/äu** aus Aufgabe 9 das verwandte Wort mit **a/au**.
Schreibe beide nebeneinander, z. B. *Bräute → Braut*

11 Schreibe den Text ab und ergänze dabei **d** oder **t**, **b** oder **p**, **g** oder **k**.

Das Märchen von den Bremer Stadtmusi■anten ist run■ um den Er■ball bekann■.
Jedes Kin■ lie■t die vier Tiere, die so viel Mu■ hatten und so viel Zusammenhal■
zei■ten. Es gi■t nicht nur in Bremen ein Den■mal von ihnen, sondern auch in Riga,
der Hauptstadt von Lettlan■.

12 Verlängere die Wörter mit **d**, **b** und **g** aus Aufgabe 11 und schreibe beide Formen
auf, z. B. *rund → der runde Ball*.

13 Entscheide, ob die folgenden Wörter mit oder ohne **Dehnungs-h** geschrieben
werden. Schreibe ab und ergänze das Dehnungs-h an den richtigen Stellen.
a Wa■rheit   c versö■nen   e spa■rsam
b Schu■rwolle   d quä■len   f auswä■len

14 **F** oder **V**? Entscheide bei den folgenden Wörtern, wie sie geschrieben werden und
schreibe sie korrekt auf.
a ■er■olgungsjagd   b ■ingernagel   c ■uchsbau   d ■eilchenblau

15 Setze die Wörter richtig zusammen und ergänze die Merkstelle. Schreibe dann die
neuen Wörter auf.

Kla■ier	Erd-	-b■re	-zä■ne
Ruder-	■ampir-	-ho■er	-b■t

16 Im folgenden Text wurde die Großschreibung völlig vergessen. Lies den Text durch
und schreibe ihn dann korrigiert ab.

In einem haus am rande der stadt hat sich gestern ein seltsamer vorfall ereignet.
Franca, die bewohnerin, kam nach der arbeit nach hause. Sie legte ihren mantel ab
und stellte die schuhe in die ecke. Sie öffnete den kühlschrank und erschrak fürch-
terlich. Im untersten fach saß ein kleiner grüner frosch und quakte sie fröhlich an.
Natürlich hat sie das tier sogleich in den gartenteich gesetzt, aber wie er an diesen
ungewöhnlichen ort gelangt ist, hat sie leider nie herausgefunden.

💡 **Tipp**
Wenn du unsicher
bist, versuche im
Kopf eine „Treppe
zu bauen."

17 Suche aus dem Text in Aufgabe 16 fünf Wörter heraus und schreibe sie mit Wort-
trennung auf, z. B. *Gar|ten|teich*

🌐 **Lösungen**
r7vx8j

Das kannst du jetzt:
• die Rechtschreibstrategien Schwingen, Ableiten und Verlängern anwenden
• Merkwörter richtig schreiben
• Wörter richtig großschreiben
• ein Wörterbuch und die Rechtschreibprüfung zur Kontrolle nutzen

Mit dem Leseschlüssel einen Sachtext lesen und verstehen

V07 ▷ Um einen Sachtext gut lesen und verstehen zu können, kannst du den Leseschlüssel nutzen. Orientiere dich an den einzelnen Schritten.

Schritt 1

Vor dem Lesen
- Sieh dir die Bilder an.
- Lies die Überschrift.
- Vermute, worum es in dem Text gehen könnte.

Schritt 2

Beim Lesen – erstes Lesen
- Lies den Text.
- Verschaffe dir einen ersten Überblick.

So geht's

Vor dem Lesen/Beim Lesen – erstes Lesen

Fledermäuse

Seit ungefähr 50 Millionen Jahren gibt es Fledermäuse. Das weiß man, weil Fossilien gefunden wurden, die so alt sind. Nach den Nage-
5 tieren bilden die Fledermäuse die größte Gruppe unter den Säugetieren. Mit den Mäusen haben sie gar nichts zu tun. Wahrscheinlich hat man sie so genannt, weil sie so ähnlich wie Mäuse mit Flügeln
10 aussehen. Sie sind mit dem Igel verwandt.

Auf der ganzen Welt gibt es rund 1000 verschiedene Fledermausarten. In Europa leben zwei große Fledermausfamilien: die Hufeisennasen und die Glattnasen. Es gibt fünf Fledermausarten aus der Familie der Hufeisennasen und 25 aus der Familie der Glatt-
15 nasen. Also leben in Europa 30 verschiedene Fledermausarten.

Weil sie in der Nacht jagen und am Tag schlafen, brauchen sie ungestörte Schlafplätze, zum Beispiel alte Dachstühle, Mauerritzen oder hohle Bäume. In der Nähe der Quartiere muss es genügend Insekten geben, denn davon ernähren sich die Fledermäuse. Und weil sie
20 leicht austrocknen, brauchen sie kleine Teiche oder Bäche in ihrem Jagdgebiet, wo sie trinken können. Am Wasser gibt es auch besonders viele Insekten.

Die Überschrift und

das Bild zeigen mir das Thema an.

1

Dieser Text ist durch Absätze gegliedert. Mit jedem Absatz fängt hier ein neuer Sinnabschnitt an.

2

3

Um den Inhalt eines Textes besser zu verstehen, teilst du ihn in Abschnitte ein. Prüfe jeweils, wann im Text ein neues Unterthema begonnen wird. Markiere die Abschnitte mit einem senkrechten Strich. Beachte, dass nicht unbedingt jeder neue Absatz einen neuen Abschnitt markiert. Manchmal besteht ein Abschnitt aus mehreren Absätzen.

Beim Lesen – zweites Lesen
- Lies den Text jetzt genauer.
- Gliedere den Text in Sinnabschnitte.
- Erfasse die wichtigsten Informationen in jedem Abschnitt.
- Schreibe die wichtigsten Wörter oder Wortgruppen aus jedem Abschnitt heraus.
- Kläre unbekannte Begriffe mithilfe eines Lexikons oder des Internets.
- Finde zu jedem Abschnitt eine Überschrift.

So geht's

Beim Lesen – zweites Lesen: wichtigste Informationen erfassen

Fledermäuse

Seit ungefähr 50 Millionen Jahren gibt es Fledermäuse. Das weiß man, weil Fossilien gefunden wurden, die so alt sind. Nach den Nage-
5 tieren bilden die Fledermäuse die größte Gruppe unter den Säuge-
tieren. Mit den Mäusen haben sie gar nichts zu tun. Wahrscheinlich hat man sie so genannt, weil sie so ähnlich wie Mäuse mit Flügeln
10 aussehen. Sie sind mit dem Igel verwandt.

Wichtig:
sehr alte Tierart
Säugetiere
verwandt mit Igel

Auf der ganzen Welt gibt es rund 1000 verschiedene Fledermausarten. In Europa leben zwei große Fledermausfamilien: die Huf-
eisennasen und die Glattnasen. Es gibt fünf Fledermausarten aus der Familie der Hufeisennasen und 25 aus der Familie der Glatt-
15 nasen. Also leben in Europa 30 verschiedene Fledermausarten.

Wichtig:
1000 Fledermausarten
Europa: 2 Fledermausfamilien,
30 Fledermausarten

Weil sie in der Nacht jagen und am Tag schlafen, brauchen sie unge-
störte Schlafplätze, zum Beispiel alte Dachstühle, Mauerritzen oder hohle Bäume. In der Nähe der Quartiere muss es genügend Insekten geben, denn davon ernähren sich die Fledermäuse. Und weil sie
20 leicht austrocknen, brauchen sie kleine Teiche oder Bäche in ihrem Jagdgebiet, wo sie trinken können. Am Wasser gibt es auch beson-
ders viele Insekten.

Wichtig:
nachtaktiv,
brauchen ungestörte
Schlafplätze
ernähren sich von Insekten
und Wasser

Beim Lesen – zweites Lesen: Überschriften finden und unbekannte Wörter klären

Fledermäuse

Seit ungefähr 50 Millionen Jahren gibt es Fledermäuse. Das weiß man, weil Fossilien gefunden wur-den, die so alt sind. Nach den Nage-
5 tieren bilden die Fledermäuse die größte Gruppe unter den Säuge-tieren. Mit den Mäusen haben sie gar nichts zu tun. Wahrscheinlich hat man sie so genannt, weil sie so ähnlich wie Mäuse mit Flügeln
10 aussehen. Sie sind mit dem Igel verwandt.

Auf der ganzen Welt gibt es rund 1000 verschiedene Fledermaus-arten. In Europa leben zwei große Fledermausfamilien: die Huf-eisennasen und die Glattnasen. Es gibt fünf Fledermausarten aus der Familie der Hufeisennasen und 25 aus der Familie der Glatt-
15 nasen. Also leben in Europa 30 verschiedene Fledermausarten.

Weil sie in der Nacht jagen und am Tag schlafen, brauchen sie unge-störte Schlafplätze, zum Beispiel alte Dachstühle, Mauerritzen oder hohle Bäume. In der Nähe der Quartiere muss es genügend Insekten geben, denn davon ernähren sich die Fledermäuse. Und weil sie
20 leicht austrocknen, brauchen sie kleine Teiche oder Bäche in ihrem Jagdgebiet, wo sie trinken können. Am Wasser gibt es auch beson-ders viele Insekten.

unbekannte Wörter:

Fossilien? → versteinerte Tier- oder Pflanzenreste

Quartiere? → Unterkunft

1 Überschrift des ersten Abschnitts: Alter der Art und biologische Einordnung

2 Überschrift des zweiten Abschnitts: Unterteilung sowie Vorkommen in Europa

3 Überschrift des dritten Abschnitts: Lebens- und Ernährungsweisen

Schritt 3

Nach dem Lesen
- Fasse den Inhalt des Textes zusammen.
- Prüfe, ob deine Vermutungen zutreffend waren.

Zusammenfassung

- **Alter der Art und biologische Einordnung:** Fledermäuse gibt es seit ca. 50 Millionen Jahren. Sie bilden die zweitgrößte Gruppe von Säugetieren und sind mit dem Igel verwandt.
- **Unterteilung sowie Vorkommen in Europa:** In Europa gibt es zwei Fledermausfamilien, die Hufeisennasen und die Glattnasen, die in 30 verschiedene Arten unterteilt werden.
- **Lebens- und Ernährungsweisen:** Fledermäuse jagen nachts. Sie brauchen ungestörte Schlafplätze, in deren Nähe es genügend Insekten und Wasser gibt.

Mit dem Leseschlüssel einen erzählenden Text lesen und verstehen

V06 ▷

Schritt 1

Vor dem Lesen
- Sieh dir die Bilder an.
- Lies die Überschrift.
- Vermute, worum es in dem Text gehen könnte.

Schritt 2

Beim Lesen
- Lies den Text.
- Notiere unbekannte Begriffe und kläre sie.
- Formuliere W-Fragen zum Text.
- Lies den Text ein weiteres Mal.
- Markiere die Textstellen, die Antworten auf die W-Fragen geben.

Schritt 3

Nach dem Lesen
- Beantworte die W-Fragen.
- Fasse den Inhalt zusammen.
- Prüfe, ob deine Vermutungen zutreffend waren.

So geht's

Beim Lesen: unbekannte Wörter klären und W-Fragen beantworten

Brüder Grimm: Der alte Großvater und sein Enkel

Es war einmal ein steinalter Mann, dem waren die Augen trüb geworden,
die Ohren taub, und die Knie zitterten ihm. Wenn er nun bei Tische saß
und den Löffel kaum halten konnte, schüttete er Suppe auf das Tischtuch,
und es floss ihm auch etwas wieder aus dem Mund. Sein Sohn und dessen
5 Frau ekelten sich davor, und deswegen musste sich der alte Großvater endlich hinter den Ofen in die Ecke setzen, und sie gaben ihm sein Essen in ein
irdenes Schüsselchen und noch dazu nicht einmal satt [...]. Einmal auch
konnten seine zittrigen Hände das Schüsselchen nicht festhalten, es fiel
zur Erde und zerbrach. Die junge Frau schalt, er sagte nichts und seufzte
10 nur. Da kaufte sie ihm ein hölzernes Schüsselchen für ein paar Heller, daraus musste er nun essen. Wie sie da so sitzen, so trägt der kleine Enkel von
vier Jahren auf der Erde kleine Brettlein zusammen. „Was machst du da?",
fragte der Vater. „Ich mache ein Tröglein", antwortete das Kind, „daraus
sollen Vater und Mutter essen, wenn ich groß bin." Da sahen sich Mann
15 und Frau eine Weile an, fingen endlich an zu weinen, holten alsofort den
alten Großvater an den Tisch und ließen ihn von nun an immer mitessen,
sagten auch nichts, wenn er ein wenig verschüttete.

unbekannte Wörter:
irden: aus Ton, Keramik
Heller: alte Münze
alsofort: sofort, gleich

Die Überschrift zeigt
dir das Thema an.

W-Fragen:
Wer?
Wann?
Wo?
Was?

Einen erzählenden Text untersuchen

Du kennst viele Texte, in denen eine Geschichte erzählt wird: Jugendbücher, Märchen oder Erzählungen. Die Geschichten erzählen Erlebtes, Erdachtes, Gehörtes oder Geträumtes.

Einen erzählenden Text untersuchen

Inhalt
– Ort (Wo?)
– Zeit (Wann?)
– Figuren (Wer?)
– Handlung (Was? und Warum?)

Textart
– Erzählung
– Märchen
– Jugendbuch

Erzählerin/Erzähler
– Wer erzählt? (Perspektive)
– Erzählweise: Er-/Sie-Form oder Ich-Form
Er-/Sie-Form: Der Junge ging in den Wald.
Ich-Form: Ich ging gestern in den Wald.

Über ein Buch informieren

Titel, Autorin oder Autor und **Textart** nennen (Cover und Klappentext anschauen)

die eigene Meinung zum Buch formulieren

über den **Inhalt** informieren: Ort, Zeit, Figuren nennen und die Handlung nacherzählen

So geht´s

Lenas Einfälle sind einfach die allerbesten – das findet jedenfalls Trille. Mit ihr kann man hinterhältige Hühnerdiebe jagen, fabelhafte Flöße bauen und eine Flaschenpost bis mindestens mal nach Griechenland schicken. Und wenn eine Sache schief geht, so wie mit der Flaschenpost, die direkt wieder ans Strandufer gespült wird, dann kommt trotzdem etwas Gutes dabei heraus: Denn zum Glück findet sie Birgitte, die Neue. Mit ihren sonnenblonden Locken wirbelt sie auf der Insel alles durcheinander.
Aber allerbeste Freunde, das können nur Trille und Lena sein. Oder etwa nicht?

Cover/Klappentext
Titel: Manchmal kommt Glück in Gummistiefeln

Autorin: Maria Parr

Textart: Jugendbuch

Inhalt
Wer? die Mädchen Lena, Trille und Birgitte
Was? Lena und Trille erleben Abenteuer, schicken eine Flaschenpost ab, ein neues Mädchen kommt dazu
Wann? wird nicht gesagt
Wo? auf einer Insel

Ein Märchen untersuchen

So geht's

Jacob und Wilhelm Grimm: Sterntaler

. Es war einmal ein kleines Mädchen, dem war Vater und Mutter
. gestorben, und es war so arm, dass es kein Kämmerchen mehr hatte
. darin zu wohnen und kein Bettchen mehr darin zu schlafen und end-
. lich gar nichts mehr als die Kleider auf dem Leib und ein Stückchen
5 Brot in der Hand, das ihm ein mitleidiges Herz geschenkt hatte. Es
. war aber gut und fromm. Und weil es so von aller Welt verlassen war,
. ging es im Vertrauen auf den lieben Gott hinaus ins Feld.
. Da begegnete ihm ein armer Mann, der sprach: „Ach, gib mir etwas
. zu essen, ich bin so hungrig." Es reichte ihm das ganze Stückchen
10 Brot und sagte: „Gott segne dir's", und ging weiter. Da kam ein Kind,
. das jammerte und sprach: „Es friert mich so an meinem Kopfe,
. schenk mir etwas, womit ich ihn bedecken kann." Da tat es seine
. Mütze ab und gab sie ihm. Und als es noch eine Weile gegangen war,
. kam wieder ein Kind und hatte kein Leibchen[1] und fror: Da gab es
15 ihm seins; und noch weiter, da bat eins um ein Röcklein, das gab es
. auch von sich hin. Endlich gelangte es in einen Wald, und es war
. schon dunkel geworden, da kam noch eins und bat um ein Hemd-
. lein, und das fromme Mädchen dachte: „Es ist dunkle Nacht, da sieht
. dich niemand, du kannst wohl dein Hemd weggeben", und zog das
20 Hemd ab und gab es auch noch hin. Und wie es so stand und gar
. nichts mehr hatte, fielen auf einmal die Sterne vom Himmel, und
. waren lauter harte blanke Taler: Und ob es gleich sein Hemdlein
. weggegeben, so hatte es ein neues an, und das war vom allerfeinsten
. Linnen[2]. Da sammelte es sich die Taler hinein und war reich für sein
25 Lebtag.

1 Kleidungsstück für Kinder   2 Leinen (Stoff)

Inhalt untersuchen
Wer? kleines, armes Mädchen
Was? Kind verschenkt Brot
und Kleider, wird für Güte
mit Talern belohnt
Wann? abends/nachts
Wo? im Feld, im Wald
Warum? hat Mitleid und
Vertrauen auf Gott

**Textart untersuchen/
Märchenmerkmale**
– typische Anfangs- und
  Schlussformeln: *Es war
  einmal … / … war reich für
  sein Lebtag.*
– magische Dinge: *Sterne
  fallen vom Himmel und
  werden Taler*
– Hauptfigur muss Aufgabe
  lösen: *Mädchen gibt anderen alles, was es besitzt*
– glückliches Ende
– keine genauen Orts- und
  Zeitangaben

1 **ersten Eindruck formulieren**
   – erst traurig: Mädchen so arm und allein, gibt alles her
   – Ende: gut, Mädchen wird für seine Güte belohnt

2 **Inhalt wiedergeben**
   – W-Fragen beantworten: Wer? Was? Wann? Wo? Warum?
   – Handlung nacherzählen

3 **Text untersuchen**
   – Merkmale nennen
   – Textart Märchen

4 **Textverständnis formulieren/eigene Meinung**
   – Das Märchen zeigt, dass man für gutes Handeln belohnt werden kann
     und dass Herzensgüte und Mitleid positive Eigenschaften sind.

Einen Jugendbuchauszug untersuchen

Andreas Steinhöfel: Rico, Oskar und das Vomhimmelhoch
(Ausschnitt)

. *Rico ist ein tiefbegabtes Kind, sein*
. *bester Freund Oskar ist ein Ober-*
. *schlaumeier. Die beiden wohnen in*
. *einem Haus in Berlin, der Dieffe 93.*
5 *Am Vormittag des 24. Dezember sind*
. *die Freunde losgezogen, um letzte*
. *Weihnachtsgeschenke zu besorgen.*

. Na bitte. War ja klar, dass es kompliziert würde, sobald die
. Zwischenfragen kamen. Ich hatte gehofft, wenn ich einfach
10 sagte Einen Schwimmreifen, bitte, käme ich gut aus der Sache
. raus. Aber jetzt ging das mit der Erklärerei los. „Das Baby ist
. mein Bruder oder meine Schwester", sagte ich langsam und
. deutlich. „Es ist noch in meiner Mutter, im Bauch. Da kommt
. es erst in drei Wochen oder so raus." „Und dann willst du
15 gleich mit ihm ins Schwimmbad?" Jetzt lächelte der Verkäufer,
. aber es war nur sein übliches Verkäuferlächeln. „Weißt du, Ba-
. bys können ganz gut allein schwimmen, ohne Hilfsmittel. So-
. bald sie auf die Welt gekommen sind –" „Es ist aber nicht da-
. für, wenn es auf der Welt ist. Es braucht den Schwimmreifen
20 jetzt!" Das Verkäuferlächeln wurde wieder ausgeknipst. „Wozu
. denn?" „Für die Geburt."
. Seit Mama mir erzählt hatte, dass sie schwanger war, hatte ich
. mir tausendmal vorgestellt, wie so eine Schwangerschaft für
. ein nagelneues Baby aussieht: Zuerst sitzt es schön gemütlich
25 auf einem kleinen Floß im Bauch, mit ordentlich Platz überall,
. und es guckt über ein großes Meer. Vom blauen Himmel hängt
. eine Art Leitung runter, das ist die Nabelschnur, da kommt
. Mutterkuchen durch – den gibt es wirklich, und er heißt auch
. so. Je größer das Baby wird, umso enger wird es im Bauch, und
30 selbst wenn man Kuchen sehr mag, hat man den irgendwann
. auch mal über. Irgendwann will das Baby deshalb da raus, also
. springt es vom Floß in das große Obstwasser und – „Frucht-
. wasser!", rief der Verkäufer. Er stieß einen Ton aus, der wie ein
. kleines Gackern klang. „Ich hau mich weg – du meinst Frucht-
35 wasser!" – „Sag ich doch." – „Du hast Obstwasser gesagt. Obst-
. wasser ist Alkohol!" – „Meine Mama trinkt keinen Alkohol.
. Das wäre schädlich für das Kind." Der Kopf des Verkäufers war
. rot geworden. Das wird meiner auch, wenn ich was nicht ver-
. stehe, obwohl jemand sich Mühe gibt.

1 **ersten Eindruck formulieren**
– lustiger Text, Rico hat merkwürdige Vorstellungen vom
  Kinderkriegen

2 **Inhalt wiedergeben**
– Ort und Zeit: Kaufhaus am
  24.12.
– Gespräch in Sportabteilung
  des Kaufhauses, Rico will
  Schwimmreifen für ungebore-
  nes Baby kaufen
– Verkäufer versteht das nicht
  und erkennt Irrtum erst spät

3 **Text untersuchen**
Figuren:
– Rico → gut gelaunt, weiß, was
  er kaufen will, vom Verkäufer
  genervt
– Verkäufer → erst nett, begreift
  nicht, fragt nach, macht sich
  dann lustig
– Figuren haben Verständnispro-
  bleme: Rico ist genervt von
  Begriffsstutzigkeit des Verkäufers, schildert seine Vorstellungen; der Verkäufer begreift
  Ricos Irrtum und lacht

Erzählweise: Ich-Form

4 **Textverständnis formulieren/
eigene Meinung**
Der Ausschnitt zeigt Ricos Problem: Er nimmt Begriffe oft zu
wörtlich. Er möchte für sein un-
geborenes Geschwisterchen
etwas Gutes tun. Der Verkäufer
kann Ricos Vorstellungen nur
schwer verstehen.

Ein Gedicht untersuchen und szenisch lesen

Gedichte sind Texte in einer besonderen sprachlichen Versform.
Sie bringen oft Gefühle und Gedanken zum Ausdruck.
Gedichte wirken vor allem durch ihren Klang und ihre sprachlichen Bilder.

So geht's

Paul Maar: Gerichte aus der Hexenküche

. In der alten Felsenhöhle
. mixt die Hexe mit Gegröle
. ihre schlimmen Hexenöle:
. Rabenschnäbel,
5 Räubersäbel,
. Hungersteine,
. Spinnenbeine,
. Zirbeldrüse,
. Krötenfüße,
10 Kräutersud
. und Drachenblut.
. Noch ein wenig Rattenspeck,
. eine Prise Hühnerdreck
. und ein bisschen Fensterkitt.
15 Ich wünsche guten Appetit

Inhalt untersuchen
– Stimmung erfassen:
  geheimnisvoll, gruselig
– Thema nennen: Zubereitung
  von Hexenölen

Form untersuchen
– eine Strophe, 15 Verse
– Aufzählung von Zutaten

1 Stimmung erfassen
– Gedicht wirkt geheimnisvoll, gruselig, eklig
– Beispiele für weitere Stimmungen: fröhlich, beschwingt, traurig, düster

2 Inhalt wiedergeben
– Überschrift beachten, Thema nennen, Inhalt beschreiben
– Hexe braut in einer Höhle ihre Hexenöle, nimmt dazu merkwürdige
  Zutaten von Tieren, die Mischung wirkt abstoßend und doch wird man
  mit einem „guten Appetit" zum Genuss eingeladen

3 Form untersuchen
– Anzahl der Strophen und Verse nennen: eine Strophe, 15 Verse
– Besonderheit nennen: Aufzählungen der Zutaten untereinander

4 szenische Lesung vorbereiten
– Sprechweise passend zu Stimmung und Inhalt festlegen: Sprechtempo,
  Betonung, Lautstärke, Pausen (im Text markieren)
– Körpersprache passend zu Stimmung und Inhalt festlegen: Mimik,
  Gestik, Körperhaltung

Im Internet recherchieren

V08 ▷
V09

Das Internet kannst du nutzen, um Informationen zu recherchieren. Es bietet dir zum Beispiel vielfältige Möglichkeiten, um einen Vortrag interessant zu gestalten.

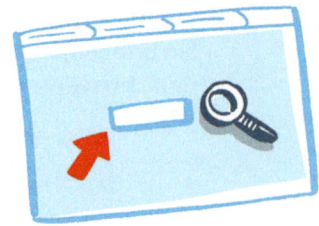

So kannst du vorgehen, damit du schnell zu passenden Ergebnissen kommst:

1 Suchbegriffe auswählen
- Überlege, wonach genau du suchen möchtest.
- Wähle eines oder mehrere Wörter aus.

1. Trendsportarten
→ 2. Sommertrendsportarten
→ 3. Sommertrendsportarten 2022

2 Suchmaschine wählen
- Wähle eine Suchmaschine aus.

Suchmaschinen: Blinde Kuh, fragFinn, Helles Köpfchen

3 Suche durchführen
- Gib die ausgewählten Begriffe in das Suchfeld ein.

4 Suchergebnis eingrenzen
- Werden zu viele Treffer angezeigt, dann grenze deine Suche ein. Gib dazu weitere Suchbegriffe ein.

Ergänze z. B. Orte (Wasser, Wiese), Sportgeräte (Ball, Boot) oder eine konkrete Sportart (Crunning).

5 Suchergebnis prüfen
- Überfliege die Ergebnisse und prüfe, ob sie dir ausreichende und passende Informationen anbieten.
- Prüfe zur Sicherheit die Informationen, gleiche mit einem anderen Suchergebnis ab oder schlage in einem Lexikon nach.

Ein Textverarbeitungsprogramm nutzen

1. Den Text gestalten
- Verwende eine gut lesbare Schriftgröße (11 oder 12 Punkt).
- Nutze durchgängig dieselbe Schriftart.
- Setze Schrifteffekte (**Fett**, *kursiv*, <u>unterstrichen</u>; andere Textfarbe) sparsam ein. Setze sie nur dort ein, wo du etwas hervorheben möchtest.
- Teile einen längeren Text in mehrere Absätze ein.

2. Den Text überarbeiten
- Überprüfe die von der automatischen Rechtschreibprüfung rot unterstrichenen Wörter.
- Kontrolliere deinen Text, da die automatische Rechtschreibprüfung nicht alle Fehler erkennt.
- Korrigiere alle Fehler.

Informieren und präsentieren

Häufig beschäftigst du dich mit Themen, erarbeitest dir Kenntnisse und gestaltest Material zu deinen Arbeitsergebnissen, zum Beispiel für die Präsentationen in den einzelnen Kapiteln. Du kennst dich nun gut aus und kannst dein Wissen an andere weitergeben.

Vorbereitung

1. Informationen sammeln: Nutze verschiedene und verlässliche Quellen. Mache dir Notizen.

2. Informationen ordnen: Formuliere Fragen, die du im Vortrag beantworten möchtest. Markiere in deinen Notizen die Stellen, die die Fragen beantworten.

3. Präsentation gliedern: Einleitung, Hauptteil und Schluss.
Einleitung: Führe zum Thema hin.
Hauptteil: Überlege dir Unterpunkte.
Schluss: Fasse das Wichtigste zusammen.

4. Präsentation ausgestalten: Lege einen Stichwortzettel für jeden Unterpunkt an.
Ergänze Anschauungsmaterial wie Karten, Abbildung, Folien.

So geht's

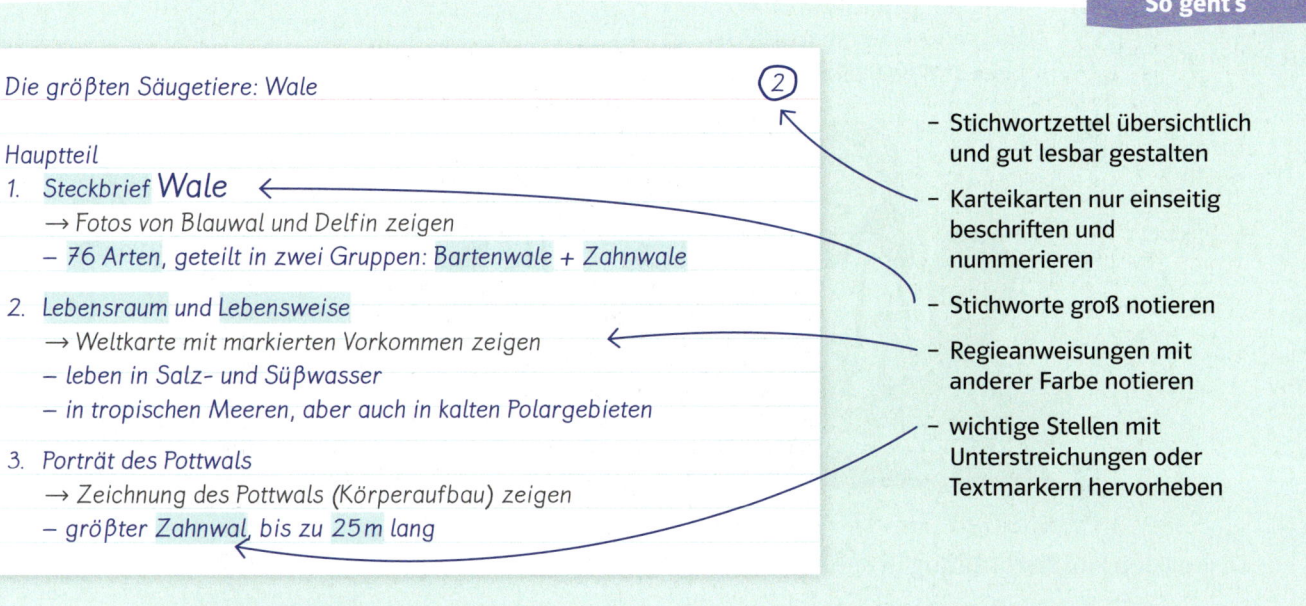

Die größten Säugetiere: Wale (2)

Hauptteil
1. Steckbrief Wale
   → Fotos von Blauwal und Delfin zeigen
   – 76 Arten, geteilt in zwei Gruppen: Bartenwale + Zahnwale

2. Lebensraum und Lebensweise
   → Weltkarte mit markierten Vorkommen zeigen
   – leben in Salz- und Süßwasser
   – in tropischen Meeren, aber auch in kalten Polargebieten

3. Porträt des Pottwals
   → Zeichnung des Pottwals (Körperaufbau) zeigen
   – größter Zahnwal, bis zu 25 m lang

– Stichwortzettel übersichtlich und gut lesbar gestalten
– Karteikarten nur einseitig beschriften und nummerieren
– Stichworte groß notieren
– Regieanweisungen mit anderer Farbe notieren
– wichtige Stellen mit Unterstreichungen oder Textmarkern hervorheben

Durchführung
– Übe deinen Vortrag mehrmals.
– Nutze deine Stichwortzettel.
– Trage möglichst frei vor. Halte Blickkontakt zum Publikum.
– Sprich deutlich, langsam und laut.

Meinungen in Gesprächen und Diskussionen formulieren und begründen

Wenn du in einer Diskussion willst, dass andere deine Meinung ernst nehmen oder sich sogar von ihr überzeugen lassen, genügt es nicht, sie nur laut zu äußern. Du musst deine Meinung begründen.

Drei Grundregeln

2. Die eigene Meinung begründet darstellen
– eigene Meinung klar formulieren
– eigene Meinung begründen

1. Allgemeine Gesprächsregeln beachten
aktiv zuhören, wenn andere reden
– den anderen genau zuhören
– andere ausreden lassen
– nachfragen, wenn etwas unklar ist
wenn ich rede
– laut und deutlich sprechen
– freundlich und höflich sein
– beim Thema bleiben

3. Auf andere Beiträge eingehen
– andere Meinungen zulassen und ernst nehmen

So geht's

Diskussion zur Sitzordnung in der Klasse

Lehrerin: ...

Gianni: Sie und Jana haben gesagt, dass unsere jetzige
Sitzordnung besser ist als Gruppentische, weil es dann in
der Klasse nicht so laut ist. Ich möchte ja auch, dass es
nicht so laut ist.
5 Aber trotzdem bin ich anderer Meinung.
Die Gruppentische finde ich viel besser, weil wir da besser
zusammenarbeiten können, zum Beispiel bei Gruppenarbeit.
Bei Partnerarbeit können wir auch mal mit einem anderen
Partner arbeiten, nicht immer nur mit dem direkten Sitz-
10 nachbarn.

– andere Meinungen ernst nehmen, Ähnlichkeiten aufzeigen

– eigene Meinung klar formulieren

– eigene Meinung begründen

Interviews durchführen

Wenn du etwas über eine Person wissen möchtest oder Informationen über ein Thema benötigst, kannst du dazu jemanden in einem Interview befragen.

Vorbereitung

1. Überlege, was du erfahren möchtest.
2. Formuliere Fragen und notiere diese auf einem Zettel oder auf Karteikarten.
3. Ordne die Fragen nach Wichtigkeit und nummeriere sie.

Durchführung

1. Stelle dich zu Beginn des Interviews kurz vor.
2. Stelle nun deine Fragen.
3. Schreibe dir zu jeder Antwort Stichworte auf.
4. Stelle Rückfragen, wenn du etwas nicht verstanden hast.

Achte darauf:
– Begrüße und verabschiede dich freundlich.
– Halte Blickkontakt zur interviewten Person.
– Sprich laut und deutlich.
– Höre gut zu und unterbrich nicht.

Schüler

Lehrerin

Guten Morgen, Frau Lehmann, ich bin Tobias Sommer aus der 5d. Haben Sie Zeit, einige Fragen zu beantworten?

Ja, gern, Tobias. Ich habe etwa zehn Minuten Zeit.

Ich bin seit 2015 an dieser Schule, also seit 7 Jahren.

Seit wann sind Sie Schulleiterin an unserer Schule?

...

...

Mündlich erzählen

1 Finde eine Erzählidee.
– Was ist geschehen? Wer war beteiligt?
– Wo und wann ist das Erlebnis geschehen oder hat die Geschichte gespielt?

2 Notiere Erzählschritte.
– Bringe die Stichworte in eine sinnvolle Reihenfolge.
– Lege den Höhepunkt fest.
– Stelle Handlung und Figuren anschaulich dar. Nutze dafür passende Verben und Adjektive sowie die wörtliche Rede.
– Verwende die Zeitform Perfekt.

3 Trage die Geschichte vor.
– Sprich laut und deutlich, mache Pausen.
– Erzähle betont, wechsle das Sprechtempo ab.
– Schaue die Zuhörer an und beziehe sie eventuell ein.

Ich möchte euch erzählen, was mir letzte Woche Verrücktes passiert ist. Stellt euch vor, ich bin an einem Nachmittag – so wie immer – zur Skaterbahn gelaufen. Es war ein sonniger Tag und ich war richtig gut gelaunt. Plötzlich hat sich mir ein älterer Junge mit düsterem Blick in den Weg gestellt. Er knurrte mich an: „Was willst du hier ..."

Erzählen

V02 ▷

Wesentliches beschreiben
- eine Situation: *wimmernde Geräusche aus dem Keller*
- eine Figur oder einen Gegenstand: *ein Wesen so groß wie ein Gartenzwerg*
- die Umgebung: *steile Klippen*

geordnet erzählen
- nutze den Erzählplan und gliedere in Einleitung, Hauptteil und Schluss
- Einleitung: W-Fragen beantworten
- Hauptteil: in einzelnen Erzählschritten zum Höhepunkt hin erzählen
- Schluss: Spannung auflösen und offene Fragen klären

wörtliche Rede einsetzen
„Wusste ich es doch!", fuhr er Amir an.

spannend, lebendig und geordnet erzählen

Gedanken und Gefühle der Figuren darstellen
- Freude: *Ich hab's gefunden, endlich!*
- Wut: *In tausend Stücke würde sie ihn reißen …*

Wahrnehmungen aller fünf Sinne beschreiben
- sehen: *Durch den Türspalt erkannte er die Umrisse eines kleinen Jungen.*
- riechen: *Im Treppenhaus hing das blumige Parfum von Frau Bose.*
- fühlen: *Plötzlich packte sie etwas Glitschiges an der Hand.*
- hören: *Von fern war ein feines Surren zu hören, das langsam lauter wurde.*
- schmecken: *Die Brause prickelte auf der Zunge und hinterließ einen süßlichen Film.*

treffende Formulierungen verwenden
- Verben: *schlendern, hasten, eilen*
- Adjektive: *freudig, verräterisch, seltsam*
- überraschende Wendungen und Satzanfänge: *plötzlich, doch da, gerade als*

Fantasiegeschichten schreiben

Beim Schreiben einer Fantasiegeschichte kommt es auf deine Vorstellungskraft an. Die Fantasiewelt, die du entstehen lässt, unterscheidet sich von der realen Welt.

So geht's

Plötzlich in der Tiefsee

Als ich aufwachte, war meine Laune im Keller. Ja, es war Wochenende, all meine Freunde waren weggefahren und so würde es ein langweiliger Samstag werden. Das dachte ich jedenfalls. Als ich aus dem Fenster in den trüben Himmel starrte, hörte ich ein merkwürdiges Plätschern, kurz darauf ein
5 Scheppern. Es musste aus dem Bad kommen. Im Flur wurde das Plätschern lauter und als ich die Badezimmertür einen Spalt weit geöffnet hatte, blickte ich ungläubig in die Badewanne: Was war das? Ein metallener Riesenkrake mit goldenen Saugnäpfen? In seinen Körper waren große Bullaugen eingelassen, aus denen es strahlend hell hervorleuchtete. Vorsichtig näher-
10 te ich mich dem Kraken und plötzlich hörte ich eine Stimme. „Tritt nur ein, na komm!", lud mich die Stimme ein. Sekunden später sah ich durch die Bullaugen unser Badezimmer, doch das verschwand sofort, nachdem der Krake Fahrt aufgenommen hatte. Wasser umgab uns von allen Seiten. Wo war ich? Wohin brachte mich dieser Krake?
15 Vor mir tauchten Fischschwärme auf. Hunderte, tausende glitzernde Fische. Auf einmal sah ich einen weißen Schleier, der sich als das weiße, lange Haar eines Unterwassermannes entpuppte. Er hielt einen Dreizack hoch und nickte mir freundlich zu. Wir entfernten uns langsam. Allmählich verlor ich jedes Gefühl für Zeit und Raum, aber es beunruhigte mich nicht.
20 Im Gegenteil, ich ließ mich treiben und eine angenehme Müdigkeit überkam mich.
Plötzlich schreckte ich hoch. Ich musste eingeschlafen sein. Ungläubig schaute ich mich um. Ich lag in meinem Bett. Ein Traum, schoss es mir durch den Kopf. Ja klar, ein Traum. Aber es fühlte sich so echt an. Hastig
25 schlug ich die Bettdecke zurück und lief ins Bad. Natürlich, kein Krake, aber da: Wasserlachen vor der leeren Badewanne und ein goldener Saugnapf.

Einleitung

Alltagssituation/Einbruch des Fantastischen

Hauptteil

Sinneseindrücke beschreiben

Gedanken und Gefühle darstellen

wörtliche Rede einsetzen

treffende Verben und Adjektive verwenden

überraschende Wendungen hervorheben

Schluss

📋 Checkliste

1. Inhalt und Aufbau

☑ Meine Überschrift und der Anfang meiner Geschichte machen neugierig.
☑ Meine Geschichte hat einen Höhepunkt und einen passenden Schluss.
☑ Ich habe meine Geschichte in der richtigen Reihenfolge erzählt.
☑ Die Gedanken und Gefühle der Figuren werden deutlich.

2. Sprache

☑ Ich habe wörtliche Rede und treffende Verben und Adjektive verwendet.
☑ Ich habe im Präteritum geschrieben.
☑ Ich habe die Rechtschreibung und die Satzzeichen überprüft.

Geschichten zu Bildern schreiben

Bilder können die Grundlage für Geschichten sein. Die Bilder zeigen wichtige Momente der Handlung und geben einen Teil der Geschichte vor. Beim Schreiben musst du die Bilder in einen Zusammenhang bringen. Ergänze das, was zwischen den Ereignissen auf den Bildern geschehen sein könnte. Beschreibe auch mögliche Gedanken und Gefühle der Figuren.

So geht's

Ein unerwarteter Fund

Leo und Fiona sammelten am Strand gerade Muscheln, als plötzlich eine riesige
Welle kam und die beiden von oben bis unten nass spritzte. Fiona stieß vor
Schreck einen kleinen Schrei aus, worauf Leo sie aufzog: „Na, bist du wasser-
scheu?" Doch Fiona reagierte gar nicht, sondern starrte in eine andere Rich-
5 tung. „Was ist los?", wollte Leo wissen. Fiona rief: „Na schau doch mal! Was ist
das denn?" „Sieht nach einer alten Kamera aus, einer ziemlich alten, wenn du
mich fragst", meinte Leo. Zusammen untersuchten sie das Gerät. Fiona fand einen winzigen Hebel, zog daran und schon schnappte die Rückwand der Kamera
auf. „Das gibt's ja nicht", rief Leo, „da ist tatsächlich ein Film drin." „Ist klar, was
10 wir jetzt machen, oder?", entgegnete Fiona. Die beiden suchten ihr Zeug zusammen und machten sich auf den Weg zu einem Fotoladen. Als sie dem Ladenin-
haber den Film vorlegten, staunte dieser: „So etwas hatte ich hier schon lange
nicht mehr. Ich kann euch nichts versprechen. Der Film ist nass geworden. Wer
weiß, ob er nicht ruiniert ist. Kommt in drei Stunden wieder, dann weiß ich
15 mehr." Die Zeit kroch langsam wie eine Schnecke dahin. Das Einzige, was ihnen
blieb, war zu rätseln, was auf den Bildern zu sehen sein könnte, wenn, ja wenn
der Film sich entwickeln ließe. Fotos von Kindern, die Sandburgen bauen? Oder,
wenn die Kamera über Bord gegangen war, Aufnahmen von einem Schiff? Wie
sehr sie mit ihren Vermutungen danebenlagen, sollte sich später zeigen.
20 Endlich war die Zeit um und sie konnten zurück zum Fotoladen. Der Inhaber
empfing sie mit: „Ihr hattet Glück." Fiona und Leo strahlten, öffneten die Foto-
mappe und beugten sich über die Abzüge. Konnte das wahr sein? „Das sind ja
Mama und Papa!", rief Fiona und Leo meinte: „Ich fass es nicht!" Auf den Foto-
grafien waren ihre Eltern an genau diesem Strand zu sehen, wie sie beide in die
25 Kamera strahlten. „Wie lange ist das denn her? Fünfzehn Jahre?", fragte Leo.
„Komm, lass uns die Fotos Mama und Papa zeigen, die werden Augen machen!"

überraschende
Wendungen
hervorheben

Gedanken und
Gefühle der Figuren
darstellen

wörtliche Rede
einsetzen

treffende Verben
und Adjektive

☑ Checkliste

1. Inhalt und Aufbau

☑ Meine Überschrift und der Anfang meiner Geschichte machen neugierig.
☑ Meine Geschichte hat einen Spannungsbogen mit Höhepunkt und einen passenden
   Schluss.
☑ Ich habe auch die Handlung zwischen den Bildern erzählt.
☑ Ich habe meine Geschichte in der richtigen Reihenfolge erzählt.
☑ Ich habe die Gedanken und Gefühle der Figuren beschrieben und dabei ihre Mimik, Gestik,
   und Körperhaltung auf den Bildern beachtet.
☑ Ich habe Sinneseindrücke (z. B. sehen, hören, fühlen) beschrieben.

2. Sprache

☑ Ich habe wörtliche Rede eingesetzt.
☑ Ich habe treffende Verben und Adjektive verwendet.
☑ Ich habe im Präteritum geschrieben.
☑ Ich habe die Rechtschreibung und die Satzzeichen überprüft.

Beschreiben

Wenn du etwas beschreiben willst, dann musst du dir vorher eine Person, einen Weg oder Gegenstand genau ansehen. Du lernst dabei das zu Beschreibende von anderen zu unterscheiden. Dann wird es dir auch gelingen, z. B. den verlorenen Gegenstand wiederzufinden oder jemandem den richtigen Weg weisen zu können.

nennen besondere Merkmale und Eigenschaften.

enthalten viele Einzelheiten, z. B.
- bei Gegenständen: Farbe, Größe, Material.
- bei Personen: Name, Alter, Aussehen, Eigenschaften, Hobbys.
- bei Wegen: Straßennamen, Ortsnamen, Richtungsangaben.

Beschreibungen

nutzen treffende Adjektive.

sind sachlich.

sind im Präsens geschrieben.

Arten von Beschreibungen

Steckbrief
Informationen über eine Person, eine literarische Figur, eine Pflanze oder ein Tier

Wegbeschreibung
Beschreibung des Schulweges oder der Anfahrt zu einem Bauwerk

Gegenstandsbeschreibung
Suchanzeigen, Verlustanzeigen, Verkaufsbeschreibungen

Einen Weg beschreiben

Beschreibe die Wegstrecke von einem Startpunkt zu einem Ziel. Nenne dabei Orts- und Straßennamen und auffällige Punkte auf dem Weg.

So geht's

Lieber Paul,

wenn du mit dem Zug angekommen bist, verlässt du den Bahnhof durch den Haupteingang Richtung Innenstadt und überquerst den Bahnhofsvorplatz. Du gehst die Goetheallee geradeaus, kreuzt dabei
5 drei Querstraßen, bis du zu einer Straßenkreuzung gelangst, wo du rechts ein großes Gebäude siehst, die Post. Hier biegst du rechts ab und folgst der Straße, bis links eine Kirche kommt. Hinter der Kirche biegst du in die Mühlengasse ab und folgst ihr etwa 100 m, bis du halbrechts vor dir ein altes Gebäude
10 mit Zinnen siehst. Das ist das Rathaus. Dort erwarte ich dich am Haupteingang.

Liebe Grüße,
Dein Dariusz

- Startpunkt nennen
- Straßennamen angeben
- passende Richtungsangaben verwenden
- Orientierungspunkte angeben
- Zielpunkt nennen

📋 **Checkliste**

1. Inhalt und Aufbau
- ☑ Ich habe Startpunkt und Zielpunkt benannt.
- ☑ Ich habe die richtige Reihenfolge beachtet.
- ☑ Ich habe Orts- und Straßennamen, Orientierungspunkte und Richtungen angegeben.

2. Sprache
- ☑ Ich habe sachlich geschrieben (keine Gefühle oder persönliche Eindrücke).
- ☑ Ich habe passende Richtungsangaben verwendet.
- ☑ Ich habe im Präsens geschrieben.
- ☑ Ich habe die Rechtschreibung und die Satzzeichen überprüft.

Einen Gegenstand beschreiben und eine Suchanzeige verfassen

V04 ▷ **Ziel einer Gegenstandsbeschreibung ist es, die Merkmale und Eigenschaften des Gegenstandes möglichst genau darzustellen. Wenn du einen Gegenstand verloren hast, kannst du mithilfe einer Beschreibung versuchen, diesen wiederzubekommen. Du kannst zum Beispiel eine Suchanzeige verfassen und aushängen.**

So geht's

Inline-Skater verloren ← Überschrift formulieren

← Bild ergänzen

Gestern, am 25. Juni 2022, auf dem Schulhof vergessen und später nicht mehr wiedergefunden! → Zeit und Ort angeben

5

Das sind meine Inline-Skater: Sie sind in Größe 37. Sie haben eine lila Oberschale, der Stiefel ist in verschiedenen Lilatönen, die Schnürsenkel sind pink, der Stoff darunter ist neongelb. Sie besitzen vier Rollen, an der Ferse befindet sich die → Beschreibung des Gegenstands

10

Bremse. Man erkennt die Inliner an Kratzern an der Fußspitze und Ferse und an dem zerrissenen Innenfutter des linken Stiefels. → Erkennungsmerkmale angeben

Ich möchte den Finder bitten, die Inliner im Büro des Hausmeisters abzugeben. ← angeben, wo man den Gegenstand abgeben kann

☑ Checkliste

1. Inhalt und Aufbau

☑ Ich habe eine Überschrift formuliert.
☑ Ich habe angegeben, wann und wo ich den Gegenstand verloren habe.
☑ Ich habe den Gegenstand mit seinen Erkennungsmerkmalen beschrieben (Größe, Form, Material, Farbe, Muster und Besonderheiten).
☑ Ich habe angegeben, wo und bei wem der Gegenstand abgegeben werden kann.
☑ Ich habe ein Bild des Gegenstands ergänzt.

2. Sprache

☑ Ich habe sachlich und im Präsens geschrieben.
☑ Ich habe treffende Adjektive verwendet.
☑ Ich habe die Rechtschreibung und die Satzzeichen überprüft.

Eine offizielle E-Mail und einen offiziellen Brief schreiben

V05 ▷ **Offizielle E-Mails oder Briefe schreibst du an Personen, die du nicht gut kennst, z. B. an die Schulleiterin oder den Bürgermeister. Darin kannst du ein Anliegen vorbringen.**

So geht's

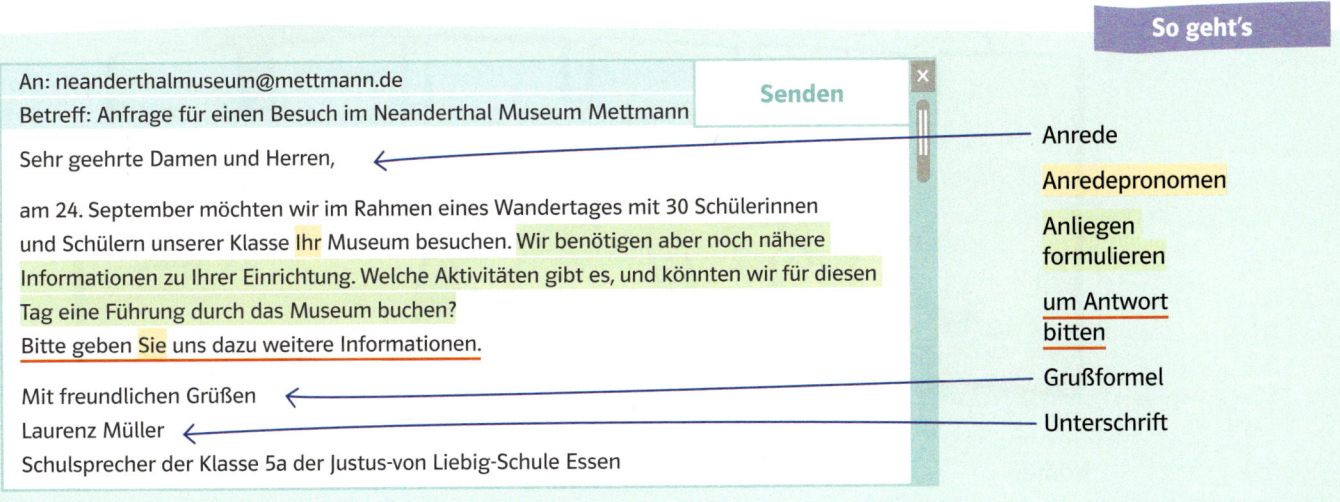

An: neanderthalmuseum@mettmann.de
Betreff: Anfrage für einen Besuch im Neanderthal Museum Mettmann

Sehr geehrte Damen und Herren, ◄——————————— Anrede

am 24. September möchten wir im Rahmen eines Wandertages mit 30 Schülerinnen und Schülern unserer Klasse Ihr Museum besuchen. Wir benötigen aber noch nähere Informationen zu Ihrer Einrichtung. Welche Aktivitäten gibt es, und könnten wir für diesen Tag eine Führung durch das Museum buchen?
Bitte geben Sie uns dazu weitere Informationen.

Mit freundlichen Grüßen ◄——————————— Grußformel
Laurenz Müller ◄——————————— Unterschrift
Schulsprecher der Klasse 5a der Justus-von Liebig-Schule Essen

- Anredepronomen
- Anliegen formulieren
- um Antwort bitten

So geht's

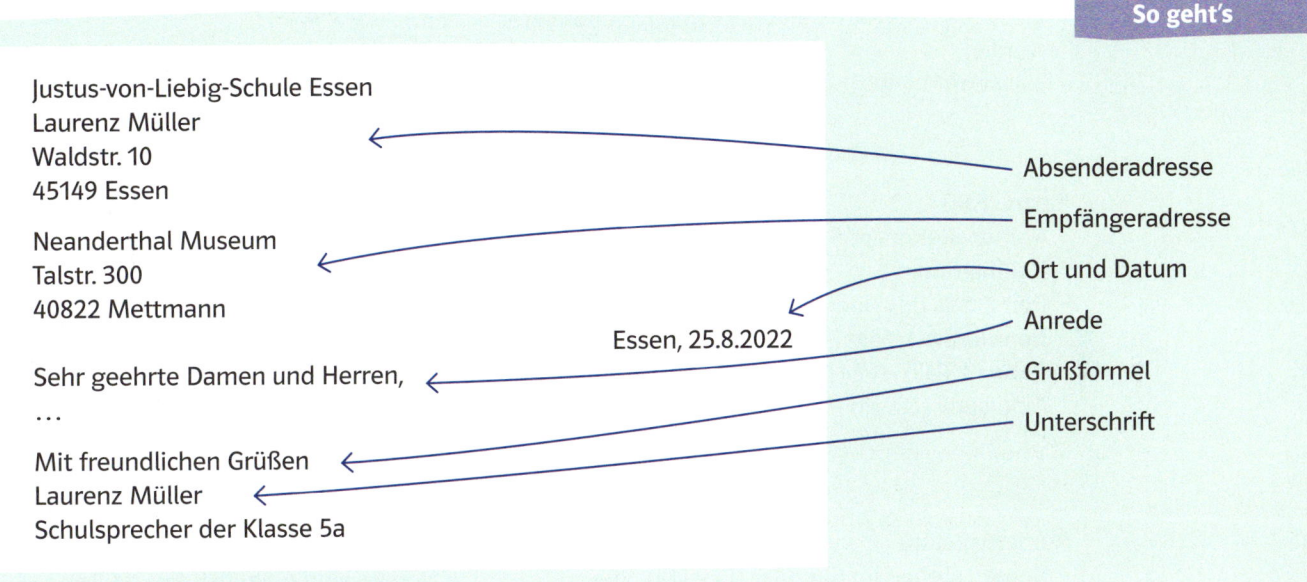

Justus-von-Liebig-Schule Essen
Laurenz Müller
Waldstr. 10
45149 Essen

Neanderthal Museum
Talstr. 300
40822 Mettmann

Essen, 25.8.2022

Sehr geehrte Damen und Herren,
…

Mit freundlichen Grüßen
Laurenz Müller
Schulsprecher der Klasse 5a

- Absenderadresse
- Empfängeradresse
- Ort und Datum
- Anrede
- Grußformel
- Unterschrift

☑ **Checkliste**

Inhalt und Aufbau

☑ Ich habe eine passende Anrede gewählt.
☑ Ich habe das passende Anredepronomen gewählt.
☑ Ich habe mein Anliegen formuliert und um Antwort gebeten.
☑ Ich habe am Ende eine Grußformel mit Unterschrift geschrieben.
☑ Ich habe Anrede, Grußformel und Unterschrift auf eine eigene Zeile gesetzt.

Wortarten unterscheiden und verwenden

Nomen

- Sie bezeichnen Lebewesen und Dinge, aber auch Gefühle, Gedanken und Zustände.
- Sie können von Artikeln und Adjektiven begleitet werden.
- Sie werden großgeschrieben.

Pferd, Burg, Schwert, Angst, Idee, Macht
der mutige Ritter

eine mächtige Königin

Kasus (Fall)

- Nomen stehen im Satz in einem bestimmten Kasus. Die Veränderung des Kasus heißt **Deklination**.
- Den Kasus des Nomens kannst du erfragen.
  Nominativ (1. Fall) → *Der König ist berühmt.* → **Wer** (oder **Was**) ist berühmt?
  Dativ (3. Fall) → *Ich helfe dem König.* → **Wem** helfe ich?
  Akkusativ (4. Fall) → *Ich sehe den Ritter.* → **Wen** (oder **Was**) sehe ich?

Numerus (Zahl)

- Nomen stehen im **Singular** (Einzahl) oder im **Plural** (Mehrzahl).
  der König – die Könige / das Pferd – die Pferde / die Burg – die Burgen

- Manche Nomen kommen nur im Singular oder nur im Plural vor.
  nur im Singular: *das Glück, die Liebe*
  nur im Plural: *die Ferien, die Leute*

Genus (grammatisches Geschlecht)

- Nomen sind **männlich** (maskulin), **weiblich** (feminin), **sächlich** (neutral.
- Das Genus liest man in der Grundform am Artikel ab.
  → *der Ritter (m), die Burg (w), das Land (s)*

Begleiter von Nomen: Artikel und Possessivpronomen

Sie begleiten Nomen und bilden mit ihnen eine Einheit. Sie stimmen in Kasus, Numerus und Genus überein.

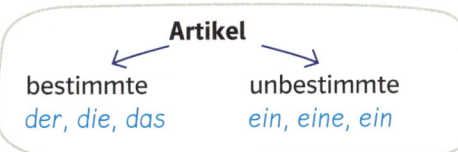

Artikel

bestimmte → unbestimmte

der, die, das *ein, eine, ein*

Possessivpronomen

mein, dein, sein,
ihr, unser, euer

V12 ▷ **Personalpronomen**

– Sie bezeichnen Lebewesen oder Dinge.
– Sie können stellvertretend für Nomen stehen.
– Sie stimmen in Kasus, Numerus und Genus
  mit den Nomen überein.

  → ich, du, er/sie/es, wir, ihr, sie
  Der König hilft der Königin. → Er hilft ihr.

So geht's

Der Ritter und der Graben

Ritter Edmund ritt am Graben seiner schönen Burg entlang. Er
stellte fest, dass an einer Stelle ein Holzsteg über den Graben führte.
„Was soll dieser Steg? Da kann ja jeder Feind sofort in die Burg gelan-
gen. Reißt ihn sofort ein!", befahl er wütend seinen Knechten. Sofort
5 führten die Knechte des Ritters seinen Befehl aus.
Da trat Fräulein Kunigunde auf die Burgmauer und rief: „Welcher
Idiot hat denn den Steg eingerissen? Unsere Zugbrücke ist doch
kaputt. Jetzt muss mein armer Edmund draußen schlafen."

Wer (oder Was) ritt am
Graben seiner schönen
Burg entlang?
Ritter Edmund = Nominativ

Wem befahl er es wütend?
seinen Knechten = Dativ

(Wen oder) Was führten
sie sofort aus?
seinen Befehl = Akkusativ

V10 ▷ **Adjektive**
V11
– Sie bezeichnen Eigenschaften und Merkmale von Lebewesen und Dingen.
– Sie können ein Nomen begleiten. *→ der schöne Ritter, das schnelle Pferd*

Deklination
Sie stimmen mit dem
Nomen in Kasus, Numerus
und Genus überein.

Steigerung (Komparation)

Grund- **form**	**1. Vergleichs-** **form**	**2. Vergleichs-** **form**
(Positiv)	(Komparativ)	(Superlativ)
schnell	*schneller*	*am schnellsten*

Bei manchen Adjektiven ist eine Steigerung nicht
sinnvoll. *→ viereckig, schriftlich, fleischlos, gelb*

Präpositionen

Sie geben die Beziehung zwischen Personen, Dingen und Erscheinungen an.

Er begrüßt den König <u>mit</u> einer Verbeugung. <u>Auf</u> dem Tisch steht das Essen.

Arten von Präpositionen
- Beziehungen des **Ortes** und der **Richtung**
  → *<u>in</u> dem Stall, <u>hinter</u> dem Tor*
- Beziehungen der **Zeit** → *<u>nach</u> einer Stunde, <u>gegen</u> 15 Uhr*
- Beziehungen der **Art und Weise** → *<u>mit</u> meinen Rittern, <u>statt</u> eines Angriffs*
- Beziehungen des **Grundes** → *<u>wegen</u> meiner Verletzung, <u>aufgrund</u> der Verspätung*

Präpositionen bestimmen den Kasus von Nomen oder Pronomen.
- Präpositionen, die den **Akkusativ** fordern: *für, durch, ohne, gegen …* → *<u>für</u> meinen König, <u>gegen</u> den Ritter*
- Präpositionen, die den **Dativ** fordern: *aus, außer, bei, mit, seit, von, zu …* → *<u>bei</u> meinem König, <u>mit</u> dem Ritter*
- Präpositionen, die den **Akkusativ** oder den **Dativ** fordern können: *in, an, auf, hinter, in, neben, über, unter, vor, zwischen* → *Sie geht <u>in</u> den Saal. Sie ist <u>in</u> dem Saal.*

V13 ▷ **Verben**

- Sie bezeichnen Tätigkeiten, Vorgänge und Zustände.
  lesen, kämpfen, reiten, bleiben, regnen
- Man unterscheidet **schwache** (regelmäßige) und **starke** (unregelmäßige) Verben:
- **Schwache Verben** bilden das Präteritum mit der Endung **-te**.
  schwach: ich kämpfte, er lachte
- **Starke Verben** bilden das Präteritum durch die Änderung des Verbstamms.
  stark: ich ritt, er befahl
- Es gibt den **Infinitiv** (Grundform) und die konjugierte (gebeugte) Verbform.
  Infinitiv: reiten, lesen
  konjugiert: ich reite, er las

Vergangenheit — Gegenwart — Zukunft

Perfekt

Präteritum

Präsens

Futur

Person und Numerus (Zahl)

Das **konjugierte Verb** passt sich in Person und Numerus an das Subjekt an.

Singular

1. Person: *ich reite*
2. Person: *du reitest*
3. Person: *er/sie/es reiten*

Plural

1. Person: *wir reiten*
2. Person: *ihr reitet*
3. Person: *sie reiten*

Tempus (Zeit)

Die Zeitform (das Tempus) wird mit **einfachen** oder **zusammengesetzten** Formen gebildet.

V14 ▷
V15
V16

– **Präsens**
   Bilden: Präsensstamm + Personalendung
   Verwenden: für Gegenwärtiges und
   immer Gültiges

   ich gehe, du sagst, sie lachen
   Der Ritter lacht. Die Burg stammt
   aus dem Mittelalter.

– **Präteritum**
   Bilden: Präteritumstamm + Personalendung
   Verwenden: für Vergangenes

   ich ging, du sagtest, sie lachten
   Gestern besuchten wir das Ritterturnier.

– **Perfekt**
   Bilden: Personalform von haben oder sein im
   Präsens + Partizip II
   Verwenden: für Vergangenes

   ich bin gegangen, sie haben gelacht

   Gestern haben wir das Ritterturnier besucht.

– **Futur**
   Bilden: Personalform von werden im
   Präsens + Infinitiv
   Verwenden: Für Zukünftiges

   Ich werde gehen, du wirst sagen.

   Morgen werden wir dich besuchen.

So geht's

Unerwarteter Besuch bei Ritter Edmund

Ritter Edmund saß an seinem Schreibtisch, musste aber nicht mehr
viel erledigen. Vor einer Stunde hatte das noch ganz anders ausgesehen. Da hatte er noch gedacht, dass er ewig brauchen würde, um
die ganzen Bittgesuche zu beantworten. Zum Glück ging es dann
5 doch schneller als erwartet und so freute er sich in diesem Moment
darauf, den Rest des Nachmittags mit Fräulein Kunigunde zu verbringen.
Nachdem er das letzte Schriftstück erledigt hatte und in die Waffen-
kammer gegangen war, um seinen Bogen zu holen, rief er nach dem
10 Fräulein und fragte: „Begleitest du mich nachher auf der Jagd? Bitte!
Bei deiner Glückssträhne wirst du bestimmt alles treffen. Ich werde
gleich die Pferde satteln." Kunigunde entgegnete: „Auf die Jagd habe
ich mich schon gefreut. Und ich bin auch schon fleißig gewesen.
Also, wann geht es los?"
15 Noch bevor Edmund antworten konnte, hörte er ein Pferd im Burg-
hof. Und gleich danach klopfte jemand unverschämt laut an die Tür.
Da ...

Das Präteritum ist das typische Tempus beim schriftlichen Erzählen.

Das Präsens steht für die Gegenwart.

Das Perfekt ist typisch für die mündliche Wiedergabe von Vergangenem, zum Beispiel in der wörtlichen Rede.

Das Futur drückt die Zukunft aus.

Satzglieder erkennen und verwenden

V17 ▷   **Umstellprobe**

Satzglieder sind **einzelne Wörter** oder **mehrere Wörter**, die in einem Satz
eine bestimmte Funktion übernehmen und eine **Einheit bilden**, zum Beispiel
Subjekt und Objekt.

Das **Prädikat** hat eine besondere Stellung im Satz. Es bildet den Satzkern,
um den sich die einzelnen Satzglieder anordnen.

Mithilfe der **Umstellprobe** kannst du erkennen, welche Wörter im Satz gemeinsam ein
Satzglied bilden.
Du stellst dabei die Wörter eines Satzes auf verschiedene Weise um, ohne dabei den Sinn
des Satzes zu verändern. Wörter, die bei diesen Umstellungen immer zusammenbleiben,
bilden gemeinsam ein Satzglied.

Der nette Junge | gibt | dem Freund | seinen Ball .

Seinen Ball | gibt | der nette Junge | dem Freund .

Dem Freund | gibt | der nette Junge | seinen Ball .

Das Prädikat als Kern des Satzes

Ohne Prädikat gibt es keinen Satz. Es informiert darüber, was passiert oder was getan wird.

– Du erfragst es mit: Was tut jemand?
  oder Was geschieht?

Das Kind spielt. Es regnet.

– Das Prädikat besteht aus mindestens
  einem **Verb**.

– Wenn du das konjugierte Verb verschiebst,
  änderst du die **Satzart**. Aus einem Aussagesatz wird zum Beispiel ein Fragesatz.

Das Kind spielt mit dem Ball.
Spielt das Kind mit dem Ball?

– Das Prädikat kann **einteilig** oder
  mehrteilig sein.

Das Kind spielt auf der Wiese.
Das Kind hat auf der Wiese gespielt.

Das Subjekt

Es informiert darüber, wer oder was etwas tut.

– Du erfragst es mit Wer? oder Was?

– Das Subjekt steht immer im **Nominativ**.

Paul spielt auf dem Bolzplatz.
*Ein starkes Gewitter zieht in der
Ferne auf.*

Die Objekte

– **Dativobjekte** sind Nomen oder Pronomen
  im **Dativ**.
  Du erfragst sie mit Wem?

Der Trainer gibt dem Spieler den Ball.

– **Akkusativobjekte** sind Nomen oder
  Pronomen im **Akkusativ**.
  Du erfragst sie mit Wen? oder Was?

Der Trainer gibt dem Spieler den Ball.

Satzarten unterscheiden

Aussagesätze

Du verwendest sie, wenn du etwas mitteilen willst.
- Das konjugierte Verb steht immer nach dem ersten Satzglied.
- Am Ende steht ein **Punkt**.

Marc geht ins Kino.

Fragesätze

Du verwendest sie, wenn du etwas wissen willst.
- Das konjugierte Verb steht an erster Stelle oder nach dem Fragewort.
  Am Ende steht ein **Fragezeichen**.

Kommst du mit ins Kino?
Wann gehst du ins Kino?

Aufforderungssätze

Du verwendest sie, wenn du jemanden um etwas bitten oder jemanden zu etwas auffordern willst.
- Das konjugierte Verb steht meist an erster Stelle.
- Oft wird der Imperativ (Befehlsform) verwendet.
- Am Ende steht ein **Ausrufezeichen** oder **Punkt**.

Komm doch mit ins Kino!
Lest den Text.

Ausrufe

Du verwendest sie, wenn du etwas mit Nachdruck hervorheben willst.
- Oft enthält der Ausruf kein Subjekt und/oder kein Prädikat.
- Am Ende steht ein **Ausrufezeichen** oder **Punkt**.

Hurra! Halt!
Das ist jetzt nicht dein Ernst.

Satzzeichen richtig setzen

V18 ▷ ### Zeichensetzung bei der wörtlichen Rede
Die wörtliche Rede kennzeichnest du mit Anführungszeichen.
Wer etwas sagt und wie es gesagt wird, steht im Redebegleitsatz.
→ *Er sagte: „Nina kommt mit."*

Kommasetzung bei Aufzählungen
Ein Komma steht bei der Aufzählung von gleichrangigen Wörtern und Wortgruppen.
→ *Nina, Anne, Karl und Sebastian gehen in den Zoo.*
→ *Dort besuchen sie die putzigen Erdmännchen, die großen Elefanten und das gefräßige Flusspferd.*

Ein und, oder, sowie ersetzt das Komma.
→ *Nina, Anne, Karl und Sebastian gehen in den Zoo. Dort besuchen sie die Affen, Löwen, die großen Elefanten sowie die Zebras.*

Kommasetzung vor Konjunktionen
Konjunktionen wie und, oder, weil, wenn, da, dass, als verbinden Sätze und Teilsätze miteinander.
Vor den meisten Konjunktionen steht ein **Komma**.
→ *Nina und Sebastian gehen jetzt nach Hause, weil es regnet.*

Regeln und Strategien der Rechtschreibung

Du musst die Schreibung der meisten Wörter nicht auswendig lernen. Bei vielen Wörtern kannst du die Schreibweise durch die Strategien Schwingen ⌣, Ableiten ⚡, Verlängern ↷ und Merken Ⓜ sowie die Regeln für die Großschreibung Ⓐ erkennen.

V19 ▷ **Strategie Schwingen – Wörter in Silben zerlegen**

Das Zerlegen von zweisilbigen Wörtern hilft dir, viele Wörter richtig zu schreiben, da sie meist einen typischen Aufbau haben:
- Jede Silbe enthält einen Vokal.
- Die zweite Silbe beginnt immer mit einem Konsonanten und enthält ein **e**.

> **Wichtig für Wörter**
> - mit **i** und **ie** → *fin|den, Tie|re*
> - mit silbentrennendem **h** → *frü|her*
> - mit Doppelkonsonanten → *Affen*
> - mit **tz** oder **ck** → *Katze, Brücke,*

So kannst du Wörter in Silben zerlegen:

- Im Haus-Garage-Modell ist bei **offenen Silben** das dritte Zimmer im Haus unbesetzt und der **Vokal wird lang gesprochen.**

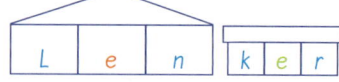

- Im Haus-Garage-Modell ist bei **geschlossenen Silben** das dritte Zimmer im Haus besetzt und der **Vokal wird kurz gesprochen.**

V20 ▷ **Strategie Verlängern**

Das Verlängern von Wörtern hilft dir, die Schreibung am Wortende zu klären.

> **Wichtig für Wörter**
> - mit **s**, **ss** und **ß** am Wortende
>   → *Kreis, Biss, Gruß*
> - mit **b**, **d** und **g** am Wortende
>   → *gelb, Feld, Weg*
> - mit **p**, **t** und **k** am Wortende
>   → *Typ, weit, Bank*

So kannst du Wörter verlängern:
Am **Ende von Wörtern** klingen **s** und **ß**, **b** und **p**, **d** und **t**, **g** und **k** gleich. Willst du wissen, wie das Wort am Ende geschrieben wird, musst du es verlängern:
- Bei **Substantiven/Nomen** bildest du den Plural.
  → *Kreis – Kreise, Biss – Bisse, Gruß – Grüße, Erfolg – Erfolge*
- Bei **Verben** bildest du den Infinitiv.
  → *er schob – schieben*
- Bei **Adjektiven** hilft dir die Steigerung.
  → *rund – runder*

V21 **Strategie Ableiten**

Das Ableiten hilft dir, bei ähnlich klingenden Lauten die richtige Schreibung zu finden.

Wichtig für Wörter
- mit **ä** oder **e** → *Wälder, Schere*
- mit **äu** oder **eu** → *Bäume, freuen*

$a → ä$
$au → äu$

So kannst du Wörter ableiten:
In vielen Wörtern klingen **ä** und **e**, aber auch **äu** und **eu** gleich.
- Findest du ein verwandtes Wort mit **a** und **au**, schreibst du **ä** oder **äu**.
  → *Wälder – Wald, Bäume – Baum*
- Gibt es kein **verwandtes Wort** mit **a** oder **au**, schreibst du **e** oder **eu**. → *Schere, Heu*

 Strategie Merken

Für einige Wörter gibt es keine Regeln. Du musst dir die Schreibung der sogenannten Merkwörter einprägen.

Wichtig für Wörter
- mit **v/V** → *von, vergessen, vielleicht, Vater*
- mit Dehnungs-**h** → *Fehler, nehmen, Gewohnheit, fahren*
- mit **ks**-Laut → *Wachs, Axt*
- mit Doppelvokal und **ai** → *Boot, Haar, Fee, Kaiser*
- und Fremdwörter: → *Atmosphäre, explodieren, Cousin*

So kannst du dir Wörter merken:
- Merkstellen markieren
- Merkwörter mehrfach schreiben
- Wortkarten anlegen
- Wörterlisten mit Merkwörtern erstellen
- Merkverse erfinden und lernen
- im Wörterbuch nachschlagen
  → *Wachs, Axt*

V23 **Regeln der Großschreibung**

Die Großschreibung von Wörtern hilft dir beim Lesen. Nomen werden immer großgeschrieben.

Wichtig für Wörter
- bei denen dir nicht klar ist, ob sie großgeschrieben werden.

  große Luftballons

  große, rote Luftballons

  große, rote, leuchtende Luftballons

So kannst du überprüfen, ob Wörter großgeschrieben werden:
- mit dem Wissen über die Begleiter von Nomen (bestimmte und unbestimmte Artikel und Possessivpronomen)
- mit Adjektiven, die man davorsetzen kann
- wenn die Wörter auf -**heit**, -**keit**, -**ung**, -**nis**, -**schaft** enden
- mit Merkwissen: Satzanfänge werden immer großgeschrieben.

Wörter mit i-Laut schreiben

Schreibe **i**, wenn die erste **Silbe geschlossen** ist. →

| K | i | n | | d | e | r |

Schreibe **ie**, wenn die erste **Silbe offen** ist. →

| R | ie | | | s | e |

! Merke dir die **i**-Schreibung bei Ausnahmen → *Igel, ihr, ihnen* und Fremdwörtern
→ *Benzin, Kilo, minus.*

V22 ▷ ### Wörter mit s-Laut schreiben

Für **s**-Laute gibt es drei Schreibungen: **s**, **ss** und **ß**.
Schreibe **s**, wenn der **s**-Laut weich und summend (stimmhaft) gesprochen wird.
→ *Hase, sauber*

Schreibe **ss** oder **ß**, wenn der **s**-Laut scharf und zischend (stimmlos) gesprochen wird.
→ *Schüssel, Soße*

! Einsilber müssen verlängert werden. → *Spaß – Späße, Kuss – Küsse*

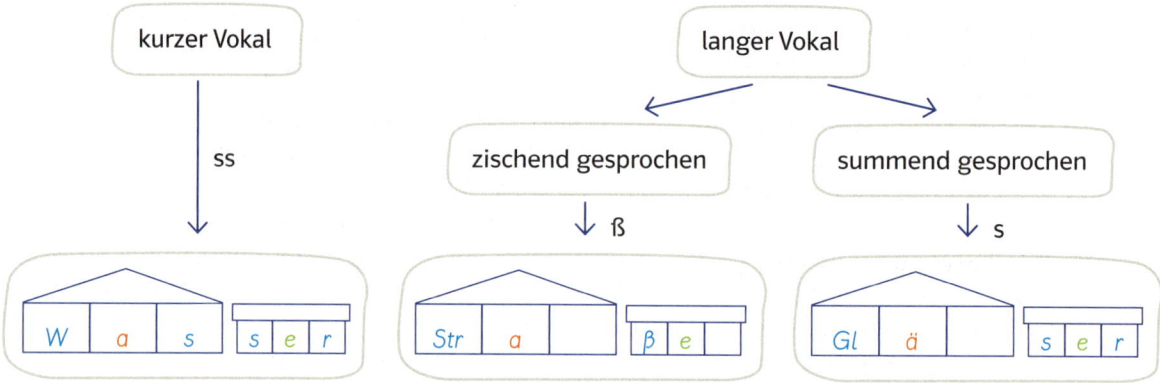

V24 ▷ # Wörter im Wörterbuch nachschlagen

So geht's

Artikel
(Hinweis auf gramma-
tisches Geschlecht

Bedeutung

Herkunftssprache

Leit- oder Kopfwörter
(geben erstes bzw. letztes
Wort auf der Seite an)

Genitiv- und Pluralbildung

Trennungsmöglichkeit

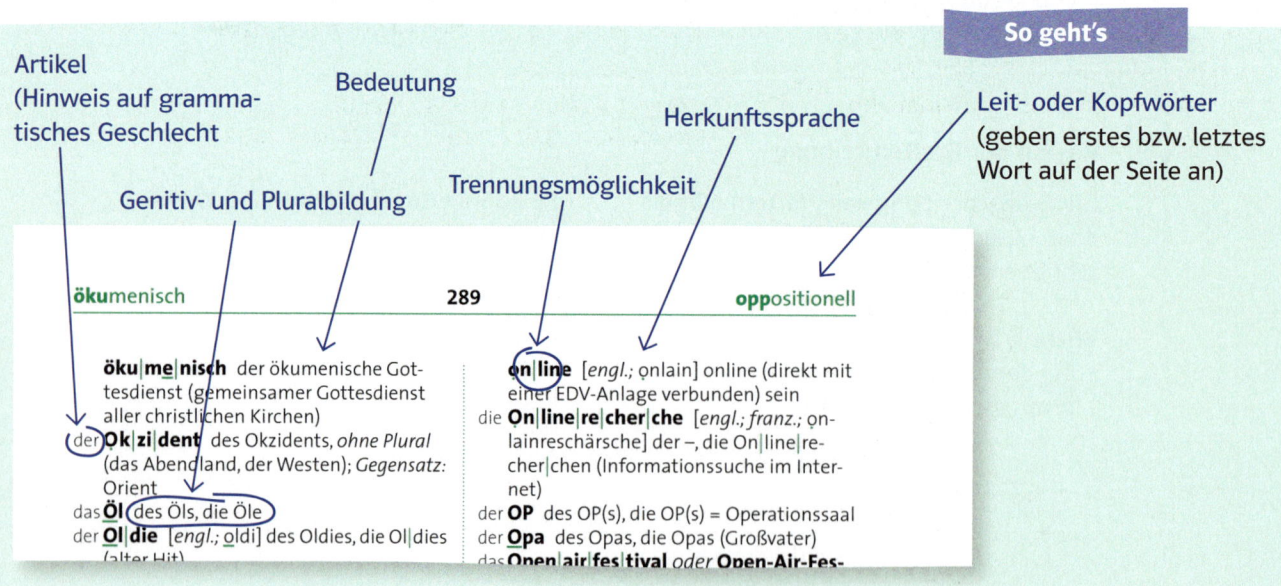

Ein Rechtschreibgespräch führen

Im **Rechtschreibgespräch** könnt ihr euch **gemeinsam** auf die Suche nach der **richtigen Schreibung** von Wörtern machen.

1. **Diktiert** euch Wörter oder Sätze und **markiert** Stellen, bei denen ihr unsicher seid.
2. **Überlegt gemeinsam**, wie man die Wörter schreiben könnte.
3. **Findet** eine **Regel** oder **Strategie**, die euch bei der Entscheidung für die richtige Schreibweise hilft.
4. **Entscheidet** euch für eine Schreibweise. Ihr könnt auch auf den **Zusammenhang** im Satz achten oder im **Wörterbuch** nachschlagen.

So geht's

Wir kennen/kenen Kobolde ←

Häufig geht ein Kobold eine Bindung zu einem einzigen Menschen ein. Manchmal biendet/bindet er sich aber auch an eine Familie, ein Gebäude/Ge-
5 beude oder Gebäudeteile wie alte Balken/balken oder die Türschwelle. Unser Kobold hat eher eine Beziehung zu Bauwerken wie der Schule der Klasse 5d. Dabei entscheiden nicht allein die Men-
10 schen, ob ein Kobold bei ihnen bleibt/bleipt. In der Regel sucht sich ein Kobold das Haus selbst aus, in dem er wohnt. Seltener lässt sich ein Kobold mit Grütze, Butter, Milch oder einer
15 Wohnnische anlocken. Manche Kobolde bleiben immer an dem gleichen Ort, andere gehen von selbst. Man kann sie aber auch verjagen/ferjagen, verkaufen oder, in allergrößter Not,
20 das Haus abbrennen. Er lässt/läßt sich aber auch vergraulen, wenn man ihn vernachlässigt.

Lena: Schreibt man mit einem oder zwei n?
Paolo: Der Vokal e ist kurz, deshalb wird der Konsonant danach verdoppelt. ☺
Lena: Also schreibt man kennen.

Lena: Schreibt man i oder ie?
Paolo: Die erste Silbe ist geschlossen, endet auf einen Konsonanten. Deshalb schreibt man i. ☺
Lena: Also schreibt man bindet.

Lena: Schreibt man eu oder äu?
Paolo: Da muss man ableiten. → Bau ⑂
Lena: Also schreibt man Gebäude.

Lena: Schreibt man groß oder klein?
Paolo: Man kann ein Adjektiv davorsetzen, deshalb handelt es sich um ein Nomen. → der alte, morsche Balken ⒶⱫ
Lena: Also schreibt man Balken groß.

Lena: Schreibt man mit b oder p?
Paolo: Da muss man verlängern und deutlich sprechen. → bleiben ☺
Lena: Also schreibt man er bleibt.

Lena: Schreibt man v oder f?
Paolo: Da gibt es keine Regel. Man muss es sich merken. → verjagen Ⓜ

Lena: Schreibt man mit ss oder ß?
Paolo: Der Vokal/Umlaut ä ist kurz, also muss man ss schreiben. → lässt

Hausaufgaben erledigen

1 Langfristig planen

– Was hast du auf?
– Bis wann?
– Wann hast du Zeit?

2 Für einen ungestörten Arbeitsplatz sorgen

3 Effektiv arbeiten

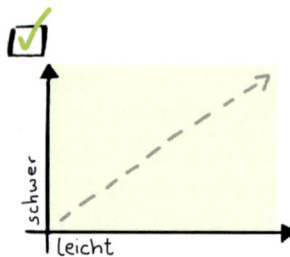  

mit leichten Aufgaben
beginnen

zwischen leichten und
schweren Aufgaben
wechseln

bei vielen Aufgaben:
nach der Hälfte
eine Pause machen

– leserlich schreiben
– Rand lassen
– mit Lineal unterstreichen
– Datum notieren
– Arbeitsblätter einheften

ordentlich arbeiten

Cluster

Ein Cluster hilft dir, Ideen zu sammeln und zu ordnen.
1. Schreibe in die Mitte des Blattes ein wichtiges Wort, das Thema oder den Titel deiner Geschichte.
2. Überlege dir weitere Wörter, die dir zu dem Wort in der Mitte einfallen.
3. Schreibe sie an die Strahlen um das Wort herum.

Erzählplan

Ein Erzählplan hilft dir, deine Geschichte in einzelnen Erzählschritten in der richtigen Reihenfolge zu schreiben.
Nutze eine Tabelle, in der du zu den Teilen der Geschichte Stichworte notierst.

Erzählplan	Fragen	Antworten
EINLEITUNG Wie beginnt die Geschichte?	Wann ist deine Geschichte passiert?	…
	Wo ist deine Geschichte passiert?	…
	Wer erlebt etwas in deiner Geschichte?	…
	Wie sind diese Figuren?	…
	Was ist am Anfang passiert?	…
HAUPTTEIL Wie geht die Geschichte weiter?	Was machen die Figuren?	…
	Was passiert den Figuren?	…
SCHLUSS Wie endet die Geschichte?	Gibt es ein gutes oder ein schlechtes/trauriges Ende?	…
	Was passiert am Ende der Geschichte?	…

Feedback

V01 ▷ Beim Feedback geben dir andere Personen eine Rückmeldung zu deinen Ergebnissen. Sie sagen dir, was du gut gemacht hast oder woran du vielleicht noch arbeiten musst. Du kannst selbst anderen ein Feedback geben.

Nenne zuerst alles, was dir gut gefallen hat.

Kläre die Fragen, die noch offen sind. Beschreibe, was dir noch aufgefallen ist.

Gib Tipps zur Verbesserung.

Höre gut zu.
Mache dir Notizen.

Achte darauf, freundlich und positiv zu sprechen.

Plakat

V25 ▷ Ein Plakat hilft dir, Ergebnisse zusammenzufassen und sie darzustellen.

Vorbereiten:
1. Überlege dir:
   - Was ist meine Absicht?
   - An wen will ich mich wenden?
   - Wo soll mein Plakat aufgehängt werden?
2. Fasse die wichtigsten Informationen zusammen.
3. Überlege dir eine spannende und treffende Überschrift.
4. Notiere die wichtigsten Informationen in Stichworten.
5. Suche aussagekräftige Bilder.
6. Fertige eine Skizze von deinem Plakat an.

Anfertigen:
1. Teile den Platz ein: Ordne die Inhalte sinnvoll an.
2. Hebe Wichtiges besonders hervor (z. B. durch Unterstreichen, große Schrift, andere Farbe).
3. Verwende passende Fotos, Zeichnungen oder grafische Elemente.
4. Lege erst alle Texte und Bilder auf das Plakat. Klebe sie dann auf.
5. Prüfe, ob alles von Weitem gut erkennbar ist.

Du kannst auch ein Textverarbeitungsprogramm nutzen.

Rundgang

In einem Rundgang könnt ihr eure Arbeitsergebnisse
(z. B. Geschichten, Comics, Steckbriefe usw.) im Klassenzimmer präsentieren.
1. Spannt eine Leine durch den Klassenraum und hängt eure Geschichten usw. daran auf oder befestigt sie an den Wänden.
2. Geht wie im Museum in der Klasse umher und lest die Geschichten, Steckbriefe usw. und schaut euch die Comics an.
3. Gebt ein Feedback, indem ihr auf Klebezettel schreibt, was euch gut gefallen hat und was ihr ändern würdet. Klebt sie an die Ergebnisse.
4. Besprecht nach dem Rundgang die Arbeitsergebnisse.

Schreibkonferenz

V03 ▷ Die Schreibkonferenz haltet ihr in der Gruppe ab. Sie hilft euch, eigene Texte zu besprechen und anschließend zu überarbeiten.
1. Lest einen Text vor und gebt Rückmeldung, was euch besonders gut gefallen hat.
2. Werdet zu Spezialistinnen und Spezialisten. Verteilt die Aufgaben für:

| Aufbau | wörtliche Rede | Gedanken und Empfindungen | abwechslungsreiche Wortwahl | Rechtschreibung |

3. Jeder liest nun jeden Text noch einmal aufmerksam und notiert an den Rand, was gelungen ist und was weniger gelungen ist.
4. Besprecht den Text Abschnitt für Abschnitt in der Gruppe. Gebt Tipps für die Überarbeitung und macht Verbesserungsvorschläge.
5. Jeder erhält seinen Text zurück und kann seine Geschichte überarbeiten.

Aufbau

- Gibt es eine Einleitung, einen Hauptteil und einen Schluss?
- Werden in der Einleitung die wichtigsten W-Fragen beantwortet?
- Wird in der richtigen Reihenfolge erzählt?
- Gibt es einen Höhepunkt?
- Werden am Schluss alle Fragen geklärt?

wörtliche Rede

- Kommt die wörtliche Rede vor?
- Wird die wörtliche Rede richtig mit Anführungszeichen gekennzeichnet?

abwechslungsreiche Wortwahl

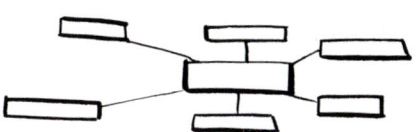

- Werden treffende Verben verwendet?
- Gibt es abwechslungsreiche Verben in den Redebegleitsätzen?
- Werden abwechslungsreiche Adjektive verwendet?
- Gibt es unterschiedliche Satzanfänge?

Rechtschreibung

- Sind alle Wörter korrekt geschrieben?
- Sind die Satzzeichen richtig?

Gedanken und Empfindungen

- Werden möglichst alle Sinne angesprochen: Sehen, Riechen, Hören, Schmecken, Fühlen?
- Werden Gedanken und Gefühle angesprochen?

Verzeichnis der Autorinnen und Autoren

Verzeichnis der Textarten

Register

Textquellenverzeichnis

22 Barry Jonsberg: Das Blubbern von Glück. Übers. v. Ursula Höfker. cbt München 2014, S. 12–14; **24f.** Andreas Steinhöfel: Rico, Oskar und die Tieferschatten. Carlsen Hamburg 2008, S. 32–36; **72** Joachim Ringelnatz. Turngedichte. Kurt Wolff München 1923, S. 28; **74** Josef Steck: In der Geisterbahn. Aus: Mücke, Heft 8. Universum Verlagsanstalt Wiesbaden 1976; **76** Erich Kästner: Fauler Zauber. Aus: Erich Kästner: Das Schwein beim Friseur und anderes. Atrium Zürich 1962, S. 172; **78** Christian Morgenstern: Der Gaul. Aus: Christian Morgenstern: Gesammelte Werke. Hrsg. v. Klaus Schuhmann. Nachdruck. Anaconda Köln 2014; **133** Brief von Angela Merkel an Sebastian Vettel. In: Briefe bewegen die Welt. Teil 4: Triumphe und Tragödien des Sports. Hrsg. v. Hellmuth Karasek. teNeues Kempen u.a., 2012, S. 136; **138** Amina Paul: Die Welt steht Kopf in der Elternschule. Arena Würzburg 2010, S. 24; **139** ebenda, S. 23, 24, 25 (bearb.); **140** ebenda, S. 21–24; **142** Andreas Steinhöfel: Paul Vier und die Schröders. Carlsen Hamburg, 2008, S. 7; ebenda, S. 7 (bearb.); **142f.** ebenda, S. 7–9; **144** Jutta Richter: Helden. Carl Hanser München 2013, S. 10; Zur besseren altersgemäßen Verständlichkeit wurde der Originaltext verändert, ohne den Inhalt und/oder Sinn zu verändern.; **144f.** ebenda, S. 10–13; **146f.** Raquel J. Palacio: Wunder. Übers. v. André Mumot. Carl Hanser München, 2013, S. 9f.; **149** Heather Fawcett: Noa und die Sprache der Geister. Übers. v. Maren Illinger. Oetinger Hamburg, 2021 (Klappentext); **152.A** Die Kinder- und Hausmärchen der Brüder Grimm. 23. Auflage. Kinderbuchverlag, Berlin 1988, S. 25; **152.B** ebenda, S. 184; **152.C** ebenda, S. 12; **152.D** ebenda, S. 228; **152.E** ebenda, S. 257; **154** Das große deutsche Märchenbuch. Hrsg. v. Helmut Brackert. Albatros Düsseldorf 2002, S. 218f.; **156f.** Kinder- und Hausmärchen, gesammelt durch die Gebrüder Grimm. 13. Auflage. Winkler München 1990 (bearb.); Zur besseren altersgemäßen Verständlichkeit wurde der Originaltext verändert, ohne den Inhalt und/oder Sinn zu verändern.; **158f.** Der Froschkönig oder der eiserne Heinrich. Ein Märchen der Brüder Grimm. Unter: http://www.grimmstories.com/de/ grimm_maerchen/der_froschkonig_oder_der_eiserne_heinrich (Zugriff 18.12.2018, gek.); **160f.** Kinder- und Hausmärchen, gesammelt durch die Gebrüder Grimm. 13. Auflage. Winkler München 1990, S. 362–364; **168** Will Gmehling: Freibad. Ein ganzer Sommer unter dem Himmel. Peter Hammer Wuppertal 2019 (Klappentext); **169** Will Gmehling: Freibad. Ein ganzer Sommer unter dem Himmel. Peter Hammer Wuppertal 2019, S. 7–9, 11; **170** David Walliams: Gangsta-Oma. Übers. v. Salah Naoura. Rowohlt Reinbek b. Hamburg 2016 (Klappentext); **170f.** David Walliams: Gangsta-Oma. Übers. v. Salah Naoura. Rowohlt Reinbek b. Hamburg 2016, S. 61f.; **172f.** Salah Naoura: Star. Roman. Beltz & Gelberg Weinheim 2015, S. 49, 52–54; **174** Paul Maar: Lippels Traum. Oetinger Hamburg 2013, Klappentext; **174** Paul Maar: Lippels Traum. Oetinger Hamburg 2013, S. 58–60; **180** Uta Tennigkeit: Die wilde Schwester aus dem Wald. Aus: Abenteuer Wildnis. Die schönsten Tierreportagen aus aller Welt. Hrsg. v. Wolfgang B. Rölle. Edition Pro Terra Garbsen, 1993, S. 178; **182f.** Walter Karpf: Eine raffinierte Spinnerin. Aus: Abenteuer Wildnis. Die schönsten Tierreportagen aus aller Welt. Hrsg. v. Wolfgang B. Rölle. Edition Pro Terra Garbsen, 1993, S. 56; **186f.** Daniel Wiberny: In Duisburg werden immer häufiger Reptilien ausgesetzt (12.10.2012) Unter: https://www.derwesten.de/staedte/duisburg/in- duisburg-werden-immer-haeufiger-reptilien-ausgesetzt-id7189014.html (Zugriff 08.01.2019, gek.); **189** Das Chinchilla. (20.08.2015) Unter: http://www.kinder-tierlexikon.de/c/chinchilla.htm (Zugriff 04.08.2021); **206** Hans Jürgen Press: Spiel das Wissen schafft. Ravensburger Buchverlag Ravensburg, 1995, S. 65; **208** Günter Ullmann: Herbstwind. Aus: Überall und neben dir. Gedichte für Kinder. Hrsg. v. Hans-Joachim Gelberg. Beltz & Gelberg Weinheim, 1986, S. 40; **211** Hans Manz: Winter. Aus: Die Wundertüte. Alte und neue Gedichte für Kinder. Hrsg. v. Heinz-Jürgen u. Ursula Kliewer. Reclam Stuttgart, 2005, S. 206; **224** Brüder Grimm: Schneewittchen. Aus: Die Kinder- und Hausmärchen der Brüder Grimm. Kinderbuchverlag Berlin, 1963, S. 251; Zur besseren altersgemäßen Verständlichkeit wurde der Originaltext verändert, ohne den Inhalt und/oder Sinn zu verändern.; **243** Martin Auer: Die Geschichte vom Schlumperwald. In: Derss.: Was niemand wissen kann. Seltsame Verse und sonderbare Geschichten. Beltz und Gelberg Weinheim, 1986; **254** Brüder Grimm: Rumpelstilzchen. Aus: Die Kinder- und Hausmärchen der Brüder Grimm. Winkler München, 1990; **267** Brüder Grimm. Kinder- und Hausmärchen. Die handschriftliche Urfassung von 1810. Stuttgart: Reclam 2007 (Universal-Bibliothek, 18520); **268** Maria Parr: Manchmal kommt Glück in Gummistiefeln. Übers. v. Christel Hildebrandt. Oetinger Hamburg 2019; **269** Brüder Grimm: Sterntaler. Aus: Diess.: Kinder- und Hausmärchen. Ausgabe letzter Hand. Hrsg. v. Heinz Rölleke. Reclam Stuttgart, 2009, S. 647–648; **270** Andreas Steinhöfel: Rico, Oskar und das Vommhimmelhoch. Carlsen Hamburg, 2017, S. 77–80; **271** Paul Maar: Gerichte aus der Hexenküche. Aus: Kreuz und Rüben, Kraut und quer. Das große Paul Maar Buch. Oetinger Hamburg, 2004

Bildquellenverzeichnis

Vorsatz, Klappe Oser, Liliane, Hamburg; **Cover** stock.adobe.com, Dublin (Dina); Getty Images Plus, München (E+ / Imgorthand); **2.o.** F1online digitale Bildagentur, Frankfurt; **2.u.** Mantel, Michael, Barum/Tätendorf; **3.mi.** iStockphoto, Calgary, Alberta (assalve); **3.o.** Getty Images, München (Stockbyte); **3.u.** stock.adobe.com, Dublin (highwaystarz); **4.o.** Alamy stock photo, Abingdon (Wavebreakmedia Ltd UC1); **4.u.** Schwarwel, Leipzig; **5.mi.** plainpicture GmbH & Co. KG, Hamburg (tranquillium); **5.o.** Getty Images Plus, München (iStock / pashapixel); **5.u.** stock.adobe.com, Dublin (thinglass); **6.o.** jani lunablau, Barcelona; **6.u.** iStockphoto, Calgary, Alberta (massimo colombo); **7.o.** ShutterStock.com RF, New York (Gaschwald); **7.u.** Getty Images Plus, München (iStock / Highwaystarz-Photography); **8.o.** stock.adobe.com, Dublin (Jenny Sturm); **8.u.** stock.adobe.com, Dublin (androsov858); **9** Wieland, Tobias, Celle; **10/11** Goedelt, Marion, Berlin; **10.li., re.** Goedelt, Marion, Berlin; **11.li.** Fröhlich, Anke, Leipzig; **11.re.** Goedelt, Marion, Berlin; **12/13** Goedelt, Marion, Berlin; **14** F1online digitale Bildagentur, Frankfurt; **15.B** F1online digitale Bildagentur, Frankfurt; **15.C** plainpicture GmbH & Co. KG, Hamburg (Martin Langer); **15.D** Goedelt, Marion, Berlin; **15.li., u.** Wieland, Tobias, Celle; **17.o.** Oser, Liliane, Hamburg; **17.u.** Goedelt, Marion, Berlin; **18.o.** Goedelt, Marion, Berlin; **18.u.** Wieland, Tobias, Celle; **19** Oser, Liliane, Hamburg; **20, 22.u.** Goedelt, Marion, Berlin; **22.o.** Oser, Liliane, Hamburg; **24.u.** Goedelt, Marion, Berlin; **24.o.** Oser, Liliane, Hamburg; **26** Goedelt, Marion, Berlin; **27.o.** Picture-Alliance, Frankfurt/M. (dpa / Sven Hoppe); **27.u.** Goedelt, Marion, Berlin; **28/29, 30** Mantel, Michael, Barum/Tätendorf; **31.o.** Getty Images Plus/Microstock, München (iStock/ DStarky); **31.o.** Getty Images Plus/Microstock, München (iStock/DStarky); **31.o.** Getty Images Plus/Microstock, München (iStock/ DStarky); **31.u., 32** Wieland, Tobias, Celle; **33.o.** Mantel, Michael, Barum/Tätendorf; **33.u.** Wieland, Tobias, Celle; **34–38** Mantel, Michael, Barum/Tätendorf; **39** Wieland, Tobias, Celle; **40, 41** Mantel, Michael, Barum/Tätendorf; **42** Getty Images, München (Stockbyte); **43.B** Thinkstock, München (Pitris); **43.C** ShutterStock.com RF, New York; **43.D** Thinkstock, München (arquiplay77); **44** Goedelt, Marion, Berlin; **45.o.** Wieland, Tobias, Celle; **45.u.** Oser, Liliane, Hamburg; **46** Goedelt, Marion, Berlin; **47.o.** Wieland, Tobias, Celle; **47.u.** Oser, Liliane, Hamburg; **48–50, 52.u.** Goedelt, Marion, Berlin; **52.o.** Oser, Liliane, Hamburg; **54** Goedelt, Marion, Berlin; **55** Getty Images Plus, München (iStock / Meindert van der Haven); **56** iStockphoto, Calgary, Alberta (assalve); **57.B** Alamy stock photo, Abingdon (Steffen Hauser / botanikfoto); **57.C** stock.adobe.com, Dublin (S.Kobold); **57.D** F1online digitale Bildagentur, Frankfurt (imagebroker/Oleksiy Maksymenko); **57.u. re.** Wieland, Tobias, Celle; **58** Ingenieurbüro für Kartografie Dipl.-Ing. Joachim Zwick, Gießen; **59.o.** Wieland, Tobias, Celle; **59.u.** Oser, Liliane, Hamburg; **60, 61** Mantel, Michael, Barum/Tätendorf; **62** Allwetterzoo Münster, Münster; **63.o.** Wieland, Tobias, Celle; **63.u.** Mantel, Michael, Barum/Tätendorf; **64** akg-images, Berlin; **65.o.** Zwick, Joachim, Gießen; Zwick, Joachim, Gießen (auf Grundlage von http://www.hot-map.com/de/ koeln); **65.u.** Wieland, Tobias, Celle; **67** Ernst Klett Verlag GmbH, Stuttgart; **68** Zwick, Joachim, Gießen (auf Grundlage von http://www.hot-map.com/de/ koeln); **69.o.** stock.adobe.com, Dublin (Delphotostock); **69.u.** Mantel, Michael, Barum/Tätendorf; **70** stock.adobe.com, Dublin (highwaystarz); **71.B** Thinkstock, München (prudkov); **71.C** ullstein bild, Berlin (Klar); **71.E** Goedelt, Marion, Berlin; **71.u.** Wieland, Tobias, Celle; **72.o.** Wiemers, Sabine, Düsseldorf; **72.u.** Oser, Liliane, Hamburg; **74, 76, 78, 79, 80** Wiemers, Sabine, Düsseldorf; **81** Getty Images Plus, München (iStock / Tetiana Soares); **82/83** Alamy stock photo, Abingdon (Wavebreakmedia Ltd UC1); **84, 85.o.** F1online digitale Bildagentur, Frankfurt (Images Radius Radius); **85.u.** Oser, Liliane, Hamburg; **86** Wieland, Tobias, Celle; **87** Oser, Liliane, Hamburg; **88** Mantel, Michael, Barum/Tätendorf; **89** Wieland, Tobias, Celle; **90–95** Mantel, Michael, Barum/Tätendorf; **96–98** Schwarwel, Leipzig; **99.o., mi.** Wieland, Tobias, Celle; **99.u.** Oser, Liliane, Hamburg; **100, 101** Oser, Liliane, Hamburg; **102, 103** Schwarwel, Leipzig; **104.o.** Schwarwel, Leipzig; **104.u.** Wieland, Tobias, Celle; **106, 108** Schwarwel, Leipzig; **109** stock.adobe.com, Dublin (arkna); **110.o.** Getty Images Plus, München (iStock / pashapixel); **110.u.** Wieland, Tobias, Celle; **111.B** ShutterStock.com RF, New York (ChiccoDodiFC); **111.C** stock.adobe.com, Dublin (nito); **111.D** Thinkstock, München (andreusK); **111.E** Thinkstock, München (gimletup); **111.F** Thinkstock, München (anskuw); **112** jani lunablau, Barcelona; **113.o.** Wieland, Tobias, Celle; **113.u.** Oser, Liliane, Hamburg; **114** jani lunablau, Barcelona; **115** Oser, Liliane, Hamburg; **116** Cosmic Sports GmbH, Fürth; **119, 120.o.** jani lunablau, Barcelona; **120.u.** ShutterStock.com RF, New York (Andrey_Popov); **121** jani lunablau, Barcelona; **122** Cosmic Sports GmbH, Fürth; **123** ShutterStock.com RF, New York (JD); **124** plainpicture GmbH & Co. KG, Hamburg (tranquillium); **125.B** Alamy stock photo, Abingdon (Alex Segre); **125.C** iStockphoto, Calgary, Alberta (Silberkorn); **125.D** Alamy stock photo, Abingdon (Phanie); **125.E** stock.adobe.com, Dublin (mat75002); **125.u., 126** Wieland, Tobias, Celle; **127** Oser, Liliane, Hamburg; **128** Schlemminger, Mareike, Berlin; **130** Picture-Alliance, Frankfurt/M. (Markus Wache / Bildagentur Zolles / picturedesk.com); **131.o.** stock.adobe.com, Dublin (Aleksey Stemmer); **131.u.** stock.adobe.com, Dublin (Anna Omelchenko); **132** Picture-Alliance, Frankfurt/M. (empics / James Moy Photography); **134** stock.adobe.com, Dublin (Anna Omelchenko); **135** stock.adobe.com, Dublin (marritch); **136** stock.adobe.com, Dublin (thinglass); **137** jani lunablau, Barcelona; **138** Oser, Liliane, Hamburg; **139** jani lunablau, Barcelona; **140.li.** Oser, Liliane, Hamburg; **140.re.** jani lunablau, Barcelona; **141, 142** Oser, Liliane, Hamburg; **143** jani lunablau, Barcelona; **144.li.** Oser, Liliane, Hamburg; **144.re.** jani lunablau, Barcelona; **146.o.** Oser, Liliane, Hamburg; **146.u.** jani lunablau, Barcelona; **148** jani lunablau, Barcelona; **149** C. Dressler Verlag GmbH, Hamburg; **150–152** jani lunablau, Barcelona; **153** Oser, Liliane, Hamburg; **154.u.** jani lunablau, Barcelona; **154.o.** Oser, Liliane, Hamburg; **155** jani lunablau, Barcelona; **156** Oser, Liliane, Hamburg; **157** jani lunablau, Barcelona; **158** Oser, Liliane, Hamburg; **159** jani lunablau, Barcelona; **160.o.** Oser, Liliane, Hamburg; **160.u., 161, 162** Goedelt, Marion, Berlin; **163** jani lunablau, Barcelona; **164** iStockphoto, Calgary, Alberta (massimo colombo); **165.B** iStockphoto, Calgary, Alberta (TarpMagnus); **165.C** plainpicture GmbH & Co. KG, Hamburg (Hollandse Hoogte / Mariette Carstens); **165.D** Picture-Alliance, Frankfurt/M. (dpa); **166.li.** Dietlof Reiche: Freddy. Ein wildes Hamsterleben. Mit Illustrationen von Wolf Erlbruch © 2004 Gulliver bei Beltz & Gelberg in der Verlagsgruppe Beltz, Weinheim, Basel; **166.mi.** Kinderleicht Wissen Verlag GmbH & Co.KG, Regensburg; **166.re.** C. Dressler Verlag GmbH, Hamburg; **166.u.** Wieland, Tobias, Celle; **167.o.** Goedelt, Marion, Berlin; **167.u.** Stadtbibliothek Stuttgart; **168.mi.** Wieland, Tobias, Celle; **168.o.** Will Gmehling: Freibad. Ein ganzer Sommer unter dem Himmel, Peter Hammer Verlag, Wuppertal 2019; **168.u.** Oser, Liliane, Hamburg; **169** Oser, Liliane, Hamburg; **170.o.** Rowohlt

Online-Bereich (Codes)

Seite	Titel	Bezeichnung im Buch	Code
19	Test zu Kapitel 1	Einschätzungstest	up39gn
27	Abschlusstest zu Kapitel 1	Lösungen	
33	Test zu Kapitel 2	Einschätzungstest	s3ze49
41	Abschlusstest zu Kapitel 2	Lösungen	
47	Test zu Kapitel 3	Einschätzungstest	b2ag5m
55	Abschlusstest zu Kapitel 3	Lösungen	
61	Test zu Kapitel 4	Einschätzungstest	6v8sh3
69	Abschlusstest zu Kapitel 4	Lösungen	
73	Test zu Kapitel 5	Einschätzungstest	jf69jz
81	Abschlusstest zu Kapitel 5	Lösungen	
87	Test zu Kapitel 6	Einschätzungstest	34r3p2
95	Abschlusstest zu Kapitel 6	Lösungen	
101	Test zu Kapitel 7	Einschätzungstest	n8u982
109	Abschlusstest zu Kapitel 7	Lösungen	
115	Test zu Kapitel 8	Einschätzungstest	at82qb
123	Abschlusstest zu Kapitel 8	Lösungen	
127	Test zu Kapitel 9	Einschätzungstest	ii39cg
135	Abschlusstest zu Kapitel 9	Lösungen	
141	Test zu Kapitel 10	Einschätzungstest	by5p63
149	Abschlusstest zu Kapitel 10	Lösungen	
155	Test zu Kapitel 11	Einschätzungstest	2qh7wd
163	Abschlusstest zu Kapitel 11	Lösungen	
169	Test zu Kapitel 12	Einschätzungstest	n8n85v
177	Abschlusstest zu Kapitel 12	Lösungen	
181	Test zu Kapitel 13	Einschätzungstest	us3e2a
189	Abschlusstest zu Kapitel 13	Lösungen	
195	Test zu Kapitel 14	Einschätzungstest	3293gc
203	Abschlusstest zu Kapitel 14	Lösungen	
239	Abschlusstest zu Kapitel 15	Lösungen	i26p33
263	Abschlusstest zu Kapitel 16	Lösungen	r7vx8j

Mit Operatoren arbeiten

Operatoren sind Verben, die dir signalisieren, wie du eine Aufgabe bearbeiten sollst. Achte auf inhaltliche und sprachliche Anforderungen. Die Operatoren sind in drei Anforderungsbereiche gegliedert.

Anforderungsbereich I
Informationen erfassen, Inhalte wiedergeben

Informationen erfassen und richtig benennen

nenne, benenne, gib an, zeige 	• Entnimm dem Material (z. B. Bild, Karte, Tabelle) oder dem Text die gesuchten Begriffe oder Informationen.
	• Führe sie nacheinander auf.
	• Verwende, wenn möglich, Fachbegriffe.
	  – Folgende Punkte kann ich nennen: …
	  – … heißt …
	  – … wird … genannt.

bestimme, definiere 	• Formuliere kurz und genau (ohne Beispiele), was der Begriff, die Situation oder ein Problem bedeuten.
	  – Mit … bezeichnet man …
	  – … bedeutet: …

Prozesse, Ereignisse und Sachverhalte widerspiegeln

beschreibe 	• Gib wieder, was du auf der Darstellung oder im Text wahrnimmst.
	• Achte auf wesentliche Merkmale (d. h., erfasse den Kern einer Sache).
	• Verwende, wenn möglich, Fachbegriffe.
	• Beachte bei Vorgängen die zeitliche Reihenfolge.
	  – Ich sehe/erkenne …
	  – Das Material/Bild zeigt …
	  – Man erkennt …
	  – Im Text wird … genannt.
	  – Zuerst …, dann …, danach …

gib wieder	• Lies den Text oder betrachte das Material unter einer bestimmten Fragestellung.
	• Gib die wichtigsten Gedanken dazu mit deinen Worten wieder.
	  – In dem Text/Bild geht es um …
	  – Es wird dargestellt, wie …
	  – Die Autorin ist der Ansicht, dass …

Anforderungsbereich II
Wissen verarbeiten und anwenden

Prozesse, Ereignisse oder Strukturen erklären und erläutern

erkläre, werte aus 	• Setze dich vertieft mit den Einzelheiten einer Sache auseinander.
	• Formuliere Ursachen bzw. Gründe, Folgen und Gesetzmäßigkeiten.
	• Stelle die Sache so dar, dass ein anderer sie versteht.
	  – Dies kann man erklären mit …
	  – Es bedeutet, dass … / Das heißt, …
	  – Da/weil/aufgrund …
	  – Infolgedessen …

begründe 	• Gib den Grund / die Ursache für etwas, z. B. deine Meinung, an.
	• Stütze eigene oder fremde Aussagen durch Begründungen.
	  – Da … / weil … / denn …
	  – Deshalb … / dadurch …
	  – Aufgrund … / Aus diesem Grund …

erläutere 	• Stelle Prozesse oder Ereignisse ausführlich dar.
	• Wie beim Erklären sollst du Ursachen, Folgen und Gesetzmäßigkeiten deutlich machen.
	• Gib zusätzliche Informationen, Belege und Beispiele an.
	  – Aufgrund von …
	  – Das ist darauf zurückzuführen, dass …
	  – Infolge von …, sodass …
	  – Deshalb/dadurch …
	  – Zum Beispiel …

untersuche, analysiere 	• Werte ein Material (z. B. einen Text oder eine Abbildung) gezielt aus.
	• Stelle (in Gedanken) Fragen an das Material nach festgelegten oder eigenen Kriterien.
	• Suche nach wichtigen Merkmalen bzw. Antworten.
	• Stelle diese Merkmale und Aspekte des Textes strukturiert bzw. übersichtlich dar.
	  – Betrachtet man …, dann …
	  – Folgende Merkmale kann ich ablesen: …
	  – Daraus geht hervor, dass …
	  – Besonders wichtig ist …